全国高等院校物流专业精品规划系列教材

物流系统分析

（第2版）

程永生 编著

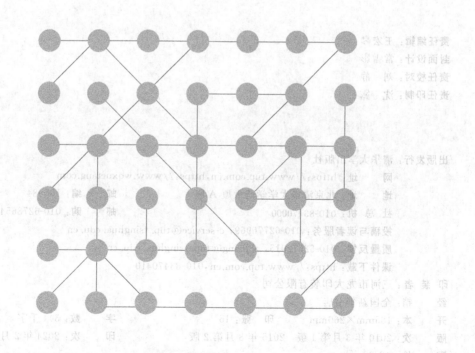

清华大学出版社
北京

内 容 简 介

物流是以系统的形式存在着的,这就要求我们要从系统的角度、运用分析与综合的思维方式来研究它。物流系统分析作为物流类专业的专业核心课程,主要是从对象系统整体最优出发,在优先系统目标、确定系统准则的基础上,根据物流的目标要求,分析构成系统各级子系统的功能和相互关系,以及系统同环境的相互影响,寻求实现系统目标的最佳途径。本书浅显易懂,强调学以致用,并按照"理论—方法—应用"思路设置篇章内容,且在每章都设置有分析工具和应用举例,是一本理实一体化的教材。

本书可作为高等学校物流管理、交通运输管理、企业管理、交通工程、管理科学与工程等专业的教学用书,也可作为广大物流管理者和物流工程技术人员的培训教材和自学参考书。

本书封面贴有清华大学出版社防伪标签,无标签者不得销售。
版权所有,侵权必究。举报: 010-62782989, beiqinquan@tup.tsinghua.edu.cn。

图书在版编目(CIP)数据

物流系统分析/程永生编著. —2 版. —北京: 清华大学出版社,2015(2024.2重印)
全国高等院校物流专业精品规划系列教材
ISBN 978-7-302-39731-1

Ⅰ. ①物… Ⅱ. ①程… Ⅲ. ①物流—系统分析—高等学校—教材 Ⅳ. ①F252

中国版本图书馆 CIP 数据核字(2015)第 067967 号

责任编辑: 王宏琴
封面设计: 常雪影
责任校对: 刘 静
责任印制: 沈 露

出版发行: 清华大学出版社
网　　址: https://www.tup.com.cn, https://www.wqxuetang.com
地　　址: 北京清华大学学研大厦 A 座　　　　邮　　编: 100084
社 总 机: 010-83470000　　　　　　　　　　邮　　购: 010-62786544
投稿与读者服务: 010-62776969, c-service@tup.tsinghua.edu.cn
质量反馈: 010-62772015, zhiliang@tup.tsinghua.edu.cn
课件下载: https://www.tup.com.cn, 010-83470410

印 装 者: 三河市龙大印装有限公司
经　　销: 全国新华书店
开　　本: 185mm×260mm　　印　张: 15　　字　数: 344 千字
版　　次: 2010 年 3 月第 1 版　2015 年 8 月第 2 版　印　次: 2024 年 2 月第 10 次印刷
定　　价: 49.00 元

产品编号: 063429-04

第二版前言

目前,物流能力已成为一个国家或地区、制造业或商贸企业的关键能力之一,是社会和企业得以持续发展的前提条件。不容忽视的是,物流是以系统的形式存在着的,这就要求我们从系统的角度以综合的思维方式来分析、研究它。国内大多数高校将物流系统分析这门课确立为物流管理专业本科生的必修课程。在物流管理和决策中,系统的思想和分析的方法经常为广大管理人员和领导者所应用,而目前我国物流管理研究的历史较短,系统性的理论体系尚未完全建立,在理论和实践工作中相关研究人员和从业人员常常忽视物流系统的整体性或全局性优化要求,仅仅从某个局部环节来探讨物流系统的组织设计、网络规划、运营控制和绩效评估等战略问题,忽略从系统的整体高度来对物流系统进行统筹规划,往往难以实现整体效益最优,从而降低了社会资源的配置效率,降低了社会经济效益。

本书的第 1 版于 2010 年由中国物资出版社出版,本书是修订本。本人在近些年教学使用中发现了第 1 版教材体系尚不健全,内容也存在一些不当之处和遗漏,同时,也有多位同行指出教材的问题并提出了修改的意见,所以,第 2 版针对以上这些问题,进行了修正和完善。

本次修订大体保持了原教材的内容,被读者认可的特色也继续保留,以浅显易懂为基调,强调学以致用,按照"理论—方法—应用"三步走的格局设置篇章内容,对部分篇章进行了修订。此外,较大的改变是新增了"系统综合篇"的相关内容,对全书的体系结构重新梳理,全书共包括 12 章。

第一章系统与系统分析,主要阐述系统的概念、原理和系统分析方法;第二章物流系统概论,解释物流系统的概念体系,重点分析物流系统的构成要素和多维结构,提出物流系统分析的总体内容框架。此两章为基础理论部分。

第三章至第十章为系统分析部分。其中,第三章物流系统目标分析,阐述系统目标的基本原理和目标分析方法,提出物流系统的目标体系构成,介绍多目标规划方法和层次分析法;第四章物流系统环境分析,介绍物流系统环境分析的内容和方法,剖析物流系统的外部环境和内部环境,最后介绍 21 世纪的物流环境新特点;第五章物流需求预测,简要概述物流需求的预测,重点介绍预测方法,包括定性和定量分析方法;第六章是物流系统业务流程,介绍业务流程的相关概念,提出物流系统业务流程分析和诊断的方法,以及流程优化的方法和策略;第七章物流系统网络结构,重点介绍节点选址、设施规模定位和设施平面布局;第八章物流系统控制,介绍开环和闭环两种控制方法;第九章物流系统的组织结构,主要介绍物流组织;第十章物流系统绩效评价,侧重于评价体系的建立和评价方法的应用。

第十一章和第十二章为系统综合部分。其中,第十一章物流系统综合,探讨系统综合技术与方法。第十二章物流系统仿真,探讨系统仿真技术,最后通过一个简化的、基于 Excel 的系统模拟,说明物流系统仿真的原理及应用。

本书可作为高等学校物流管理、交通运输管理、企业管理、交通工程、管理科学与工程等专业的教学用书,也可作为广大物流管理者和物流工程技术人员的培训教材和自学参考书。书中有些内容涉及定量化计算,可以根据学时数量和学习者的知识结构进行调整。

在本书的编写过程中,得到了江西财经大学物流管理系全体同事和学生的大力支持,也得到了清华大学出版社的帮助,在此表示衷心的感谢。本书内容参考了国内外有关论著和文献资料,在此谨向有关作者表示深深的谢意。由于时间比较仓促,成果来源的引用可能有所遗漏,本书编者绝非故意怠慢,希望读者发现后和我联系,使我有所补救。

在本次修订中,我们尽量将系统分析原理用浅显的方式加以表达,但囿于学术水平,对物流的认识不够,对系统分析的理解尚显浅陋,书中错误难免,敬请读者和学界同事批评指正,将意见反馈至编者邮箱: iamchengys@163.com。

程永生
2015 年 7 月于江西财经大学枫林园

目　录

第一章　系统与系统分析 1
　　第一节　系统概念 2
　　第二节　系统原理 10
　　第三节　系统分析方法 15
　　思考题 20

第二章　物流系统概论 21
　　第一节　物流系统 21
　　第二节　物流系统的构成及结构 27
　　第三节　物流系统的系统分析 35
　　思考题 42

第三章　物流系统目标分析 43
　　第一节　系统目标概述 44
　　第二节　系统目标分析 46
　　第三节　物流系统目标 50
　　第四节　多目标规划 56
　　第五节　层次分析法 60
　　思考题 64

第四章　物流系统环境分析 66
　　第一节　系统环境理论 67
　　第二节　物流系统环境分析内容与方法 70
　　第三节　21世纪的物流发展环境 78
　　思考题 84

第五章　物流需求预测 85
　　第一节　物流需求概述 85
　　第二节　物流需求预测 87

第三节　常见定性预测与定量预测方法介绍 …………………………………… 93
　　思考题 ………………………………………………………………………………… 111

第六章　物流系统业务流程 ……………………………………………………… 112
　　第一节　流程概述 …………………………………………………………………… 113
　　第二节　物流业务流程分析和诊断 ………………………………………………… 118
　　第三节　业务流程优化 ……………………………………………………………… 130
　　思考题 ………………………………………………………………………………… 133

第七章　物流系统网络结构 ……………………………………………………… 134
　　第一节　物流系统网络概述 ………………………………………………………… 134
　　第二节　物流节点选址 ……………………………………………………………… 139
　　第三节　物流设施规模定位 ………………………………………………………… 145
　　第四节　物流设施平面布局 ………………………………………………………… 149
　　思考题 ………………………………………………………………………………… 155

第八章　物流系统控制 …………………………………………………………… 157
　　第一节　物流系统控制的概述 ……………………………………………………… 158
　　第二节　物流系统的开环控制 ……………………………………………………… 162
　　第三节　物流系统的反馈控制 ……………………………………………………… 164
　　思考题 ………………………………………………………………………………… 169

第九章　物流系统组织结构 ……………………………………………………… 170
　　第一节　组织结构原理 ……………………………………………………………… 171
　　第二节　企业的物流组织——物流部 ……………………………………………… 177
　　第三节　供应链环境下的物流组织 ………………………………………………… 187
　　思考题 ………………………………………………………………………………… 192

第十章　物流系统绩效评价 ……………………………………………………… 193
　　第一节　物流系统评价概述 ………………………………………………………… 193
　　第二节　物流系统评价体系的建立 ………………………………………………… 195
　　第三节　物流系统评价方法及应用 ………………………………………………… 201
　　思考题 ………………………………………………………………………………… 206

第十一章　物流系统综合 ………………………………………………………… 207
　　第一节　系统综合理论与方法 ……………………………………………………… 207
　　第二节　物流系统综合 ……………………………………………………………… 214

思考题……………………………………………………………………………………… 217

第十二章 物流系统仿真 **218**
  第一节 系统仿真基本理论和方法 …………………………………………………… 218
  第二节 物流系统仿真 ………………………………………………………………… 223
  第三节 物流系统仿真案例 …………………………………………………………… 227
  思考题……………………………………………………………………………………… 230

参考文献 **231**

第一章

系统与系统分析

学习导航

- 理解系统、元素、要素的概念
- 理解系统结构、功能、边界、环境的含义
- 了解系统特点、系统基本原理
- 领悟系统分析的内涵

导入案例

石油运输技术方案的产生

美国在阿拉斯加东北部的普拉德霍湾油田向本土运输原油问题的解决是一个具有戏剧性却耐人寻味的真实故事。

问题背景：油田每天有200万吨原油要运回美国本土，油田处于北极圈内，海湾常年处于冰冻状态，最低气温在－50℃以下。一开始很自然地产生了两个方案：方案一，由海路用油轮运输；方案二，用带加温设备的油管输送。

对于方案一，其优点是运价比较低。存在的问题是油轮需要破冰船的引航才能航行，破冰船本身增加了费用，而可靠性与安全性地问题很突出（可以想象万一破冰船出故障整个船队的困境）；在起点与始点都要建造大型油库，估算油库规模需达到油田日产量的十倍。

对于方案二，其优点是管道输油在技术上已经成熟。然而由于特殊的气候环境，加温系统的管理及加温能源的输送又是一些棘手的问题；另外带有加温系统的管道不能直接铺设在冻土里，因为冻土层受热融化无法固定管道，估算有一半管道需用底架支撑，这样架设管道的成本是铺设地下管道的三倍。

决策人员面对这种情况做出了相当耐人寻味的决定：把方案二作为参考方案作进一步细致研究，并拨经费继续研究竞争方案（实际上体现了决策人员引导寻找新方案的方向）。

方案三的出台：其原理是把一定量的海水加入到原油中，使低温下原油与海水的混合物成乳状液态，仍能在管道内畅流，这样就可能避免加温系统的问题。该方案获得了好评,并申请了专利。就其原理而言,加盐水降低液体的固化点并不新鲜,然而该方案的创造性在综合运用中得以体现。

后来,由马斯登和胡克等人提出的方案四成了这一问题的终结者。两位有丰富石油知识的专家注意到地下石油是油气合一的,这种混合物的熔点很低,他们提出将天然气转换成甲醇,甲醇再与石油混合,以降低混合物的固化点,增加流动性。这个方案尽管原理上与第三方案类同,但更加完美。

案例解析

从这个例子中可以看到,研究的对象是解决低温环境下的石油运输问题,最终方案却并没有局限于在运输方式上寻求答案,而是在运输的对象物上面做文章。这种分析问题和解决问题的思路和方法就是来自于系统分析。

案例思考

结合身边的例子谈谈你对系统和系统分析的理解。

案例涉及主要知识点

系统、要素、边界、系统分析

第一节 系统概念

一、系统思想

系统思想由来已久,系统的概念来源于人类长期的社会实践,朴素的系统概念早在古代哲学思想中就有反映。古希腊的唯物主义哲学家德谟克利特就论述了"宇宙大系统"的观点,他在物质构造的原子论基础上,认为原子组成万物,形成不同系统层次的世界。古希腊著名学者亚里士多德关于事物整体性、目的性、组织性的观点也是系统思想的体现。我国春秋末期思想家老子曾阐述"独立而不改,周行而不殆,可以为天下母","天得一以清,地得一以宁,神得一以灵,谷得一以盈,万物得一以生,侯王得一以为天下正"。这里的"道"或"一"在某种程度上可以和"系统"画等号。

古代朴素唯物主义哲学思想包含了系统思想的萌芽,它虽然强调对自然界整体性、统一性的认识,但缺乏对整体各个细节的认识能力,因而对整体性和统一性的认识是不完全的。在19世纪上半叶,自然科学取得了巨大的成就,特别是三大发现:能量守恒、细胞论和进化论,使人类对自然界过程的相互联系的认识有了很大提高。

如今系统的观念已经渗透到社会、政治、经济和技术的各个领域,系统的观点和方法为人们认识客观世界提供了更好的"眼力"和全新的思维方式,业已成为分析和解决问题的核心观点和方法。面对复杂多样的世界,必须从研究对象的各个层面进行把握,必须对影响它的各种因素及其相互之间的关系进行总体的、系统的分析研究,才能从整体上和变化中找到解决问题的方案。

二、系统概念

以下介绍几个与系统相关的基本概念。

（一）系统

系统一词最早出现于古希腊语中，"syn-histanai"一词原意是指事物中共性部分和每一事物应占据的位置，也就是部分组成的整体的意思。所谓"系"是指关系、联系；"统"指有机统一，"系统"则是指有机联系和统一。

1937年奥地利理论生物学家，一般系统论的创立者贝塔朗菲（Ludwig Von Bertalanffy,1901—1972)将系统作为一个重要的科学概念加以研究，他认为系统是"相互作用的多要素的复合体"。把贝塔朗菲的表述精确化，表述如下。

如果对象集S满足以下两个条件：

（1）S中至少包含两个不同对象；

（2）S中的对象按一定方式相互联系在一起。

则称S为一个系统，称S中的对象为系统的组分，即组成部分。

关于系统的定义，还有其他表述：

（1）系统是由相互作用、相互联系、相互依赖的若干组成部分结合起来的具有某种或几种特定功能的有机整体，而且这个系统又是更大系统的子系统。

（2）系统是指为了达到某种共同的目标，由若干相互作用的要素有机结合而构成的整体。系统强调各要素共同致力于目标的实现而建立相互协调合作的关系。

从定义可以看出，系统必须具备三个条件：第一，系统必须由两个以上的要素（部分、元素）组成，要素是构成系统的基本单位，因而也是系统存在的基础和实际载体，系统离开了要素就不成其为系统；第二，要素与要素之间存在着一定的有机联系，从而在系统的内部和外部形成一定的结构或秩序，任意一个系统又是它所从属的一个更大系统的组成部分（要素）；第三，任何系统都有特定的功能，这是整体具有不同于各个组成要素的新功能。

元素是构成系统的最小组分或基本单元，即不可再细分或无须再细分的组成部分。人文社会系统一般无法划分出彼此界限分明的元素，称要素为宜，如战争系统的要素是兵力、武器、士气、人心向背、战略战术等。

事实上，系统是无处不在的，我们所处的社会是社会系统，所在的校园构成了校园系统。每一个家庭也是一个系统。要找一个不是系统的对象，似乎很难。非系统有两类：一类是没有构成元素的事物，即不可分解的囫囵整体，如数学中的单元集；另一类是没有特定联系的对象群体，如数学中没有规定元素关系的多元集。但是，严格意义上的非系统是不存在的。四元笔画部首集{牛，勹，丿，丿}是第二类非系统存在物，只有按汉字规则形成"物"字，才具有文字学意义。总之，非系统与系统相比较而存在，用非系统作反衬，能更好地揭示系统的内涵。现实世界中，系统是绝对的、普遍的，非系统是相对的、非普遍的。没有一个现实的事物完全不可以被看作系统，一切事物都以系统的形式存在。例如，一堆自行车零件是一个不具有"自行车"概念的系统。

(二)元素/要素/子系统

系统与要素之间的关系非常密切。总体来讲,系统的功能和目标是通过每个要素的作用的正常发挥而得以有效实现的。因此,要素必须根据系统目标的整体要求,按照系统设计和规定的准则发挥作用。首先,系统尤其是人造系统的每个要素围绕系统的目标都具有特定的功能,完成系统指定的功能是每个要素的首要任务。其次,在任何系统中,每个要素完成其系统指定功能的能力都将影响整个系统的性质和行为。最后,系统中任何要素对系统的影响都依赖于其他要素的性质和行为。

在元素众多、结构复杂的系统中,元素之间有一种成团现象,一部分元素按某种方式更紧密地联系在一起,具有相对独立性,有自己的整体特性。不同集团的元素之间往往不是直接相互联系,而是通过所属集团而联系在一起。这类集团称为子系统或分系统。系统是否需要划分为子系统,取决于系统元素的种类、差异和联系方式的复杂性,而不在于元素多少。封闭容器中气体系统的元素(分子)数量极大,但种类少,相互作用方式单调,一般不必分成不同性质的子系统。即便是一个规模不大的企业,也会分成多个部门。

系统和要素是相对的,通过子系统相互转化。一个系统可以是组成更高层次系统的要素,同样道理,一个要素也可以是比它层次更低的要素所组成的系统。例如某地区一家集团公司,它由十几家公司所组成。站在公司的角度,十几家公司是集团的组成要素;站在某一家子公司角度,它也是由公司各部门、员工、产品、设施设备、管理规则等所组成的系统。

(三)结构

元素或组分之间的相互联系,其方式是多种多样的,有空间的联系和时间的联系,时序的联系和瞬间的联系,确定性联系和不确定性联系等。广义地讲,元素之间一切联系方式的总和叫作系统的结构。把所有的联系都考虑进去,既无必要,也无可能。可行的办法是略去无关紧要的、偶发的、无规则的联系,把结构看作元素之间相对稳定的、有一定规则的联系方式的总和,这是系统的狭义结构。

结构是千差万别的,很难给出完备的分类。以下介绍几种结构。

空间结构和时间结构。元素在空间中的排列分布方式(代表元素间一定的相互作用方式)称为空间结构。例如晶体的点阵结构、建筑物的立体结构。系统运行过程中呈现出来的内在时间节律,如地月系统的周期运动、生物钟等称为时间结构。还有一些系统呈现出时空混合结构,如树的年轮。

对称结构与非对称结构。中国古建筑物具有明显的对称结构,西洋建筑却是非对称结构的。人体既有对称结构,如人的五官、四肢对称,也有非对称结构,如肝、脾成单,心脏偏左、肺脏偏右。

硬结构与软结构。物流系统的硬件设施即硬结构,运行管理规章制度即软结构。一般来说,空间排列、框架建构属于硬结构,细节关联特别是信息关联属于软结构。球队成员的职责分工是硬结构,比赛中灵活的配合、默契、对教练的信赖等是软结构。人们往往重视硬结构,忽视软结构。但硬结构问题比较容易解决,软结构问题往往不易捉摸,难以解决。同类企业,人员配置、分工关系大体相同,工作成绩可能显著不同,原因在于软结构不同。

(四) 环境

每个具体的事物都是从普遍联系之网中相对地划分出来的,与外部事物有着千丝万缕的联系,有元素或子系统与外部的直接联系,更有系统作为整体与外部的联系。外部变化或多或少地会影响到系统,改变系统与外部事物的联系方式往往会改变系统内部组分的联系方式,甚至会改变组分本身,包括增加或除掉某些组分。市场变化导致企业调整结构,改变经营方略,以致人员变动、更换经理。

广义地讲,一个系统之外的一切事物或系统的总和称为该系统的环境。令 U 记宇宙全系统,S 记我们考察的系统,S' 记它的广义环境,则 $S'=U-S$。

实际上,不可能也不必要列举 S 与 S' 中一切事物的联系。狭义地讲,S 的环境是指 U 中一切与 S 有不可忽略的联系的事物之和。一句话,作为系统时,上下文是它的环境,称为语境。一架正在飞行的航空器,周围的空气、山水、其他飞行器是它的环境。社会系统的环境包括两方面,即自然环境和社会环境。

由于不同研究目的和不同研究者对于相关联事物理解的差异,系统环境只能在相对的意义上确定。任何系统都是在一定的环境中产生的,又在一定的环境中运行、延续、演化,不存在没有环境的系统。系统环境是系统生存的土壤,环境的复杂性是造成系统复杂性的重要根源。只有适应环境的系统才能生存,只有良好的环境才能促进系统健康地发展。

环境意识或环境观念是系统思想的重要内容,环境分析是系统分析不可或缺的一环。句子的语义与其语境有关,同一句话因不同的上下文而含义不同。一个国家的内外政策和国家行为与自然环境有关,更与社会环境有关。把握一个系统,必须了解它处于什么环境,环境对它有何影响,它如何回应这种影响。环境分析必须运用系统观点了解环境的组分,组分之间的关系,环境的整体特性和行为。

(五) 边界

把系统与环境分开来的某种界限叫系统的边界。从空间结构看,边界是把系统与环境分开来的所有点的集合。从逻辑上看,边界是系统构成关系从起作用到不起作用的界限,系统质从存在到消失的界限。凡系统均有边界,但有些系统的边界并无明确的形态,难以辨认。有些系统的边界有模糊性,系统质从有到无是逐渐过渡的。一般来说,物质系统的边界比较明确,非物质系统的边界比较模糊。

边界将系统从环境中隔离,系统与环境相互作用、相互联系是通过交换物质、能量、信息来实现的。

对某一个特定的问题进行研究,需要划定一个与问题相关的研究范围。划定研究范围就会得到一个系统,称其为研究问题的系统。研究问题的系统通常并不就直接等价于实际存在的系统。对一个有独立边界的实体而言,问题并非只局限于实体的某一个层面上,而是必须把它放在与这个实体外的某些关联中考察才有意义。比如,考察生产工具的改进,研究的实体对象是工具,但我们建立的研究系统不仅包括工具本身,还包括使用者和劳动时的工作环境,需要考虑到工具使用者的力量、使用习惯和劳动时的情景环境等,这些内容一起构成了研究系统。

人们在研究问题时,往往根据自己的需要对系统进行剖析。剖析角度的不同,划定系统的边界就不一样,系统则由不同的要素组成,但这并不意味着能随意划分系统要素。在研究实际问题时,要素的划分与系统分析目标、系统发展历史资料等密切相关。下面介绍确立系统边界的一项操作原则,称之为要素扩张法。

对一个研究的问题,先找出明显必须包含的部分,可能是一组部分;由这组部分构成系统的初步边界,按逻辑理性进行扩张,产生调整边界;再以此为起点,考虑把外部因素吸收到边界里。例如,考虑孩子的成长问题,当然孩子本身就是一个必需的要素;考虑到家长行为与孩子的关系,边界扩大到家庭;又考虑到与家庭交互的因素,边界扩大到家庭及亲朋好友;再考虑到学校中与孩子同等层次的有班主任、同学,不断扩大边界。

(六) 功能

系统在内部联系和外部联系中表现出来的特性和能力称为系统的性能。系统行为引起环境中某些事物的有益变化称为系统的功能。性能一般不是功能,功能是特殊的性能。可以流动是水的性能,利用它输送木材是河水的功能。燃烧效率是发动机的重要性能而不是功能,提供推力才是它的功能。性能是功能的基础,提供了发挥功能的可能性。一般系统都有多种功能。系统性能有多样性,每种性能都可能用来发挥相应的功能,或综合几种性能发挥某种功能。

一种流行观点认为,结构与功能有对应关系,结构决定功能。从系统本身看,功能由元素和结构共同决定。产品元件性能太差,不论结构如何优化,也造不出高效可靠的机器。任意挑选11个队员,再高明的教练也无法训练出一支世界级水平的足球队。必须有具备必要素质或性能的元素,才能构成具有一定功能的系统。这是元素对功能的决定作用。但同样或相近的元素,按不同的结构组织起来,系统的功能有优劣高低之分,甚至会产生性质不同的功能。这是结构对功能的决定作用。一般而言,构成系统结构的要素不同,系统的功能便不同;构成系统的要素相同,但连接方式、排列次序不同,系统的功能也不同。但在某些特定的场合,构成系统的要素与结构不同,也获得相同的功能,如电子计时器、机械计时器,它们的组成要素不同,连接顺序不同,但计时功能相同。

系统的功能还与环境有关。首先,同一系统对不同功能对象可能提供不同的功能服务,即系统功能受应用的环境所影响。对象选择不当,系统无法发挥应有的功能,即所谓"用材不当"。诸如"高射炮打蚊子",所谓"某君在甲单位是一条虫,在乙单位是一条龙",讲的就是环境和功能的关系。其次,环境的不同,还意味着系统运行的条件、气氛的不同,可能对系统发挥功能产生有利或不利的影响。古时的"天时、地利、人和",讲的就是要寻求或创造合适的环境。

总之,元素、结构、环境三者共同决定系统的功能。设计或组建具有特定功能的系统,必须选择具有必要性能的元素,选择最佳的结构方案,还要选择或创造适当的环境条件。这一点是我们优化设计物流系统的指导方针。

举个例子:一个排球队,由主攻手、副攻手、二传手、接应二传和自由人组成,每个球员不仅要打好自己的位置,还要要有很好的合作精神和默契的相互配合能力。如果将各个位置上表现最佳、但平时不曾在一起训练的球员组成一个球队,这个球队不一定是最好的,原因在于各个位置的人员是否与其他位置的人员具有较好的默契与协作,所制定的战略战术与各个位置队员所具有的能力是否匹配,对是否能够充分发挥球队整体作战能力是至关重要的。所以往往会出现世界联队很难战胜世界冠军队这样的现象。

三、系统特征

(一) 整体性

系统的整体性表现为系统是由两个或两个以上相互区别的要素按照一定的方式和目的有秩序地排列而成的,系统的整体功效不是各组成要素的简单叠加,而是呈现出各组成部分所没有的新功能,也就是人们通常所说的"1+1>2"。

系统的整体性表明,任何一个要素都不能脱离整体来进行研究,要素间的关系也不能离开整体来考虑,脱离了整体,要素的功能和元素间的相互关系就失去了原有的意义,也无法得到关于整体的结论。在一个系统中,即使每一个元素并不都很完善,但它们经过协调、综合也可以组成具有良好整体功能的系统;反之,即使系统各个要素都很良好,如果它们之间不协调,也不能组成具有良好功能的系统。例如,湖泊中的水由水分子组成,而水分子又可以分解为氢和氧元素。水能溶解很多物质,对有机污染物有净化作用,但这不是一个水分子能起的作用,更不是氢和氧元素的功能。这说明功能的非叠加性,新的整体代表新的功能。

(二) 相关性

系统的相关性是指系统中要素与要素之间、要素与系统之间、系统与环境之间是相互联系、相互作用的。如果某一要素发生变化,则相关联的要素也要相应地改变和调整,以保持系统整体的最佳状态。相关性说明了元素间的特定关系,以及它们之间的演变规律。在物流系统中,采购系统和仓储系统就是两个紧密相关的系统,采购策略的确定直接影响着库存的水平。例如,大批量采购必然导致高库存(要素与要素之间的相关性),企业的物流绩效就很糟糕(要素和系统的相关性)。

(三) 层次性

根据系统所含元素及元素相互作用的结构关系,可以将系统分解为一系列的子系统并形成一定的层次结构。简单系统无须划分层次就可以将各基本元素有效地组织起来,而复杂的系统是有层次的,上下层次之间是包含与被包含的关系,或者领导与被领导的关系。系统层次结构描述了不同层次子系统之间的从属关系或相关作用关系,揭示了系统与系统之间存在着包含、隶属、支配、权威、服从的关系。

(四) 涌现性

系统涌现性包括系统整体的涌现性和系统层次间的涌现性。系统的各个部分组成一个整体之后,就会产生出整体具有而各个部分原来没有的某些东西(性质、功能)。例如,一台安装好的机器具有它的全部零件总和所没有的功能。

(五) 目的性

"目的"是指人们在行动中所要达到的结果和意愿。研究一个系统,首先必须明确它作为一个整体或总体所体现的目的与功能。任何一个系统都有明确的总目标，子系统为完成大系统的总目标而协调工作，而系统还有自己的分目标。比较复杂的社会经济系统一般都具有多个目标，通常需要用一个指标体系来描述系统的目标。在指标体系中各个指标之间有时是相互统一的，有时又是相互矛盾的，这就要从整体目的出发，力求获得整体最优的结果，这就要求在指标之间进行协调，寻求平衡和折衷方案。例如，物流系统的目的就是把合适的产品以合适的数量和合适的价格在合适的时间和合适的地点提供给客户。

（六）环境适应性

环境是指存在于系统以外的事物（物质、能量、信息）的总称，如图1-1所示。所有的开放系统，总是在一定的环境中存在和发展，系统及其各子系统与环境之间不断地进行物质、能量、信息的沟通。当环境发生变化时，系统、子系统的结构和功能也会随之改变，以便适应环境，继续存在和发展下去。例如，在物流系统中，由于采购和仓储成本的变化，物流系统也必须做出一系列的调整来适应这些变化，时刻保持系统本身的最优状态，这样才能够在复杂多变的环境中生存下来。

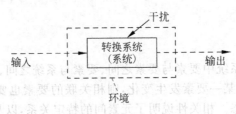

图1-1　系统与环境

四、系统分类

在自然界和人类社会中存在着千差万别的系统，为了便于研究，需要对系统存在的各种形态加以探讨和分类。

（一）按照自然属性分类：自然系统与人造系统

所谓自然系统是指在自然过程中产生的系统。它的特点是自然形成、单纯由自然物（天体、矿藏、生物、海洋）组成的系统，如环境系统。

人造系统是为了达到人类所要的目的，通过部件、属性和关系干预而形成的系统，如工程技术系统、经营管理系统、科学技术系统就是三种典型的人造系统。

实际上，多数系统是自然系统与人造系统相结合的复合系统。而所有的人造系统在产生时是嵌入自然世界中的。在自然系统和人造系统间通常存在重要的接口，每一个都在以某种方式影响另一个。值得注意的是，随着科学技术的发展，已出现了越来越多的人造系统，而大量人造系统的出现也打破了自然系统的平衡，使自然环境系统受到很大的威胁。这也提示人们在建立新的人造系统时应该考虑到它未来对其他系统尤其是自然系统的影响。这样才能够让这个系统达到它所要达到的目的。

（二）按照物质属性分类：实体系统与概念系统

实体系统是本身以物质形式显示的系统，它由真实的部件组成。这种系统是以硬件为主体，以静态系统的形式来表现的。例如，一台电脑、一把椅子。

概念系统是由概念、原理、原则、方法、制度、程序等观念性的非物质实体所组成的系统。它是以软件为主体，依附于实体系统的形式来表现的，如科技体制、教育系统。数学模型就是一个概念模型。

在实践中，两者通常是结合在一起的。实体系统是概念系统的物质基础和载体，概念系统是实体系统的抽象和描述。实体系统是概念系统的基础和服务对象，而概念系统为实体系统提供指导和服务，两者是不可分的。例如，物流系统是实体系统，而用来解决物流系统运作时的各种方案、计划、程序就是概念系统。

（三）按照运动属性分类：静态系统与动态系统

静态系统是指固有参数不随时间变化的系统。它只有结构没有活动，没有既定的输入和输出，表征系统运动规律的模型中不含时间因素，即模型的变量不随时间变化，如城市规划布局系统。在用数学模型研究系统时，静态变量如货运量表达为 h，而在动态系统中则表达为 $h(t)$。

动态系统是系统状态变量随时间而改变的系统，它有输入和输出及转换过程，一般都有人的行为因素，如物流系统、服务系统。

（四）按照与环境的关系分类：开放系统与封闭系统

开放系统是指与外部环境有物质、能量和信息交换的系统。它从环境中得到输入的同时向环境输出，且系统的状态直接受到环境变化的影响。所以在研究开放系统时，不仅要研究系统本身的结构与状态，而且要研究系统所处的外部环境，认清环境对系统的影响方式和影响程度，如社会系统。

封闭系统是指与外部环境不发生任何交换的系统。它不向环境输出，也不从环境中进行输入。实际上严格的封闭系统是难以找到的，只是为了便于研究，通常把那些与环境联系较少、相对独立的系统看成是封闭系统。例如，自给自足的小农经济、闭关锁国的封建国家不考虑自然环境时可以被近似看作是封闭系统。

开放系统是动态的、"活的"系统，封闭系统是僵化系统、"死的"系统。系统由封闭走向开放，才能够增强活力，焕发新的生命力。因此，改革开放是我国的基本国策。

（五）按照具体研究对象分类：对象系统与行为系统

对象系统是按照具体研究对象进行分类而产生的系统，如库存系统、生产系统。

行为系统是以完成目的行为作为组成要素的系统。所谓行为是指未达到某种确定的目标而执行某种特定功能的作用，这种作用对外部环境能产生一定的效用。行为系统的区别并不以系统的组成部分及其结构特征作为标准，而是根据行为特征的内容加以区别的。行为系统一般需要通过组织体系来体现，如社会系统、管理系统。

（六）按照系统元素间的关系结构复杂程度分类：简单系统与复杂系统

简单系统是指组成系统的元素数量比较少，且元素之间的关系比较简单的系统。简单系统的局部与整体之间满足叠加原理，子系统与系统之间的关系明确。对于简单系统，系统状态可通过子系统状态叠加得到，子系统的状态可由系统状态的分解得到，如一台设备。

复杂系统是指具有中等数目基于局部信息做出行动的智能性、自适应性主体的系统。（复杂性科学中对于复杂系统的描述性定义）复杂系统还具有突变性、不稳定性、非线性、不确定性、混沌性、不可预测性等特征。典型的复杂系统有网络系统控制、量子控制、生物系统和生命系统。

（七）按照系统维数分类：单一系统、大系统与巨系统

单一系统就是不能或无须再进一步分解的系统，也就是简单系统。

大系统，顾名思义，就是指系统的规模和范围大，可以划分为多个子系统，即这种系统中子系统或构成部分的数量多、在地域或空间分布广、可能跨及多个专业或技术范畴。大系统是现代社会的和科技发展的产物，即人们解决现代社会大规模经济、政治、教育、生产、科学技术等任务而必须处理的一系列具有错综复杂因果关系的事物所组成的活动系统，并且这种大系统必然受到各种约束和周围环境的影响，如城市交通系统、通信网络系统工程等。

巨系统之所以称为"巨"，是因为构成系统的子系统或构成部分的数量极多。例如，每个人的大脑。但根据层次复杂性又可以分为简单巨系统和复杂巨系统。简单巨系统虽然子系统数量繁多，但是它们之间的关联比较简单，如密闭空间里的空气。而复杂巨系统是组成系统的子系统数量很多，并且它们之间的关系又极其复杂，如生物系统。

第二节　系　统　原　理

一、系统基本原理

系统原理是有关系统的基本属性、共同特征和一般规律的理论概括，是系统论的基本观点和原则。这些理论主要反映了系统与要素、要素与要素、结构与功能，以及系统与环境、系统与时间等的关系。系统论主要有八大原理：整体性、层次性、开放性、目的性、突变性、稳定性、自组织性和相似性。

（一）系统整体性原理

系统整体性原理指的是系统是由若干要素组成的具有一定新功能的有机整体，各个作为系统子单元的要素一旦组成系统整体，就具有独立要素所不具有的性质和功能，形成了新系统的质的规定性，从而表现出的整体性质和功能不等于各个要素的性质和功能的简单加和。

整体性是系统的最为鲜明、最为基本的特征之一，系统之所以成为系统，首先就必须要有整体性。

系统之中的相互作用是非线性相互作用，而对于非线性相互作用，整体的相互作用不再等于部分相互作用的简单叠加，部分不可能在不对整体造成影响的情况下从整体之中分离出来，各个部分处于有机复杂的联系之中，每一个部分都是相互影响、相互制约的。

（二）系统层次性原理

系统的层次性原理指的是由于组成系统的诸要素的差异，以及组成结构上的种种差异，使系统组织在地位与作用、结构与功能上表现出等级秩序性，从而形成了具有质的差异的系统等级。

层次等级性原理的基本内容，可以概括为以下几个方面。

1. 层次等级结构具有普遍性

我们的世界是一个多层次的世界。不管是自然系统还是社会系统，多是多层次的系统。在社会系统中，有个体、群体、单位、社区，直到省市、国家几个层次。历史上官分八品，爵分五等，现在学校分为小学、中学、大学。

系统的层次等级性，揭示了自然界和人类社会由简单到复杂，由低级到高级，有无序到有序的自然发展过程。

2. 层次等级具有多样性

人们可以按照质量来划分系统的层次，可以按照时空尺度来划分系统层次，可以根据组织化程度来划分系统层次，可以根据运动状态来划分系统层次，也可以从历史长短的角度来划分。这些划分都是和实践联系在一起的。虽然这些划分是与实践相联系的，但并不意味着这样的划分是纯粹的主观划分，而是客观世界层次多样性的反映。

3. 处于不同层次的系统具有不同的结构，同时发挥着不同的功能

系统作为结构和功能的统一体，系统的层次等级性正是结构等级和功能等级相统一的表现。也就是系统的层次等级反映的是处于不同层的系统组织程度的差别。系统的层次越高，组织性越强，即系统的结构越复杂，所具有的性质越全面，功能也越高级。例如，作为思维的器官——大脑，这个可能是宇宙中最复杂的系统，是一个多层次的、极为高效灵活的系统，同时也是一个高效的系统。而且，正是它的这种高效灵活，才使人能够应付客观世界的千变万化。

4. 不同层次等级的系统之间相互联系、相互制约，处于辩证统一之中

在系统的复杂层次结构中，高层次系统虽然支配低层次系统，但低层次的系统也不是完全被动，它保持着自己的相对独立性，对系统的高层次乃至整个系统起着重要的作用。低层次的系统是高层次的基础，并制约着高层；高层次的系统是低层次的主导，但又受低层次的制约。

（三）系统开放性原理

系统的开放性原理指的是系统具有不断地与外界环境进行物质、能量、信息交换的性

质和功能,系统向环境开放是系统得以向上发展的前提,也是系统得以稳定存在的条件。

我们生活的世界是一个系统的世界,现实的系统都是开放的系统。无论是物理的、化学的,还是生物的,乃至是社会的都处在开放之中。人,也可以视为系统,人与外在环境存在着物质、能量、信息的交换。当人与外界环境没有信息交换的时候,人就变成了植物人;当人与外界的物质、能量交换停止的时候,人就已经死了,成为一个封闭系统。

开放有程度上的差别,开放程度为零就意味着与外界隔绝起来、没有任何交换,其实也就是封闭系统。反之,如果系统全然向外开放,开放程度是百分之百,系统没有相对于环境的边界,对于与外界的交换毫无过滤和选择,那么系统就与环境融为一体,系统本身就不复存在了,如房间里的一团空气。对于一个自组织系统,系统的开放度、系统的适度开放主要是靠系统自身的自我调节机制来保证的。这样的调节机制的存在使系统有条件地、有选择地、有过滤地向环境开放成为可能,它既使系统保持了一定程度的自主性,也使系统具有应付环境变化的灵活性。

只有开放,才可能使系统充满并保持活力,这不仅是自然科学认识的结论,也是社会科学认识发展的结论。开放性原理对于我们学习生活都具有重要的指导意义。作为学生,我们应该积极学习新知识,关心家事、国事、天下事,让我们的思维时刻保持活跃,不断提高我们的知识水平。

(四) 系统目的性原理

系统的目的性原理指的是组织系统在与环境的相互作用中,在一定的范围内其发展变化不受或少受条件变化或途径经历的影响,坚持表现出某种趋向预先确定的动态的特性。

在莱布尼茨看来,每个实体都有自发趋向最完美发展的目的。系统的目的性在系统的发展变化之中表现出来,因此,就必定是与系统的开放性相联系的。也就是说,一个目的系统就必定是一个开放系统。

系统目的性原理,不仅仅是具有理论上的意义,也不仅仅是一种后验的解释,而且是具有重要的实践意义的。按照系统的目的性原理,一个系统的状态不仅可以利用其现实的状态来表示,还可以用一定发展阶段的终态来表示,可以用现实状态与发展状态的差距来表示。于是,人们不仅可以从原因来研究结果,以一定原因来实现一定的结果,而且可以从结果来研究原因,按照预先设想的蓝图即预期结果来要求一定的原因。

(五) 系统突变性原理

系统突变性原理指的是系统通过失稳从一种状态进入另一种状态的突变过程,它是系统质变的一种基本形式,突变方式多种多样,同时系统发展还存在着分叉,从而有了质变的多样性,带来系统发展的丰富多彩。

经过突变而发展变化是系统发展变化的一种基本形式。突变是一种普遍的自然现象和社会现象。例如自然中的火山爆发、山崩地裂,社会生活中的战火突起,"一朝被蛇咬,十年怕井绳",日久生情的恋人。通常人们在两层意义上谈论突变。一层是在系统的要素的层次上,另一层是在系统的层次上。因为系统中要素的平衡是相对的,不平衡才是绝对的,系统中要素的突变总是时常发生的。在系统整体的层次上,突变指的是系统通过失稳从一种组织状态变成另一种组织状态,这其实就是系统的整体性的突变。突变论中的突变一般指的就是系统层次上的突变。

(六) 系统稳定性原理

系统的稳定性原理指的是在外界作用下开放系统具有一定的自我稳定能力,能够在一定范围内自我调节,从而保持和恢复原来的有序状态、保持和恢复原有的结构和功能。

系统的存在就意味着系统有一定的稳定性;系统的发展变化也是在稳定基础上的发展变化。系统的稳定性,首先是一种开放中的稳定性。系统的稳定性是在开放与环境的交流之中实现和保证的。系统稳定性是开放之中的稳定性,同时,也就意味着系统的稳定性都是动态中的稳定性,正所谓"流水不腐,户枢不蠹"。

正确认识和掌握系统的稳定性原理,不仅具有自然科学的意义,而且具有社会科学的意义。一味地为了稳定而稳定,事业就无法发展;而不顾稳定,一味强调发展,最后也只会制约发展、破坏发展。在稳定之中求发展,在发展之中求稳定,这才是稳定性原理所追求的稳定性,也是系统稳定性原理给予我们的启示。

(七) 系统自组织性原理

系统的自组织原理指的是开放系统在系统内、外两方面因素的复杂非线性相互作用下,内部要素的某些偏离系统状态的涨落可能得以放大,从而在系统中产生更大范围的、更强烈的长程相关,自发组织起来,使系统从无序到有序,从低级有序到高级有序。

自组织表示系统的运动是自发地、不受特定外来干预进行的。值得注意的是,首先,只有开放系统才有自组织,所谓的系统的自组织并非是可以离开与环境的相互作用的独来独往。正如系统的开放性原理已经指出的,封闭的系统是不能够自发组织起来、自发实现从混沌到有序的发展的。其次,系统的自组织常常与系统的自发运动这样的表述相联系,其区别在于系统的自组织包含系统的自发运动的意思,同时强调了系统自发运动过程也是一个自发形成一定组织结构的过程。换言之,系统的自组织中常常包括了系统的进化和优化的含义。

(八) 系统相似性原理

系统的相似形原理指的是系统具有同构和同态的性质,体现在系统的结构和功能、存在方式和演化过程具有共同性,这是一种有差异的共性,是系统统一性的一种表现。

系统的相似性是系统的一个基本特征,也是种种系统理论得以建立的基础。如果没有系统的相似性,就没有具有普遍性的系统理论。事实上,一种系统理论,可以说就是关于系统某一或某些相似方面进行研究的学科。系统的相似性原理,也就以这种系统理论对于系统的相似性的研究作为自己的理论基础。系统具有相似性最根本的原因在于世界的物质统一性,而且系统的相似性不仅仅是指系统存在形式的相似性,也指系统演化方式的相似性。

系统相似性原理在科学研究中具有重要的实际意义,在社会实践中同样也具有十分重要的现实意义。从几个个别典型中发现普遍存在的问题,从而做出整体上的指导方针。例如,国家对个别发达地区进行的教育改革试点,就是系统相似性原理在社会改革中的运用。

二、系统基本规律

系统基本规律是关于系统存在的基本状态和演化发展趋势的必然的、稳定的、普遍的联系和关系,是对系统更一般性的把握。系统基本规律包括五个:结构功能相关律、信息反馈律、竞争协同律、涨落有序律和优化演化律。

(一)结构功能相关律

结构功能相关律即关于结构和功能相互关联、相互转化的规律。一定的结构必然具有一定的功能并制约着随机涨落的范围,随机涨落可以引起局部功能的改变,当涨落突破系统内部调节机制的作用范围,涨落得到系统整体的响应而放大,造成系统整体结构的改变,而新的结构又制约新的随机涨落的范围。这样结构和功能动态地相互作用,系统不断地演化。如田忌赛马,采用孙膑的"今以君之下驷与彼上驷,取君上驷与彼中驷,取君中驷与彼下驷"策略,从而相对结构优化取得胜利,是通过结构优化获得了功能优化。

(二)信息反馈律

信息反馈律即信息反馈的调控作用影响系统稳定性的内在机理。负反馈强化系统的稳定性,正反馈使系统远离稳定状态,但正反馈可以推动系统的演化,因为在一定条件下,涨落通过正反馈得以放大,破坏系统的原有稳定性,使系统进入新的稳定状态。在原子弹的引爆装置中,要用到裂变链式反应,这种裂变链式反应就是一种正反馈过程。类似的正反馈还有"马太效应"、"锦上添花"等。正负反馈的作用是可以相互转化的。生物体内存在着大量打正负反馈混合的调节系统。例如甲状腺激素控制调节系统,由下丘脑产生促甲状腺激素释放因子(Thyrotropin-Relea-sing Factor,TRF),通过作用于脑垂体前叶,就使促甲状腺激素(Thyroid Stimulation Hormone,TSH)增加并通过血液作用于甲状腺,刺激甲状腺的分泌,而当血液中甲状腺浓度增加以后,反过来会抑制 TRF 和 TSH 的产生,从而维持了人体中甲状腺素的正常浓度。

(三)竞争协同律

竞争协同律即系统的要素之间、系统与环境之间存在整体统一性和个体差异性,通过竞争和协同推动系统的演化发展。自组织理论认识到在竞争基础上的协同对于系统演化的重大意义。非线性相互作用构成竞争和协同辩证关系的自然科学基础。系统中普遍存在的涨落说明系统要素之间总是处于竞争状态,涨落得到系统的响应而得以放大说明协同在发挥作用。竞争是系统演化的创造性因素,协同是系统演化确定性、目的性的因素。比如在抗战中,中国共产党坚持既斗争、又妥协的政策联合国民党最终打败了日本侵略者,赢得抗战的胜利。

（四）涨落有序律

涨落也被称作起伏，有时也被称为噪声、干扰，是对系统的稳定的平均的状态的偏离，是系统同一发展演化过程之中的差异。涨落有序律是系统通过涨落达到有序，实现系统从无序向有序，从低级有序向高级有序发展。涨落对于系统的作用具有双重性，涨落可以破坏系统的稳定性，也可以使系统经过失稳获得新的稳定性。因此，涨落对于系统的演化，也有两种可能性。一种是通过涨落达到有序，使系统得以实现发展进化。另一种是通过涨落使得系统崩溃。例如，历史上朝代的更替是往往通过战争完成的，是大灾难，使人们流离失所，妻离子散，但战争结束后新诞生的王朝往往也代表着更先进的生产力，人类社会才得以发展。涨落有序，实质上就是通过矛盾运动而实现系统的发展。

（五）优化演化律

优化演化律即系统不断演化，优化通过演化实现，表现系统的进化发展。优化是系统演化的进步方面，是在一定条件下对于系统的组织、结构和功能的改进，从而实现耗散最小而效率最高、效益最大的过程。宇宙整体上的演化过程是一个优化演化过程，生物进化也是一个优化演化过程。物竞天择、适者生存，这里的"适者"也就是优者。生存竞争，优胜劣汰，适者生存，就是优化演化律的生动体现。家畜的驯养，作物的改良，劳动工具的革新，生活条件的改善，这些都是人类社会以优化的形式演化发展的过程。

第三节 系统分析方法

系统分析最早是由美国兰德公司在第二次世界大战结束前后提出并加以使用的。1945年，美国的道格拉斯飞机公司，组织了各个学科领域的科技专家为美国空军研究"洲际战争"问题，目的是为空军提供关于技术和设备方面的建议，当时称为"研究与开发"（Research and Development, R&D）计划。1948年5月，执行该计划的部门从道格拉斯公司独立出来，成立了兰德公司，"兰德"（RAND）是"研究与开发"英文的缩写。

一、系统分析方法的概念

系统分析是系统方法在科学决策中的具体应用。它是一个有步骤地探索和分析问题的过程，以寻求解决问题的途径。系统分析设计的范围很广，需要对大量的信息进行收集、处理、分析、汇总、传递和存储，因此，在系统分析中应用多种数理方法和计算机技术才能进行分析和比较，实现系统目标，为系统决策提供充分的信息资料。

系统分析方法就是指把要解决的问题作为一个系统，对系统要素进行综合分析，找出解决问题的可行方案的咨询方法。兰德公司认为，系统分析是一种研究方略，它能在不确定的情况下，确定问题的本质和起因，明确咨询目标，找出各种可行方案，并通过一定标准对这些方案进行比较，帮助决策者在复杂的问题和环境中做出科学抉择。

需要明确的是，"系统分析"所确立的"系统"不是研究对象的实体系统，而是一个虚拟的逻辑或概念系统。这个"系统"与实体系统的构成有所区别，它是为了研究原有实体系统而建立的一个决策系统,是在原实体系统的基础上,根据研究主题的需要,按照联系的逻辑关系而界定的基本概念和策略,再进一步将系统环境中和主题关联性大或对系统有主要影响的因素纳入进来,一起构成的新系统。系统分析就是在这一"新系统"的框架下展开对系统元素或要素、结构、功能的分析。

这一过程如图1-2所示。

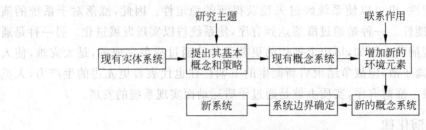

图1-2 系统分析中的新系统

采用系统分析方法对事物进行分析时,决策者可以获得对问题综合的和整体的认识,既不忽略内部各因素的相互关系,又能顾及外部环境变化所可能带来的影响,特别是通过信息反馈,即时反映系统的作用状态,随时了解和掌握新形势的发展变化。在已知的情况下,研究不同的结构关系,通过最有效的策略手段解决复杂的系统问题,以期顺利地达到系统的各项目标,实现系统所需要的功能。

系统分析的目的是帮助决策者对所要决策的问题逐步清晰,透彻分析,提供可能得到地说明问题的依据,起到辅助决策的作用。系统分析的方法是采用系统的观点方法,对所研究问题的系统结构和系统状态进行定性、定量的分析,提出各种可行的备选方案,并进行比较、评价和协调。系统分析的任务是向决策者提供系统方案和评价意见,以及建立新系统的建议,以便决策者选择行动方案。

总之,所谓系统分析,就是将研究对象放在系统的框架内,考察系统其他各部分对研究对象的作用和影响,而不局限于仅仅分析研究对象本身的这类分析思路和方法。至于所建立或考察的系统的范围(系统边界的确定),取决于研究对象的特性和研究者的分析能力。显然,系统选取的范围越大,考察的因素越多,但分析判断也越难。范围过小,又容易忽略一些重要的影响因素,求得的可能是局部最优解。

二、系统分析的重要性

系统的运行和管理,要求有确定的指导方针。不明确、不恰当的系统目标和功能,往往会给系统的生存和发展带来严重的后果。采用系统分析方法,可以帮助人们尽快找出系统的目标和功能,实际上由于任何系统都会处于一个更大的系统之中,它们与所处的环境发生着物质、能量和信息等的交换,会受到环境的约束。在系统内部,各个子系统之间发生着纵向或横向的简单关系,以及纵横交错的复杂关系,它们有机联系,相互制约。采用系统分析方法,可以帮助我们有效地梳理出哪些是系统外部环境哪些是系统内部环境,以及系统之间的关系如何,又是通过什么方式对系统产生影响的,从而提出解决问题的明确目标和方案,改进现有的系统。

系统分析的重要性还体现在另外一个方面,即系统分析的最终目的是为系统决策服务的,它要为决策提供各种分析数据、各种可供选择方案的利弊分析和可行条件等,就像一面镜子把各种方案产生的成本和效益显示出来,为解决问题提供正确指导。使决策者在决策之前做到心中有数,有权衡、选择、比较优劣的可能性,从而能提高决策的科学性和可行性。如果说,决策的正确与否关系到事业的成败,那么,系统分析则是构建成败的基石。

三、系统分析的内容

(一)系统构成

我们认识一个系统,首先就是要理解系统是由哪些元素或要素构成的。这些元素和要素是构成系统的基本成分。要素和系统是部分与整体的关系。元素或要素的性能影响着系统的整体功能,而关键要素对系统整体功能有着决定性的影响作用。

要素集的构成,应在已定目标的基础上,借助价值分析技术,使所选出的功能单元的构成成本最低。例如,把中国石化集团公司看作一个大系统的话,当目标是分析该企业的盈利能力时,一般可以把它的各项业务视作为系统的要素;但当目标是核算企业价值时,则将企业拥有的各项资产作为系统的要素。

(二)系统结构

系统结构是要素之间的联系方式,联系方式也影响着系统的功能。系统的结构是系统的功能的基础,系统的功能依赖于系统的结构。只有系统的结构合理,系统才具有良好的功能,功能才能得到好的发挥。系统的结构优化和功能优化总是联系在一起的。我们厘清系统元素之间的联系,并理解这些联系和系统功能之间的对应关系,才能做到调整结构,提高功能。

系统结构分析研究内容有以下两个。

(1)相关性和阶层性分析。首先要明确系统元素之间存在的关联性,了解这种关联性的性质及其变化对系统目标的影响。阶层性分析主要解决系统分层和各层规模的合理性问题,从两方面加以考虑:一是传递物质、能量和信息的效率、费用和质量;二是功能单元的合理结合和归属。

(2)系统整体性分析。各组成要素对系统均有独特作用,应按照"各居其位,各司其职"的原则,充分发挥它们在整体中的作用,按照系统总目标进行有序化调整;注意协调环节,不断调整和处理系统中的矛盾和改进落后环节,以提高系统的整体效果。

(三)系统功能

功能是指系统与外部环境相互联系和相互作用中表现出来的性质、能力和功效,是系统内部相对稳定的联系方式、组织秩序和时空形式的外在表现形式。对于人们的认识和实践来说,人们认识和研究系统,其直接目的是为了了解和认识系统的功能,进而利用、改造和获取系统的功能。

系统功能分析包括两个含义：一是系统现在的绩效；二是系统的目标。绩效评价包括评价指标体系和评价标准，考察系统的资金、时间、成本、效益等方面。目标分析涉及论证系统总目标的合理性、可行性和经济性，并将之分解落实到具体细化的目标集。

（四）系统环境

环境给出了系统的外部约束条件，系统分析的资料要取自环境，一旦环境发生变化，将引出新的系统分析课题。系统环境分析的主要内容如下。

(1) 确定系统与环境的边界。研究人员可以凭借经验判断，勾画出与系统内在关联性相比相对影响较小的时空境界，作为系统的边界，然后在总体研究和详细研究中逐步加以修正。由于环境包含的因素太多，我们需要在所有这些环境因素中找出对系统会产生比较直接的影响作用的因素，认识这些环境因素的状态及其变化趋势，弄清楚环境对系统的作用方式和作用过程，有利于我们因势利导，规避不利因素，最大化利用有利因素，提高系统的功能。

(2) 摸清环境对系统的影响程度。包括找出相关的环境因素集，确定各环境因素的影响范围、程度和各因素间的相关程度，并在方案分析中予以考虑。环境因素应分清主次和轻重，对可定量分析的环境因素，通常可用约束条件的形式列入系统模型中；对只能定性分析的因素可用定性评分法进行量化，尽量使之达到定量或半定量化，以便用来校验或修订原定的系统目标值。

四、系统分析的步骤

在系统分析的过程中，通过对内外环境的分析限定问题；由问题状况经过系统研究，确定系统的目标；有了目标之后，就可以集中寻找和收集需要的资料；通过对资料的整理和提炼提出可能的方案和评价的标准；最后就是对方案进行评估，选择可行方案。

（一）限定问题

问题是在一定的外部环境作用和系统内部发展的需要中产生的，它带有一定的本质属性和存在范围。系统分析首先要明确问题，然后要进一步研究问题所包含的因素，以及因素间的联系和外部环境的联系，把环境的性质和范围清楚地表达出来。

（二）确定目标

系统分析是针对所要实现的具体目标展开的，由于实现系统功能的目标是靠多方面因素来保证的，因此，系统目标也不会是单一的，它通常会包含或表现在多方面，呈现出一个多目标体系。因此，在确定目标结构时，要确定出各个目标的重要度。系统的目标即是建立系统的依据，又是系统分析的出发点。只有正确地把握和理解系统的目标和要求，才能为进一步的分析奠定基础，才能使所建立的系统达到预期的目标。例如物流系统的目标既表现在成本最低，又表现在高服务水平。两者不可能同时达到各自的最优，只有通过整体的协调，达到总体上的最优。所以在多目标情况下，要注意目标的整体性、可行性和经济性。

（三）调查研究收集数据

数据和资料是系统分析的基础和依据。根据所处理问题的总目标和各项分目标，集中收集需要的资料和数据，为分析做好准备。其中收集的资料包括历史资料和现实资料、文字资料和数据资料。在收集资料时要围绕问题，有针对、有选择地收集，并可以进一步归类和排序，挖掘和选择有用的资料。在收集资料时一定要注意资料的可靠性，能够说明重要目标的数据和资料必须经过反复核对和推敲。

（四）提出备选方案和评价标准

备选方案是系统方案优选的前提，没有一定数量、质量的可替代方案，就没有系统的优化。在收集资料的前提下，通过对数据和质量的分析，按照目标的要求，提出各种备选方案。所拟定的备选方案应该具备创造性、先进性、多样性。创造性是指方案在解决问题上应有创新，做到另辟蹊径；先进性是指方案应反映出当前国内外最新的研究成果，在现实基础上，有所前进；多样性是指所提方案应从多个角度考虑，反映出多元化特点。为了对备选方案进行评估，还要根据问题的性质和客观具备的条件，提出约束条件或评价标准，供下一步应用。

（五）备选方案评估

根据上述约束条件或评价标准，系统分析人员提出解决问题的若干备选方案，并引领决策者对备选方案进行评估，评估应该是综合性的，不仅要考虑技术因素，也要考虑社会经济等因素，根据评估结果确定最可行方案。

小案例 某生产企业的系统分析方法应用

某锻造厂是以生产解放、东风140和东风130等汽车后半轴为主的小型企业，现在年生产能力为1.8万根，年产值为1300万元。半轴生产工艺包括锻造、热处理、机加工、喷漆等23道工序，由于设备陈旧，前几年对某些设备进行了更换和改造，但效果不明显，生产能力仍然不能提高。厂领导急于要打开局面，便委托M咨询公司进行咨询。M咨询公司采用系统分析进行诊断，把半轴生产过程作为一个系统进行解剖分析。通过限定问题，咨询人员发现，在半轴生产23道工序中，生产能力严重失调，其中班产能力为120~190根的有9道工序，主要是机加工设备。班产能力为70~90根的有6道工序，主要是淬火和矫直设备。其余工序班产能力在30~45根之内，都是锻造设备。由于机加工和热处理工序生产能力大大超过锻造工序，造成前道工序成为"瓶颈"，严重限制后道工序的局面，使整体生产能力难于提高。所以，需要解决的真正问题是：如何提高锻造设备能力？

在限定问题的基础上，咨询人员与厂方一起确定出发展目标，即通过对锻造设备的改造，使该厂汽车半轴生产能力和年产值都提高一倍。

围绕如何改造锻造设备这一问题，咨询人员进行深入调查研究，初步提出了四个备选方案，即：新装一台平锻机；用轧同代替原有夹板锤；用轧制机和碾压机代替原有夹板锤和空气锤；增加一台空气锤。

咨询人员根据对厂家人力、物力和资源情况的调查分析,提出对备选方案的评价标准或约束条件,即:投资不能超过20万元;能与该厂技术水平相适应,便于维护;耗电量低;建设周期短,回收期快。咨询小组吸收厂方代表参加,根据上述标准对各备选方案进行评估。第1个方案(新装一台平锻机),技术先进,但投资高,超过约束条件,应予以淘汰。对其余三个方案,采取打分方式评比,结果第4个方案(增加一台空气锤)被确定为最可行方案,该方案具有成本低,投产周期短,耗电量低等优点,技术上虽然不够先进,但符合小企业目前的要求,客户对此满意,系统分析进展顺利,为该项咨询提供了有力的工具。

思 考 题

1. 举例说明有哪些不能称为系统的东西。
2. "问渠哪得清如许,为有源头活水来",揭示了系统什么原理?
3. 试运用系统功能原理解释2002年世界杯足球赛上,著名教练米卢带领的中国足球队为什么没有进入第二轮(提示:教练可以改变球队的结构)。
4. 曾有张老板和李老板为企业的合作问题在协商,两人觉得在办公室里谈判太乏味,于是去登山,在旅游中边玩边谈。一天,两人见到一只带着小熊的母熊正在向他们靠近,众所周知,带小熊的母熊对人的攻击性很强。两人赶紧逃跑,跑了一段距离后,张老板停下来,从旅行包里拿出运动鞋换上,李老板大叫:"你换了鞋就能跑得比熊快吗?"换好鞋的张老板边跑边回答:"我肯定跑不过熊,但可以跑得比你快。"

问:两人思考问题有什么不同?两人各自界定的逃命系统边界是怎样的?

5. 以下两种情景,分别统计愿意买票的人数,分析两者为何不同。

情景A:你已决定要去看场戏,花了30元买张门票。当你走进戏院时,发现门票遗失了。你愿意再花30元重新买张门票吗?

情景B:你已决定要去看场戏,入场门票价格为30元。当你到了戏院门口,发现遗失了30元钱。你还愿意掏30元买门票吗?

6. 实践探索。

假设你是某生产高级食品包装用纸板容器厂的客户经理。有一天,你接到一位愤怒的客户的紧急电话,你立刻开车到这位客户的工厂,对这一抱怨作第一手的调查研究。你立马遭到了一顿臭骂。"你们的纸箱差劲透了!我们的生意至此为止,因为你的纸箱凹陷破裂,我的生产被迫停顿。我有三个紧急订货没办法交货,客户向我大吼大叫。把你的卡车叫来,把这些破烂运回去。"你将怎么办?谈谈你的分析思路和将采取的办法(提示:试建立一个决策系统,确定系统的边界,考察系统的要素、分析系统要素之间的影响关系,确定拟采取的方案)。

7. 结合社会重大问题运用系统分析的思想和方法,从多角度、多层面、正反两方面展开讨论。

第二章

物流系统概论

第一节 物流系统

学习导航
- 了解物流系统模式和性能
- 多角度理解物流系统的要素构成
- 了解物流系统分析的内容和分析方法

一、物流系统的概念和模式

物流系统是指在一定的时间和空间里,把物流活动所需的机械、设备、工具、节点、线路等物资资料、物流事务和过程等要素看成一个相互联系、相互制约的整体,以系统的观点、系统分析的理论和方法来分析研究,以实现其空间和时间的经济效应。它是由物流各要素组成的,要素之间存在有机联系。物流系统是社会经济大系统的一个子系统或组成部分。物流系统的目的是实现物资的空间效益和时间效益,在保证社会再生产顺利进行的前提条件下,实现各种物流环节的合理衔接,并获得最佳的宏观和微观经济效益。

物流系统和其他系统一样,具有输入、处理(转换)和输出三大环节,同时也有限制(制约)、反馈等环节。通过输入和输出使系统与环境进行交换,使系统和环境相依而存,而处理转换则是这个系统带有特点的系统功能。结合现代信息技术发展的特点以及行业发展趋势,现代物流系统是信息化、现代化、社会化和多层次的物流系统。采用网络化的计算机技术和现代化的硬件设备、软件系统及先进的管理手段,严格地、守信地进行一系列分类、编配、整理、分工和配货等理货工作,定时、定量地交给各类用户以满足其对商品的需求。物流系统的一般模式的具体内容如图 2-1 所示。

(1) 输入。输入就是通过提供资源、能源、设备、劳力等手段对某一系统发生作用,统称为外部环境对物流系统的输入。

(2) 处理(转换)。它是指物流本身的转换过程。从输入到输出之间所进行的生产、供应、销售、服务等活动中的物流业务活动为物流系统的处理或转换。具体内容有物流设施设备和物流业务活动,如运输、储存、包装、装卸、搬运、流通加工、物流信息处理等。

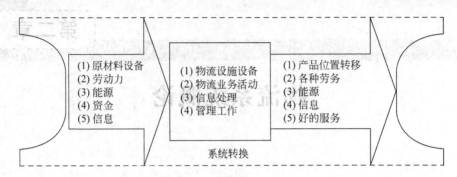

图 2-1　现代物流系统模式

（3）输出。物流系统与其服务本身所具备的各种手段和功能，对环境的输入进行各种处理后所提供的物流服务称为系统的输出。具体内容有：产品位置与场所的转移；各种劳务，如合同的履行及其他服务等。

（4）干扰（限制和制约）。外部环境对物流系统施加一定的约束称为外部环境对物流系统的制约和干扰。具体有资源限制、能源限制、资金与生产能力限制、市场价格和需求变化的影响、仓库容量、物流作用能力、政策变化等。

（5）反馈。物流系统在把输入转换为输出的过程中，由于受系统各种因素的限制，不能按原计划实现，需要把输出结果返回给输入，进行调整，即使按原计划实现，也要把信息返回，以对工作做出评价，这称为信息反馈。信息反馈的内容包括各种物流活动分析报告、各种统计报告数据、典型调查、国内外市场信息与有关动态等。

在企业物流系统中，物流系统只有通过企业内部管理层、控制层和作业层三个层次的协调配合，才能有效地实现企业物流系统的总体功能。

（1）管理层。对整个物流系统进行计划、实施和控制。主要内容有物流系统战略规划、系统控制和成绩评定，目的是形成有效的反馈约束和激励机制。

（2）控制层。其任务是控制物流流动过程，主要包括了订货处理与客户服务、库存计划与控制、生产计划与控制、用料管理、采购等。

（3）作业层。完成物料时间转移和空间转移。主要包括发货与进货运输、厂内装卸搬运、包装、保管、流通加工等。

二、物流系统的特点

物流系统除具有一般系统共有的整体性、相关性、目的性、环境适应性的特点外，还具有以下特点。

（一）物流系统是一个"人机系统"

物流系统是由人和形成劳动手段的设备、工具组成的。在物流活动中，人是系统的主体。因此，在研究物流系统各个方面的问题时，把人和物有机地结合起来，作为不可分割的整体加以考察和分析，并始终把如何发挥人的主观能动作用放在首位。

（二）物流系统是一个大跨度系统

物流系统大跨度体现在地域跨度大，通常会跨越地区界线；时间跨度性大，有些商品在产需的时间方面存在很大差异。

（三）物流系统是一个可分系统

物流系统无论其规模多么庞大，都可以分解成若干个相互联系的子系统。这些子系统的多少和层次的阶数，是随着人们对物流的认识和研究的深入而不断扩充的。系统与子系统之间、子系统与子系统之间，存在着时间上和空间上及资源利用方面的联系，也存在总的目标、总的费用以及总的运行结果等方面的相互联系。

（四）物流系统是一个动态系统

由于物流系统一端连接着生产者，另一端连接着消费者，系统的各个功能要素和系统的运行会随着市场需求、供应渠道和价格变化而经常发生变化，这就增加了系统优化和可靠运行的难度。物流系统是一个具有满足社会需要、适应环境能力的动态系统，人们必须对物流系统的各组成部分经常不断地修改、完善，这就要求物流系统具有足够的灵活性与可改变性。

（五）物流系统是一个复杂的系统

物流系统运行对象——"物"遍及全部社会物质资源，资源的大量化和多样化带来了物流的复杂化。物流系统的范围横跨生产、流通、消费三大领域，这些人力、物力、财力资源的组织和合理利用，是一个非常复杂的问题。在物流活动的全过程中，始终贯穿着大量的物流信息。物流系统要通过这些信息把这些子系统有机地联系起来。如何把信息收集全、处理好，并使之指导物流活动，亦是非常复杂的事情。

（六）物流系统是一个多目标函数系统

物流系统的多目标常常表现出"效益背反"现象。"效益背反"性是指物流系统的各要素之间存在目标不一致的地方。例如，对物流时间，希望最短；对服务质量，希望最好；对物流成本，希望最低等。物流系统恰恰在这些矛盾中运行。要想达到其中一个目标，必然造成另一个目标的损失，在处理时稍有不慎就会出现总体恶化的结果。要使物流系统在各方面满足人们的要求，显然要建立物流多目标函数，并在多目标中求得物流的最佳效果。

三、物流系统的作用

物流是物质资料（包括原材料）的物理性移动，是从供应者到使用者的运输、包装、保管、装卸搬运、流通加工、配送，以及信息传递的过程，这就是说物流活动本身一般并不创造产品价值，只创造附加价值。但是，物流并不是可有可无的。因为任何产品都不可能生产出来后，不经过搬运装卸、包装、运输、保管就立即消费。物流是一个不可省略或者说不可跨越的过程,而且,随着这个过程的发生,就会产生费用、时间、距离,以及人力、资源、能源、环境等一系列问题。人们只有客观地认识这些问题,正确地对待、科学地解决好这些问题,才是唯一的正确态度和选择。笼统地说,物流的作用主要表现在以下六个方面。

(一) 保值

物流有保值作用。也就是说,任何产品从生产出来到最终消费者,都必须经过一段时间、一段距离,在这段时间和距离过程中,都要经过运输、包装、保管、装卸搬运等多环节、多次数的物流活动。在这个过程中,产品可能会淋雨、水浸、生锈、破损、丢失等。物流的使命就是防止或减少上述现象的发生,保证产品从生产者到消费者移动过程中的质量和数量,起到产品的保值作用,即保护产品的存在价值,使该产品在到达消费者手中时使用价值不变。

(二) 节约

搞好物流,能够节约自然资源、人力资源和能源,同时也能够节约费用。比如,集装箱化运输,可以简化商品包装,节约大量包装用纸和木材;实现机械化装卸作业,仓库保管自动化,能节省大量作业人员,大幅度降低人员开支。重视物流可节约费用的事例比比皆是。例如,海尔企业集团通过加强物流管理,建立起现代化的国际自动化物流中心,一年时间将库存占压资金和采购资金,从15亿元降低到7亿元,节省了8亿元开支。

(三) 缩短距离

物流可以克服时间间隔、距离间隔和人的间隔,这自然也是物流的实质。现代化的物流在缩短距离方面的例证不胜枚举。在北京可以买到世界各国的新鲜水果,全国各地的水果也长年不断;邮政部门改善了物流,使信件大大缩短了时间距离,全国快递两天内就到。美国联邦快递,能做到隔天送达亚洲的15个城市;日本的配送中心可以做到上午10点前的订货当天送到。这种物流速度,把人们之间的地理距离和世界距离一下子拉得很近。随着物流现代化的不断推进,国际运输能力大大加强,极大地促进了国际贸易,使人们逐渐感到这个地球变小了,各大洲的距离更近了。

(四) 增强企业竞争力、提高服务水平

在新经济时代,企业之间的竞争越来越激烈。在同样的经济环境下,制造企业,比如家电生产企业,相互之间的竞争主要表现在价格、质量、功能、款式、售后服务的竞争上,可以讲,像彩电、空调、冰箱这类家电产品在工业科技如此进步的今天,质量、功能、款式、售后服务,各个企业的水平已经没有太大的差别,唯一可比的地方往往是价格。近几年全国各大城市此起彼伏的家电价格大战,足以说明这一点。那么支撑降价的因素是什么呢?如果说为了占领市场份额,一两次的亏本降价,待市场夺回来后再把这块亏损补回来也未尝不可。然而,如果降价亏本后仍不奏效呢?不言而喻,企业可能就会一败涂地。在物资短缺的年代,企业可以靠扩大产量、降低制造成本去攫取第一利润。在物资丰富的年代,企业又可以通过扩大销售攫取第二利润。可是在新经济社会,第一利润源和第二利润源

已基本到了极限,目前剩下的唯一"未开垦的处女地"就是物流。降价是近几年家电行业企业之间主要的竞争手段,降价竞争的后盾是企业总成本的降低,即功能、质量、款式和售后服务以外的成本降价,也就是我们所说的降低物流成本。

国外的制造企业很早就认识到了物流是企业竞争力的法宝,搞好物流可以实现零库存、零距离和零流动资金占用,是提高为用户服务,构筑企业供应链,增加企业核心竞争力的重要途径。在经济全球化、信息全球化和资本全球化的21世纪,企业只有建立现代物流结构,才能在激烈的竞争中,求得生存和发展。

(五)加快商品流通、促进经济发展

以配送中心为例,配送中心的设立为连锁商业提供了广阔的发展空间。利用计算机网络,将超市、配送中心和供货商、生产企业连接,能够以配送中心为枢纽形成一个商业、物流业和生产企业的有效组合。有了计算机迅速及时的信息传递和分析,通过配送中心的高效率作业、及时配送,并将信息反馈给供应商和生产企业,可以形成一个高效率、高能量的商品流通网络,为企业管理决策提供重要的依据,同时,还能够大大加快商品流通的速度,降低商品的零售价格,提高消费者的购买欲望,从而促进国民经济的发展。

(六)创造社会效益附加值

实现装卸搬运作业机械化、自动化和专业化,不仅能提高劳动生产率,而且也能解放生产力。把工人从繁重的体力劳动中解脱出来,这本身就是对人的尊重,也是创造社会效益。

四、物流中的"非系统"因素

物流进入人们视野之初并非是以"系统"的形式所呈现的,而是分割的、分散的多个"肢体",这是物流的"非系统"因素。这种形式上的分散为逻辑上的集成带来了困难:一方面,物流功能环节分散面大,客观上存在着跨地域和时间的时空阻隔;另一方面,物流是分割到不同利益属性的部门,主观上存在着跨部门利益的组织阻隔。此外,各个"肢体"不仅内含物流系统的要素,还内含非物流的"环境因素"。物流要素和"环境因素"相互混杂、盘根错节,为物流系统的边界划定带来困惑,遑论系统分析了。物流的生命力在于集成,物流利润源不是存在于各个"肢体"内部,而是通过"肢体"整合使系统新功能"涌现"。

(一)企业物流部门分割

20世纪50年代以前,企业中的采购、运输、仓储等活动分散在各个部门,由各个部门对这些要素进行个别管理,各个功能活动之间相互独立,物流合理化的范围局限于各部门内部,企业没有综合的物流管理职能部门,物流成本无法正确把握和控制。企业降低成本也不是以降低物流总成本为目标,而仅仅停留在降低运输成本或保管成本等环节上。

20世纪六七十年代以后,随着企业对物流作用认识的加深,出现了部分物流功能的集成管理,物流活动被集成到原材料的物料管理和产成品的分销管理两大物流管理职能当中,分别对应于企业物料的流入和流出。这种职能式的管理使物流成本在两大职能中

变得清晰而易于独立核算，为企业有效控制物流成本奠定了基础。由分割式管理到部分功能集成管理的转变，无疑是一大进步，但是这种集成还不够，企业的全部物流活动并未被统一起来，物流与生产部门和销售部门缺乏沟通和联系。

（二）社会物流条块分割

我国由于长期受计划经济体制影响，物流业发展中的部门、条块分割现象较严重，物流资源难以有效整合。公路、铁路、水运、仓储、内贸、外贸等行业都各成体系，没有形成社会化的供应链条。这种分割严重制约了社会物流业的发展：一是公路、铁路、民航、港口在组织方式、服务规范、技术及装备标准方面都存在着很大的差距，为物流企业采用多种形式联运、开展物流服务带来极大的困难；二是由于多部门管理，致使中央与地方运输系统之间，不同地区运输系统之间缺乏相互衔接的枢纽设施，导致物流系统无法并网；三是物流市场的条块分割常常造成空载等许多不合理的运输，从而为物流企业进一步扩大规模、降低成本带来阻碍和不便。

世界经济一体化促使物流业的一体化，世界经济一体化给全球物流业的发展提供了巨大的机遇，物流业的发展又将推动世界经济一体化的进程。世界物流业一体化是跨越国界的物流的联网，但现实是国与国之间，地区之间的条块分割阻碍了物流联网的进程。习近平总书记在 2013 年提出建设"新丝绸之路经济带"和"21 世纪海上丝绸之路"的战略构想，就是构筑全球物流一体化的中国物流战略通道。

五、物流系统中存在的制约因素

（一）物流服务和物流成本间的制约关系

要提高物流系统的服务水平，物流成本往往也要增加。比如采用小批量 JIT 运货制就会增加费用。要提高供货率即降低缺货率，必须增加库存即增加保管费。其制约关系如图 2-2 所示。

（二）构成物流服务子系统功能之间的约束关系

各子系统的功能如果不均匀，物流系统的整体能力将受到影响。例如搬运装卸能力很强，但运输力量不足，会产生设备和人力的浪费；反之，如果搬运装卸环节薄弱，车、船到达车站、港口后不能及时卸货，也会带来巨大的经济损失。

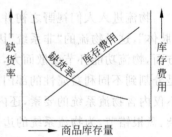

图 2-2 服务与成本的制约关系

（三）构成物流成本的各个环节费用之间的关系

如果为了减少仓储费用、降低库存而采取小批量订货策略，这将导致运输次数增加，也就是说运输费用将上升，因此，运输费和保管费之间有相互制约的关系。简化包装可以减少包装费用，但是会造成仓库中货物堆放高度降低、装卸搬运和运输效率下降，以及破损率增加。

（四）各个子系统的功能和所耗费用的关系

任何子系统功能的增加和完善必须投入资金。信息系统功能增加，必须购置硬件和开发计算机软件。增加仓库的容量和提高进出库速度，就要建立更大的库房并实现机械化、自动化。在改善物流系统功能的项目中，投资额确定后，对各个子系统的投入要合理进行分配。

第二节 物流系统的构成及结构

分析系统，首先要认清系统内的元素或要素有哪些，物流系统也不例外。作为一个社会经济系统，物流系统的构成要素是多方面的，需要从多个角度进行描述。这是一项烦琐的工作。

一、物流系统的构成要素

理解物流系统的构成，需要从多方面来认识。

（一）物流系统的一般构成要素

物流系统与其他经济系统具有相似性，构成物流系统的一般构成要素如下。

1．人

人是支配物流的主要因素，是控制物流系统的主体。人是保证物流系统得以顺利进行和提高管理水平的关键因素。提高人的素质是建立一个合理化的物流系统并使它有效运转的根本。

2．财

财是物流系统不可缺少的资金。交换以货币为媒介，实现交换的物流过程实际也是资金的运动过程，同时，物流服务本身也是需要以货币为媒介的。物流系统建设是资本投入一大领域，离开资金这一要素，物流不可能实现。

3．物

物是物流中的原材料、成品、半成品、能源、动力等物质条件，包括物流系统的劳动对象、劳动手段，如各种物流设施、设备、工具、各种消耗材料等。没有物，物流系统就会变成无本之木。

4．信息

信息将物流系统各个部分有效地连接起来，是使其整体达到最优的重要纽带。准确而及时的物流信息是实现物流系统高效运转、整体最优的重要保证。

物流系统的组成如图2-3所示。

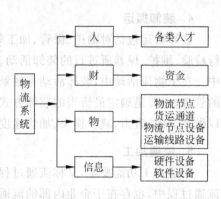

图2-3 物流系统的组成

(二) 物流系统的功能要素

物流系统的功能要素指的是物流系统所具有的基本能力,这些基本能力有效地组合、联结在一起,成了物流的总功能。物流系统的功能要素一般认为有运输、仓储、包装、装卸搬运、流通加工、配送、物流信息等,如果从物流活动的实际工作环节来考查,物流则是由这七项具体工作构成。

1. 运输

运输包括供应及销售物流中的车、船、飞机等运输,以及生产物流中的管道、传送等运输方式。运输是物流的核心业务之一,也是物流系统的一个重要功能,运输成本在物流总成本中的比例高达50%。选择何种运输手段对于物流效率具有十分重要的意义,在决定运输手段时,必须权衡运输系统要求的运输服务和运输成本,可以从运输工具的服务特性作为判断的基准:运费、运输时间、频率、运输能力、货物的安全性、时间的准确性、适应性、伸缩性、网络性和信息等。

2. 仓储

在物流系统中,仓储和运输是同样重要的构成因素。仓储功能包括了对进入物流系统的货物进行堆存、管理、保管、保养、维护等一系列活动。仓储的作用主要表现在两个方面:一是完好地保证货物的使用价值和价值;二是将货物配送给用户,在物流中心进行必要的加工活动而进行的保存。随着经济的发展,物流由少品种、大批量物流进入多品种、小批量或多批次、小批量物流时代,仓储功能从重视保管效率逐渐变为重视如何才能顺利地进行发货和配送作业。

3. 包装

包装包括产品的出厂包装,生产过程中在制品、半成品的包装,以及物流过程中的换装、分装、再包装等过程。对包装活动的管理要根据物流方式和销售要求确定。以商业包装为主,还是以工业包装为主,要全面考虑包装对产品的保护作用、促进销售作用、提高装运率的作用、可拆装的便利性以及废包装的回收及处理等因素。包装管理还要根据全物流过程的经济效果,具体决定包装材料、强度、尺寸及包装方式。

4. 装卸搬运

装卸搬运包括对输送、保管、加工等物流活动进行衔接活动,以及在保管过程中为进行检验、维护、保养所进行的装卸活动。伴随装卸活动的小搬运,一般也包括在这一活动中。在全物流活动中,装卸活动是频繁发生的,因而是产品损坏的重要原因。对装卸活动的管理,主要是确定最恰当的装卸方式,力求减少装卸的次数,合理配置及使用装卸机具,以做到节能、省力、减少损失、加快速度,获得较好的经济效果。

5. 流通加工

流通加工功能要素,又称流通过程的辅助加工活动。这种加工活动不仅存在于社会流通过程中,也存在于企业内部的流通过程中,所以,实际上是在物流过程中进行的辅助加工活动。企业、物资部门、商业部门为了弥补生产过程中加工程度的不足,更有效地满足用户或本企业的需求,更好地衔接产需,往往需要进行这种加工活动。

6. 配送

配送是物流进入最终阶段,以配货、送货形式最终完成社会物流并最终实现资源配置的活动。配送活动一直被看成运输活动中的一个组成部分。看成是一种运输形式。所以,过去未将其独立作为物流系统实现的功能,未看成是独立的功能要素,而是将其作为运输中的末端运输对待。但是,配送作为一种现代流通方式,集经营、服务、社会集中库存、分拣、装卸搬运于一身,已不是单单一种送货运输能包含的,所以将其作为独立的功能要素。

7. 物流信息

物流信息包括进行上述各项活动有关的计划、预测、动态(运量、收货数、发货数、存货数)的信息及有关的费用信息、生产信息、市场信息。对物流信息活动的管理,要求建立信息系统和信息渠道,正确选定信息科目和信息的收集、汇总、统计、使用方式,以保证其可靠性和及时性。

上述功能要素中,运输及仓储分别解决了供应者及需求者之间的场所和时间的分离,分别是物流创造"场所效用"及"时间效用"的主要功能,因而在物流系统中处于主要功能要素的地位。

(三)物流系统的支持要素

物流系统的建立也有很多"幕后英雄",需要有许多支撑手段,尤其是处于复杂的社会经济系统中,要确定物流系统的地位,要协调与其他系统的关系,这些要素必不可少,主要包括以下内容。

1. 体制和制度

物流系统的体制、制度决定物流系统的结构、组织、领导、管理方式,国家对其控制、指挥、管理方式,以及这个系统地位、范畴是物流系统的重要保障。有了这个支撑条件,物流系统才能确立在国民经济中的地位。

2. 法律和规章

物流系统的运行不可避免地涉及企业或人的权益问题,法律、规章一方面限制和规范物流系统的活动,使之与更大系统协调;另一方面是给予其保障。合同的执行,权益的划分,责任的确定也得靠法律、规章维系。

3. 组织和管理

组织和管理起着联结调运、协调、指挥各要素的作用,以保障物流系统目的的实现。

4. 标准化系统

标准化是保证物流环节协调运行、保证物流系统与其他系统在技术上实现联结的重要支撑系统。

需要注意的是,这些支持要素能够促进物流的发展,但在某些情况下可能制约物流的发展。

二、物流系统的结构

结构是构成系统各要素之间相互联系，相互制约的形态和方式。物流系统的目标是要通过相互联系的要素的协同运作才能完成，这些要素在时间和空间上的集合构成了物流系统。物流系统的要素组成的结构从不同角度上看主要有：流动结构、流程结构、功能结构、网络结构、治理结构等。

（一）物流系统的流动结构

物流系统就像是一个完整的流，它具有流的五个流动要素：流体、载体、流向、流量、流程。物流的五个流动要素是相关的，流体的自然属性决定了载体的类型和规模，流体的社会属性决定了流向、流量和流程，流体、流量、流向和流程决定采用的载体的属性，载体对流向、流量和流程有制约作用，载体的状况对流体的自然属性和社会属性均会产生影响等。因此，对于物流系统应该根据物流的自然属性和社会属性、流向、流程的远近及具体运行路线、流量大小与结构来确定载体的类型与数量。

在网络型的物流系统中，一定的流体从一个点向另一个点转移时经常会发生载体的变换、流向变更、流量的分解与合并、流程的调整等情况，如果这种调整和变更是必要的，那么也应该减少变换的时间、减少环节、降低变换的成本等。

（二）物流系统的流程结构

流程是实现商业模式的核心载体，企业需要打造以客户为导向的端到端的流程价值链，以有效整合内部资源，支持战略实现。流程是企业管理体系的关键模块，随着企业的成长，需要不断提升流程成熟度，把例外变成例行、把经验教训总结到流程中去，支持企业做大做强。随着市场竞争的加剧，如何更好地提高企业的生产效率和经济效益成为企业管理的重点。业务流程的设计与再造理论现在备受企业界人士的瞩目，越来越多的企业纷纷开始关注业务流程的重要性。流程强调的是工作任务如何在组织中得以完成。相应地，流程具有两个十分突出的特点：一是面向顾客，包括组织外部的和组织内部的顾客；二是跨越职能部门、分支机构或子单位的既有边界。根据以上所述，可以把业务流程定义为"以达成特定业务成果目标的一系列有逻辑相关性的任务"。

（三）物流系统的功能结构

物流系统的基本功能要素包括：运输（含配送）、储存（含仓储管理和存货控制）、包装、装卸、流通加工和物流信息处理等。但是，如果将社会生产与消费分成不同的区间，如原材料供应区间、生产区间、流通区间、消费区间等，再来分析不同的物流系统，则在功能结构上肯定会有差别的。

一般而言，供应链各个阶段都要具备的功能首先是运输，然后是储存，装卸搬运功能伴随运输方式或运输工具的变换、物流作业功能之间的转换而产生，物流中的包装功能、物流加工功能是在流通过程中才发生的，但也不是每一个物流都需要进行的作业。现代物流业具有复合功能，即一般是由两个以上基本功能构成的。

一个物流系统的功能结构如何,取决于生产、流通模式。判断物流系统功能发挥得是否合理,不是看物流系统中进行了多少作业,而是看物流系统为生产和销售降低了多少成本。从生产和流通企业的角度看,物流作业进行得越少的物流系统才越是好的物流系统,因此,不是物流系统本身需要进行什么样的作业,应该将物流系统与生产、销售系统进行集成,在保证生产和销售目标实现的前提下,尽量进行较少的物流作业,降低物流总作业成本。

(四)物流系统的网络结构

1. 物流系统的网络要素

物流系统的网络由两个基本要素组成:点和线。

(1) 点

点是在物流系统中供流动的商品储存、停留的,以进行相关后续作业的场所,如工厂、商店、仓库、配送中心、车站、码头等,也称节点,点是物流基础设施比较集中的地方。根据点所具备的功能可以将点分为下面三类。

① 单一功能。这类点的主要特点是:只具有某一种功能,或者以某种功能为主,比如专门进行储存、运输、装卸、包装、加工等单一作业,或者以其中一项为主,以其他功能为辅,需要的基础设施比较单一和简单,但规模不一定小;在物流过程中处于起点或者终点的工厂的原材料仓库、不具备商品发运条件的储存型仓库、仅承担货物中转、拼箱、组配的铁路站台、仅供停泊船只的码头等就是这样的点。这类点的业务比较单一,比较适合进行专业化经营,但是从物流系统的角度来看,必须将许多单一功能集成起来,由谁来集成以及如何集成,这些都是非常重要的问题。

② 复合功能点。这类点的特点是:具有两种以上主要物流功能;具备配套的基础设施;一般处于物流过程的中间。这类点多以周转型仓库、港口、车站、集装箱堆场等形式存在。规模可能较小,比如商店后面的一个小周转仓,在那里储存商品、处理退货、粘贴商品条形码、重新包装商品、从那里向购买大宗商品的顾客发货等;规模也可能较大,例如,一年处理80万个大型集装箱的堆场,除了储存集装箱以外,还有集装箱掏箱、商品检验、装箱,同时,一般的集装箱堆场都与码头或者港口在一起,在那里有大规模的集装箱吊车、大型集装箱专用车辆等。再如,厂家在销售渠道的末端设立的配送中心或者中转仓库、一个城市集中设立的物流基地等。在一个点上具有储存、运输、装卸、搬运、包装、流通加工、信息处理等功能中的大部分或者全部,它们都是这种复合功能的点。

③ 枢纽点。这类点的特点是:物流功能齐全;具备庞大配套的基础设施以及附属设施;庞大的吞吐能力;对整个物流网络起着决定性和战略性的控制作用,一旦该点形成以后很难改变;一般处于物流过程的中间。比如辐射亚太地区市场的大型物流中心、辐射全国市场的配送中心、一个城市的物流基地、全国或区域公路枢纽、全国或区域航空枢纽港等就是这样的枢纽点。这类点的设施一般具有公共设施性质,因而必定采用第三方的方式进行专业化经营。它的主要优势是辐射范围大,通过这个点连接的物流网络非常庞大,但是这类点面临着非常复杂的协调和管理问题。在一个物流资源分布高度分散、封闭,物流状况落后的国家,建设连接多种载体的枢纽点对于形成全国统一、开放和先进的物流网络具有战略意义。

以上三类点主要是从功能的角度划分的,从单一功能点、复合功能点到枢纽点,功能不断完善,在物流网络结构中辐射范围也不断扩大,规划、设计和管理的难度也逐步加大。

(2) 线

连接物流网络中的节点的路线成为线,或者称为连线。物流网络中的线是通过一定的资源投入而形成的。

物流网络中的线具体有如下特点:

① 方向性。一般在同一路线上有两个方向的物流同时存在。

② 有限性。点是靠线连接起来的,一条线总是有起点和终点。

③ 多样性。线是一种抽象的表述,公路、铁路、水路、航空线路、管道等都是线的具体存在形式。

④ 连通性。不同类型的线必须通过载体的转换才能连通,并且任何不同的线之间都是可以连通的,线间转换一般是在点上进行的。

⑤ 选择性。两点间具有多种线路可以选择,既可以在不同的载体之间进行选择,又可以在同一载体的不同具体路线之间进行选择,物流系统理论要求两点间的物流流程最短,因此,需要进行路线和载体的规划。

⑥ 层次性。物流网络的线包括干线和支线。不同类型的线,比如铁路和公路,都有自己的干线和支线,各自的干线和支线又分为不同的等级,如铁路一级干线、公路二级干线等。根据载体类型可以将物流线划分成为以下五类:铁路线、公路线、水路线、航空线、管道线。

物流网络不是靠孤立的点或者线组成的,点和线之间通过有机的联系形成了物流网络,点和线其实都是孤立的、静止的,但是采用系统的方法,将点和线有机地结合起来以后形成的物流网络则是充满联系的、动态的,点和线之间的联系也是物流网络的要素之一,这种联系才是物流网络有血有肉的灵魂。

2. 物流系统的网络结构

物流系统网络的组成要素节点和线之间的联系构成了物流系统的网络结构。由节点和路径组成的网络叫作物流系统的网络结构图,根据复杂程度,物流系统中的网络结构图可分为五类,如图 2-4 所示。

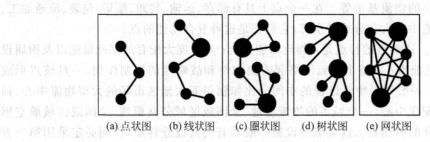

(a) 点状图　(b) 线状图　(c) 圈状图　(d) 树状图　(e) 网状图

图 2-4　物流系统的网络结构类型

(1) 点状图

点状图是由孤立的节点组成的物流网络,这是物流系统网络结构的一种极端情况。

实际上,这种点状图只在封闭的、自给自足的系统中才存在,但这样的系统,除了像荒废的仓库、站台等这样的情况以外,在现实生活中基本上不存在。如图2-4(a)所示。

(2) 线状图

线状图是由节点和连接这些节点的线组成的,且满足以下两条件,即两个节点之间只有一条线且没有连成回的简单网络。一个农副产品供应链可能是这样的,在产地建立配送中心先将农副产品收集起来,然后卖给沿着公路线上的各个销售点,如图2-4(b)所示。

(3) 圈状图

圈状图是由至少包含一个连接成回的线组成的物流网络,但同时至少有一节点没有被包含在回中。一个工业品制造商在两个市场区域各设置一个配送中心(Distribution Centre),每个配送中心覆盖各自的市场区域,区域内部各供货点之间的货品可以调剂,它们是连通的,两个配送中心通过线连接起来。这是一种物流效率比较高的物流网络结构。如图2-4(c)所示。

(4) 树状图

树状图是无圈但能够连通的网络。汽车物流基本上采取这种方式。一个汽车制造商,按市场区域设置分销网络和配送网络,将市场层层细分,每个细分市场选择一个供销商,经销商之间在销售政策比如折扣和价格等策略上稍有差别。为了便于市场管理,不同经销商的市场范围之间有严格的界限,公司设立两个配送中心,配送中心之间通过干线运输连接,每个配送中心覆盖一定的市场区域,从一个配送中心发出的汽车不能流向另一配送中心负责供应的经销商,因此,经销商之间的物流是不连通的,如图2-4(d)所示。

(5) 网状图

网状图是由点点相连的线组成的网络。其最大的优点是方便销售,缺点是物流效率低下。在复杂的网状销售渠道中,物流渠道应该与销售渠道分开,因为商流和物流都达到了一定的规模,分别可以实现各自的规模效益,因此,应该按照各自的专业化经营要求来设置渠道,然后建立一种将商流和物流紧密结合的机制,建立配送中心的目的就是为了按照物流专业化的要求实施集中配送。如图2-4(e)所示。

(五) 物流系统的治理结构

物流系统的治理是指物流系统资源配置的管理和控制的机制和方法。物流系统的资源在区域、行业、部门、企业之间的初始配置状态是历史形成的,不是按照一个特定的物流系统的要求来分布的。研究物流系统的治理机制,以及不同的治理机制形成的物流治理结构有助于解决将产权分散的物流资源集成为能够为众多特定的物流系统服务的问题,并在达到这些目标的同时使物流资源的集成长期进行而不是偶尔或者借助于政府的宏观管理来进行。

根据威廉姆森的理论可以将物流系统的治理结构分为四类:多边治理、三边治理、双边治理和单边治理。

(1) 多边治理

根据多边治理原理,在建立一个物流系统过程中,所需要的所有资源都能够从物流市场上通过交易购买得到。但这些资源不是专门为某一个物流系统定制的专用性资源,它能够用于很多物流系统,比如一般的铁路运输资源、一般的公路运输资源等。这种物流市场的特征如下。

① 参与物流市场资源交易各方的身份并不重要。

② 交易各方通过合同确立交易关系,合同的内容被仔细界定,正式合同条款完备,口头合同等非正式条款也得到认可,但市场更倾向于各方订立正式合同。

③ 赔偿有严格规定,如果合同中的约定没有得到履行,其结果对各方而言从一开始就是可以预测的,并且是没有力量能够改变这一结果的。

④ 合同出现纠纷,可以引进第三方机制,即法律,但是这种方法不被提倡,强调合同各方协商解决纠纷。

多边治理就是第三方治理。第三方物流是多边治理结构中物流服务的主要形式,第三方物流服务提供商是在发达的物流市场上专门为物流服务需要者提供物流服务的供应商,它的存在是物流市场发展的必然,其经济学意义在于它将物流服务作为一项专门服务从企业内部事务中独立出来,以便企业将有限的资产集中于核心业务,因此,第三方物流提高了企业物流地位技术效率,因为第三方物流服务是专业化服务,第三方物流服务商提供的物流服务应该是成本最低的。同时,采用第三方物流服务,不涉及专用性物流资产配置的问题,也就没有要挟问题,避免了各方的机会主义,以及由此产生的交易费用。20世纪90年代以来,第三方物流在全世界的领先企业中得到高度重视,并且为企业降低了生产和销售总成本,同时也提高了企业的总技术效率。

(2) 三边治理

三边治理是指通过物流资源的需求方、供应方和第三方来共同治理的模式。这种模式适合于两种物流资源交易:

① 偶尔进行的交易。比如,满载货物的卡车在长途运输中抛锚,需要一次性租用当地的装卸设备和人员。

② 资产高度专用化的交易。比如,专门为麦当劳提供沙拉酱、圆白菜、黄瓜、薯条、面包、牛肉等新鲜食品原材料的配送中心及其物流设备,因为麦当劳的严格质量和服务要求,必须采用一些专门的运输车辆、包装材料、设备、冷库,以及配送人员等。

(3) 双边治理

双边治理是指通过物流资源买卖双方共同治理的模式。对于重复发生的由混合和高度专用性投资支持的交易,通常设计专门的治理结构。由于交易的非标准化特征,根本性转换适用于这类情况。交易关系的持久性在这类情况中具有价值。交易重复进行的特征使专用性治理结构的成本能够收回。

双边治理模式对交易的几个要求:

① 重复发生。不是一次性的、偶尔发生的,进行专门投资也能够收回成本,这就为专门对这项交易进行商业性投资提供了经济规模基础。

② 资产专用。当然不可能所有的投资都是专用的,但至少其中的核心投资部分是专用的,如果不用于这些交易,这些投资基本上没有价值,或者价值会大打折扣,以至于没有必要去将这些投资转换为别的用途,因为那等于重新投资别的项目。威廉姆森还提到混合性投资,他指的是总投资中有的是专用性的,有的不是专用的,由于有专用投资在里面,

在这种混合性投资中,交易的重要性同纯粹的专用投资是同样的。

③ 非标准化。如果交易是标准化的,可以通过市场治理方式得到满足,但是现在这种交易面对的情况是:对于交易标的、交易价格、交易条件等的判断还没有市场标准可以遵循,需要合作各方有战略上的合作意愿和默契,因而交易各方之间要紧密的"关系",显然这种"关系"不会存在于市场上的一般交易者之间,这样,尽管交易本身是非标准的,但是交易对于双方的重要性已经使交易双方要采取接近垂直一体化的方式进行战略联盟,实现共同治理。

(4) 单边治理

单边治理也称一体化治理。随着资产专用程度的逐步提高,市场合同让位于双边合同,双边合同又被一体化合同所取代。一体化治理结构避免了有限理性带来的合同订立风险和因为资产专用性带来的机会主义现象。物流系统资源交易采用一体化治理结构的条件如下。

① 交易高度专用化,投资于这种交易的物流资源(人力和实物)转移到其他用途上的价值趋近于零。

② 此项交易与企业的核心业务具有强习惯性。

③ 交易本身具备一定规模式的投资人可以获得该项投资的规模效益,因此,外部供应商非常愿意进行此项投资,但是,比起让外部投资者进行投资外,企业自身进行投资将减少关系培养和维持成本,避免外部交易带来的风险,所以,企业进行垂直一体化的总收益最大。

第三节 物流系统的系统分析

一、物流系统分析的概念

物流系统是指物资及商品从供应、生产、流通到消费以致废弃的一个范围很广的系统。在供应链管理的时代,这个系统的范围更扩大到一系列上下游企业所构成的整个供应链。由运输、仓储、装卸搬运、包装、流通加工、配送和物流信息等环节所组成的物流系统是多种不同功能要素的集合。各要素相互联系、相互作用,形成众多的功能模块和各级子系统,使整个系统呈现多层次结构,体现出固有的系统特征。对物流系统进行系统分析,可以了解物流系统各部分的内在联系,把握物流系统行为的内在规律性。进而可以对物流系统的设计、改善和优化做出正确决策。所以说,不论从系统的外部或内部设计新系统或是改造现有系统,系统分析都是非常重要的。

物流分析是从系统的最优出发、在选定系统目标和准则的基础上,分析构成系统的各级子系统的功能和相互关系,以及系统同环境的相互影响。运用科学的分析工具和方法,对系统的目的、功能、环境、费用和效益进行充分的调研、收集、比较、分析和数据处理,并建立若干替代方案和必要的模型,进行系统仿真试验;把试验、分析、计算的各种结果同早先制订的计划进行比较和评价,寻求使系统整体效益最佳和有限资源配备最佳的方案,为决策者的最后决策提供科学依据和信息。

系统分析的目的在于通过分析比较各种替代方案的有关技术经济指标，得出决策者形成正确判断所必需的资料和信息，以便获得最优系统方案。系统分析的目的可以用图 2-5 表示。

图 2-5　系统分析的目的

物流系统分析所涉及的问题范围很广，如搬运系统、系统布置、物流预测、生产—库存系统等，其对象可以是大的宏观物流系统，也可以是局部的一个子系统。由于系统分析需要的信息量大，为了准确地收集、处理、分析、汇总、传递和储存各种信息，要应用多种数理方法和计算机技术，这样才能对实现不同系统目标和采用不同方案的效果进行分析比较，为系统评价和系统设计提供足够的信息和依据。

二、物流系统分析的特点

系统分析是以系统整体效益为目标，以寻求解决特定问题的最优策略为重点，运用定性和定量的分析方法，给予决策者以价值判断，以求得到有利的决策。

（一）以整体为目标

在一个系统中，处于各个层次的分系统都具有特定的功能及目标，彼此分工协作，才能实现系统整体的共同目标。比如，在物流系统布置设计中，既要考虑需求，又要考虑满足需求的运输、储存、设备选型等问题；在选择厂（库）址时，既要考虑造价，又要考虑运输条件、能源消耗、环境污染、资源供给等因素。因此，如果只研究某些局部问题，而其他分系统被忽视或不够重视，则系统整体效益将受到不利影响。所以，从事任何系统分析，都必须以发挥系统总体的最大效益为准，不可只局限于个别部分，以免顾此失彼。

（二）以特定问题为对象

系统分析是一种处理问题的方法，有很强的针对性，其目的在于寻求解决特点问题的最佳策略。物流系统中的许多问题都含有不确定因素，而系统分析就是针对这种不确定的情况，研究解决问题的各种方案及其可能产生的结果。不同的系统所要分析解决的问题当然不会相同，即使对相同的系统所要解决的问题也要进行不同的分析，制定不同的求解方法。所以，系统分析必须以能求得解决特定问题的最佳方案为重点。

（三）运用定量方法

解决问题，不应单凭想象、臆断、经验和直觉。物流系统分析特别注重实践性，深入现场调查研究取得第一手数据至关重要。在许多复杂的情况下，需要有精确可靠的数字、资料作为科学判断的依据。如果利用数学模型有困难，还要借助于结构模型解析法或计算机仿真模型。

（四）评价价值判断

从事系统分析时，必须对某些事务作某种程度的预测，或者用过去发生的事实作样本，以推断未来可能出现的趋势或倾向。由于所提供的资料有许多是不确定的变量，而客观环境又会发生各种变化，因此，在进行系统分析时，还要凭借各种价值观念接进行判断和优选。

三、物流系统分析的应用

物流系统分析的运用范围很大，它研究的主要问题是如何使物流系统的整体效益达到最优化。在经济管理中，物流系统分析经常用于以下几方面。

（一）制订经济发展规划和计划

运用规划论的分析方法寻求对于各种资源条件、统计资料及生产经营目标的优化方案，并综合其他相关因素，在保证物流系统协调一致的前提下，对物流系统的输入和输出进行权衡，从这些优化方案中选择一个比较满意的规划和计划方案。

（二）重大物流项目的组织管理

运用网络分析的方法对于大型现代化物流系统项目的各个部分进行全面的计划协调和安排，以保证工程项目的各个环节密切配合，保质保量地如期完成。

（三）资金成果管理

对物流费用进行预算控制，对物流活动所采用的先进技术和革新措施进行盈亏平衡分析，确定一种经济合理的措施或方案。

（四）仓库和配送中心

新建一个仓库或者配送中心，必须对当地的地理位置、交通运输状况、技术条件、能源供应，以及市场状况的等客观条件与环境因素，运用物流系统分析的方法论证技术上的先进性、经济上的合理性以及建设上的可行性，以选择最优的建设方案。

四、物流系统分析的原则

一个物流系统由许多要素所组成，要素之间相互作用。它既受到外部环境的影响，也受到内部因素的制约。物流系统受外界的影响很大，因此，在进行物流系统分析时应该遵循以下原则。

（一）外部条件与内部条件相结合的原则

注重外部条件与内部条件的相互影响，了解物流活动的内在和外在关联，正确处理好它们之间的转换与约束的关系，促使系统向最优化方向发展。

(二) 当前利益与长远利益相结合的原则

所选择的方案,既要考虑当前的利益,又要兼顾长远的利益。只顾当前不顾长远,会影响企业和社会的发展后劲;只顾长远不顾当前,会挫伤企业发展积极性。只有方案对当前和将来都有利,才能使企业具有生命力。

(三) 子系统与整个系统相结合的原则

物流系统由多个子系统组成,并不是所有的子系统都是最好的,整个系统才是最好的,而应该是以整体系统最优作为评价标准,只有当它们以能发挥整体最大功能的方式组合在一起,整个系统才为最好。就像一辆汽车,整车的使用年限为10年,而轮胎的使用年限即使有20年,其作用也只有10年,而当所有汽车配件的使用年限都最为接近时,使整个汽车(相当于整体系统)使用年限才能达到最佳。

(四) 定量分析与定性分析相结合的原则

分析系统采用可以数字量化的指标时,采用定量分析方法,有利于使系统量化,便于根据实际确定对策(例如车辆发车的时间间隔,仓库的大小适宜度确定等);而分析那些不能用数字量化的指标时(如政策因素、环境污染对人体的影响等),采用定性分析的方法,可以少走弯路,节省成本。

五、物流系统分析的内容

(一) 物流系统的目标

物流系统的目标主要可以从以下几个方面来说明。

1. 物流系统的共同目标

物流系统的共同目标可归纳成五个方面:提供客户需要的服务,即在恰当的时间,将恰当数量、恰当质量的恰当商品送到恰当的地点;提供系统所需要的服务水平的同时,使系统的总成本最小;服从公司的总体政策;最大限度地利用可用资源,使投资保持在合理水平;促使公司长期发展。

2. 物流系统的服务目标

物流系统的服务目标包括很多方面,从各个最底层的下级系统,一直到最顶层的上级系统,都有自己的服务目标。其中下级系统的服务目标由它的直接上级系统服务目标决定。

3. 物流系统的成本目标

物流系统成本由物流系统中提供物流服务的功能要素的成本组成,主要成本有运输成本和仓储成本。企业通常还会有其他许多相关物流成本发生,比如装卸搬运成本、包装成本、流通加工成本、物流信息处理成本,以及其他一些增值服务成本等。

（二）物流系统的环境

物流战略的规划离不开物流环境的分析，物流系统的环境分析是指对影响物流发展的内外部环境进行分析。物流系统的环境包括外部环境和物流系统内部。物流系统的外部环境非常复杂，物流与各种外部环境因素密切相关，离开外部环境研究物流系统是不可能的。主要包括：商品供应情况、商品的销售状况、社会经济状况、网络环境状况、国家的方针、政策和制度。物流系统内部环境的内容有：商品需求变化的特点、需求量、需求对象、需求结构以及所涉及的需求联系方法；物流系统内部各子系统的有关物流活动的数据，包括采购、仓储和运输等；构成物流系统的新技术、新设备和新要求等；库存商品的数量、品种、分布情况、季节性销售变化、产品质量状况，以及顾客对产品的各种反馈意见等；运输能力的变化、运输方式的选择，以及针对不同商品所要求的不同运输条件和运输要求等；各种物流费用的占用和支出等。

（三）物流系统的需求预测

物流系统方案的制定和实施的效果最重要的取决于物流系统需求的分析和预测的准确性。在准确预测分析的基础上，要从社会、政治、经济、技术的角度给予综合考虑，制定物流系统方案。同时对物流系统方案进行综合评价。这是物流系统规划和设计不可缺少的一环，也是一项非常困难的工作。物流系统需求预测与一般系统需求预测相同，要遵循两个基本原则，即惯性原则与类推原则。惯性原则认为社会和自然界中的大多数事物在其发展变化过程中，总有维持或延续原状态的趋势。类推原则是事物发展变化的因果关系原则，这是根据事物发展过程中的结构变化模式规律推测未来事物的发展变化状况。许多状况相近的事物在其变化过程中，往往有很多相似，可以参照类比，根据已知事物的变化结果来预测未知的发展变化。

（四）物流系统的业务流程

企业的使命是为顾客创造价值，为顾客创造价值的是企业的流程。企业的成功来自于优异的流程运营，而优异的流程运营就需要优异的流程管理。业务流程是以达成特定业务成果为目标的一系列有逻辑相关性的任务。不同的企业有不同的流程，同一个企业有许许多多的业务流程，如采购流程、销售流程、配送流程、生产流程、产品开发流程、投资决策流程等。各种业务流程间相互合作运行，就构成了整个物流系统的运作。

（五）物流系统的网络结构

物流系统网络结构，是指产品从原材料起点到市场需求终点的整个流通渠道的结构，包括物流节点的类型、数量与位置，节点所服务的相应的客户群体，相应产品类别以及产品在节点之间的运输方式等。它是把物流系统抽象为节点，连接而成的网络。任意一对节点之间可能有多条链相连，代表不同的运输形式、不同的路线。节点也代表那些库存流动过程中的临时经停点，如货物运达零售店或最终消费者之间短暂停留的仓库。

(六)物流系统的组织

组织是相互协作的关系,是人与人之间相互作用的系统。企业组织、环境和战略之间的互动关系对企业经营绩效有着相当大的影响,任何企业都必须根据所处的环境、拟用的战略,设计和选择相应的组织模式。组织是管理的一个重要职能。管理首先要搞好组织结构的设计,还应根据环境的变化适时进行组织的变革。企业组织、战略与环境的适应性水平越高,经营绩效越好;反之越差。

物流组织可以从静态和动态两个方面来理解。从静态来看,是指物流组织的结构,反映物流组织内部人、岗位设置、权限,以及它们之间特定的关系网络。从动态方面看,指维持与变革物流组织结构,以完成物流组织目标的过程。物流管理组织的职能是通过建立一定的物流管理机构,确定与其相应的职位、职能和职权,合理传递信息等一系列活动,将不同的要素连接成一个有机、有秩序的整体。

(七)物流系统的绩效评价

物流绩效评价就是以有效满足物流需求为目的,通过客观定量标准与主观效用行为测定物流绩效的活动过程。物流绩效评价是对整个供应链体系中多个群体利益的协调、平衡和兼顾。为了建立起企业内部物流运作体系和各环节各部门和各个员工的激励机制,并建立起企业与供应商、顾客等外部利益群体的利益分享机制,需要对物流绩效进行多角度评价的平衡和有机协调。为此,必须有效协调与优化物流绩效评价的目标系统。

(八)物流系统综合

物流系统综合就是指把分散的物流各种功能、业务、环节、部门看作是一个系统整体,并对这一物流系统综合整体及其要素、层次、结构、功能、联系方式、发展趋势等进行辩证综合的考察,以取得创造性成果的一种方法。物流系统综合是与物流系统分析相反的逆向思维方法。

(九)物流系统仿真

物流系统仿真是指系统仿真技术在物流活动中的应用。物流系统属于复杂大系统其至巨系统,模型维数高,优化求解十分困难,通过仿真建模和仿真分析可以将现实物流系统中的各种随机因素和不确定因素考虑进来,通过仿真运行,对物流成本、人员配备、系统资源利用率等系统状况进行分析,寻求系统改进途径和最佳运行参数,为物流决策提供参考。

六、物流系统分析的技术和方法

所谓系统方法,就是按照事物本身的系统性把对象放在系统的形式中加以考察的一种方法。即从系统的观点出发,始终着重从整体与部分之间,从整体与外部环境的相互联系、相互作用、相互制约的关系中综合地、精确地考察对象,以达到最佳地处理问题的一种方法。

基本的系统分析方法主要有以下几种。

（一）网络方法

网络方法是一种统筹安排、抓住关键的系统方法。一个企业内有多种不同的业务部门，如何协调工作；一个产品的生产过程有许多工序，如何最合理地调配人力、物力和安排进度，以确保产品生产顺利完成；一个工程项目也有类似的问题，即如何合理安排整个工程项目中各项工作，使工程以最快的进度顺利完工。为了解决这一类问题，美国在1956—1958年期间发展了两种方法，即 CPM 和 PERT 法。CPM 法是 Critical Path Method 的简称，又称关键路径法。PERTP 法是 Program Evaluation and Review Technique 的简称，又称计划评审技术，它注重于对各项任务安排的评价和审查。这两种方法首先由数学家华罗庚引入我国，并称为"统筹法"。

（二）数学规划法

数学规划法是指在一定的约束条件下，寻求最优目标的一大类数学方法。这里的约束条件主要包括资源约束（如人力、物力、财力、时间等）以及必须满足的一些客观规律。所谓寻求最优目标就是求目标函数的极值。这一类优化方法包括四大规划——线性规划、整体规划、动态规划、非线性规划。线性规划是解决目标函数和约束条件都是自变量的一次函数的这类问题；整体规划是解决对于最优解要求必须是整数的情况；动态规划是解决多阶段决策过程的最优化这类问题；非线性规划是解决目标函数和约束条件中有一个或多个自变量的非线性函数这类问题。

（三）综合评价法

综合评价方法就是对系统的各种可行方案，从功能、质量、投资、效益、能耗、使用寿命等各方面进行全面分析比较，综合考虑，从而选择整体效果最优的方案予以实施。综合评价方法的关键在于选择适当的评价项目和评价的定量计算方法。

（四）系统模拟方法

系统模拟方法就是通过建立系统模型进行各种试验，以弄清楚模型所代表的实际系统的特性，以及各种因素间的关系，从而便于对现有系统进行分析，使之不断改进和完善；或者为未来系统选择最优方案的决策提供科学依据；或者是对系统今后的发展趋势做出预测等。

（五）大系统理论

大系统理论是指规模庞大、结构复杂、包括的子系统数目多、系统的功能多、目标也多、系统内的因素多、变量多的综合性系统。大系统与一般系统的研究方法是不同的，对于大系统、演绎法和靠建立单一的数学模型来求解的方法都不适用了。一般地，对于大系统，比较多的采用"分解—协调"方法，就是按照不同原则把大系统划分成若干子系统，先分别对各子系统进行分析与综合，这可以采用常规的分析方法来做，分别使各子系统的状态最优,这叫局部最优。但局部最优并不等于整体最优,这就需要再根据大系统的总任务和总目标,使各个小系统之间相互协调,为了总任务和总目标,有时可能会使某些子系统不是局部最优,但局部应服从于整体,最后实现大系统的整体最优化。

思 考 题

1. 简析物流系统分析与设计的主要步骤。并结合现实生活中的实际案例,试用系统的思想对它进行分析。

2. 物流系统分析涉及成本开支,对于企业来说,在什么情况下才需要做物流系统分析?

3. TCL公司打算在江西省境内建设一个物流配送中心,请拟定决策系统的边界(确定决策系统的分析范围)。

第三章

物流系统目标分析

学习导航

- 理解目标的概念、SMART 原理、目标设置方法
- 掌握目标分析方法
- 了解物流系统的多目标属性
- 理解并掌握层次分析法

导入案例

保险销售员的目标

有个 MBA 学员举手问老师:"老师,我的目标是想在一年内赚 100 万!请问我应该如何计划我的目标呢?"

老师便问他:"你相不相信你能达成?"他说:"我相信!"老师又问:"那你知不知道要通过哪种行业来达成?"他说:"我现在从事保险行业。"

老师接着又问他:"你认为保险业能不能帮你达成这个目标?"他说:"只要我努力,就一定能达成。"

"我们来看看,你要为自己的目标做出多大的努力,根据我们的提成比例,100 万元的佣金大概要做 300 万元的业绩。一年:300 万元业绩。一个月:25 万元业绩。每一天:8 300 元业绩。"老师说,"每一天 8 300 元业绩。大概要拜访多少客户?"老师接着问他。"大概要 50 个人。"

"那么一天要拜访 50 人,一个月要拜访 1 500 人;一年就需要拜访 18 000 个客户。"老师又问:"请问你现在有没有 18 000 个 A 类客户?"他说没有。

"如果没有的话,就要靠陌生拜访。你平均一个人要谈上多长时间呢?"他说:"至少 20 分钟。"

老师说:"每个人要谈 20 分钟,一天要谈 50 个人,也就是说你每天要花 16 个多小时在与客户交谈上,还不算路途时间。请问你能不能做到?"他说:"不能。老师,我懂了。目标不是凭空想象的,是需要凭着一个能达成的计划而定的。"

案例解析

目标是我们希望达成的结果,设置目标在于能够激发我们的努力。那什么样的目标的激励作用大呢?如何管理我们的目标?

案例思考

结合案例谈谈你人生的规划目标(长远目标)、大学四年的目标(中期目标)和最近一周的目标(短期目标)。

案例涉及主要知识点

目标原理、目标作用、目标管理

第一节　系统目标概述

一、目标的概念和作用

系统目标是系统分析与系统设计的出发点,是系统目的的具体化,系统的目标关系到系统的全局或全过程,它是否准确合理将影响到系统的发展方向和成败。在阐明问题阶段,无论是问题的提出者、决策者,还是系统分析人员,对目标的认识和理解多出于主观愿望,而较少有客观依据。只有充分了解和明确系统应达到的目标,使提出的主观目标更合理,才能避免盲目性,防止造成各种可能的错误、损失和浪费。因此,必须对系统的目标做详细周密的分析,充分了解对系统的要求,明确所要达到的目标。系统目标分析的目的,一是论证目标的合理性、可行性和经济性;二是获得分析的结果——细化落实的目标体系。

目标是个人、部门或整个组织所期望的结果。如果从系统分析获得的意义上来理解的话,目标是对问题本质更具体的确认,是提供未来决策活动的指引。在系统分析工作中选择适合的目标是有决定作用的,也是系统分析活动的首项程序。

实践中经常发现,由于目标不明确或目标的评价准则不一致而引起有关方案决策的分歧。第二次世界大战中,英国的战争物资要依靠商船来运送,但商船容易被德国飞机炸沉。于是,计划在商船上安装高射炮,保存率由原来的 75% 上升到 99%。但英国陆军也需要高射炮,且陆地上的高射炮的设计命中率要远高于安装在商船上的。高射炮数目有限的情况下,如何合理分配这些高射炮呢?这引发了陆军和海军商船队之间的争论。最后这一问题委托给科学家来解决。科学家分析后认为,这是一个目标与目标评价问题。如果以击落飞机为目标,则应将高射炮交付于陆军;但如果以保护商船和物资为目标,则将高射炮安装在船上更为有利。

继续看下面一个例子。

在日本某高中的一次体育课上,实验人员随机地从 A 班选出 50 名学生,发给每人一支粉笔,让他们在一面墙壁前站成一排,然后大声鼓励他们说:"希望大家尽自己最大的努力往上跳,看看到底能跳多高。"并要求每人在自己所跳的最高点画一道横线。在下一次体育课上,又让该班这 50 名学生排队再次试跳。这一回,实验人员事先在上一次每人所跳的最高点上方 3 厘米处画了一条横线,并在试跳前鼓励大家道:"相信大家还有潜力,看谁能够到横线。"然后从身体素质和 A 班差不多的 B 班随机地选出 50 名学生,重复 A 班的第一次实验。但在 B 班的 50 名学生第二次试跳时,实验人员不预先画横线,只是鼓励他们道:"相信大家还有潜力,看谁还能跳得更高。"最后对两班学生的满足感进行统计,结果如表 3-1 所示。

表 3-1 跳高成绩统计

班　　级	人　数	第二次成绩超过第一次 3 厘米人数	对第二次成绩感到满意的人数
A 班	50	26	24
B 班	50	12	8

从这个实例中我们可以看出,目标明确与否对人们行为结果的影响很大。只有目标具体而明确,才能激发人们的潜能,使其尽力而为,创造出最佳成绩。尽管说只要是目标就有一定的激励作用,但明确目标的激励作用要比抽象目标的激励作用大得多。

从行动的角度看,目标是衡量方案的基础,人类的行动往往需要有目标作为基本导向,在许多系统方法中,目标都是一个基本而重要的因素。在决策中,目标在价值体系中的分量决定了当事人为实现目标的智力投入。

二、系统目标分析的意义

系统是一个整体概念,是若干相互作用的要素为了达到共同目标的有机结合。系统是由多个要素构成的,每个要素都有其自身的功能,同时,又受到环境和其他要素的影响;此外,人造系统或社会经济系统往往被人为地赋予了很多要求和责任,所以系统往往存在着多目标,即有一个多目标体系。

系统目标的确定关系到整个系统的方向、范围、投资、周期、人员分配等决策。因此,对系统目标进行分析,正确地确定系统目标具有十分重要的意义。实践证明,只有目标正确,有科学依据,符合客观实际,才能产生具有预期价值的系统,当目标不明确、不合理,或根本就是错误的时候,就会使开发出的系统变得毫无意义,其结果只能是浪费大量的人力、物力、财力和时间。

三、系统目标的设置

(一)系统目标设置

美国心理学家洛克(E. A. Locke)于 1967 年最先提出了"目标设置理论"(Goal Setting Theory),他认为目标本身就具有激励作用,目标能把人的需要转变为动机,使人们的行为朝着一定的方向努力,并将自己的行为结果与既定的目标相对照,及时进行调整和修正,从而实现目标。

管理学大师 Peter Drucker 在著作《管理实践》(*The Practice of Management*)一书中提出目标管理,提醒管理人员一定要避免"活动陷阱"(Activity Trap),不能只顾低头拉车,而不抬头看路,最终忘了自己的主要目标。制订目标看似一件简单的事情,每个人都有过制定目标的经历,但是如果上升到技术的层面,我们必须学习并掌握 SMART 原则。SMART 为五个英文单词的首写字母:Specific(明确具体性)、Measurable(可衡量性)、Attainable(可达成性)、Relevant(相关性)和 Time-bound(时限性)。

(二)目标定位的层次

无论是改造原有的系统,还是建立一个新系统,都要有明确的目标。先看一个例子。

一位决策者提出为他拟议中的新建医院选择合理地址,以满足病人需要。分析者可能会立即按照"选址问题"去处理,由此得出的分析结果也能使决策者满意,但这并非是一项好的系统分析。因为真正的目标是改善整个地区的医疗保健体系。为了达到这个目标,建立定期健康检查制度或改善妇女医疗设施更为有效,并不需要建新的医院。那为什么决策者提出新建医院的要求?这里有各方面的原因,可能是因为组织体制上的隔阂,现有设施得不到充分利用而引起,也可能是因为个人的偏好、求新求全、攀比心理等。这说明,目标的层次性会导致决策者判断上的困难。在这里,改善整个地区的医疗保健体系是较高层次的目标,而兴建地址适当、患者看病方便的新医院是较低层次的目标,但同时它又是达到较高目标的一种方式。

一般来说,越是高层次的目标越能为更多的人所接受,因为其适用时期长、范围广。低层次的目标应服从高层次的目标。但是低层次目标比较明确具体,如选择适当的医院地址,便于分析研究。有时,低层次目标不同,系统分析得出的结果会有很大的差异。因此,系统分析人员必须全面分析目标结构,选择适当层次的目标。目标太笼统,系统分析难度大,需要进一步细化;如果太具体,又容易以偏概全,甚至会发生方向性错误。故而在确定目标的过程中,系统分析人员应经常向从事决策的主要负责人汇报和提供信息,必要时,决策者应亲自参加确定目标的活动。

第二节　系统目标分析

系统目标分析就是根据系统的现状、环境约束和未来的期望功能,提出适宜的目标。现状是系统优化设计的出发点,环境约束是系统设计的外部条件,期望功能是系统发展的方向。例如对于企业来说,也许是从企业的战略出发来设计物流系统的目标。适宜的目标要确保方向正确且足够具体。

为确保所设置目标的方向正确,我们往往从较高层次出发,来设计系统的目标。但这样的目标比较笼统,不够具体,难以衡量,所以我们需要将抽象模糊的目标落实下来。这里的落实不是指执行目标,而是指一个概括性的目标,其表达要层层展开,直到落到若干单义的子目标上。单义描述是指对目标的理解不能因人而异。例如我们说:"你这次去法国,给我带件好的衣服回来"或者"我们要找一个最好的供应商进行合作"。好衣服、好的供应商,都不是单义描述。因为,"好"的评判标准因人而异,因企业而不同。数学语言是单义的,所以应尽量使目标数量化。

落实目标就是将目标具体化的过程。具体化的目标往往是多个子目标一起构成的目标体系,可以用目标树来描述。这些多个子目标之间是有相互关联的。它们之间的关联性,除了一起构成高层次的总目标以外,彼此之间还可能存在着相互制约。因此,还需要在这些目标之间进行协调。

目标具体化的方法有很多,这里介绍四种:目标分解、目的手段化、因果分析法、目标协调。

一、目标分解

目标分解就是将总体目标在纵向、横向或时序上分解到各层次、各部门以至具体个人,形成目标体系的过程。目标分解的原则是:小目标是大目标的条件,大目标是小目标的结果。小目标的实现之和,一定是大目标的实现。具体的目标分解方法有:剥洋葱法、多叉树法。

目标分解是明确目标责任的前提,是使总体目标得以实现的基础。各层级目标一起构成一个完整的目标体系,如图3-1所示。

进行目标分解时要遵循以下要求。

(1) 目标分解应按整分合原则进行。也就是将总体目标分解为不同层次、不同部门的分目标,各个分目标的综合体现总体目标,并保证总体目标的实现。

(2) 分目标要保持与总体目标方向一致,内容上下贯通,保证总体目标的实现。

(3) 目标分解中,要注意到各分目标所需要的条件及其限制因素,如人力、物力、财力和协作条件、技术保障等。

(4) 各分目标之间在内容与时间上要协调、平衡,并同步地发展,不影响总体目标的实现。

各分目标的表达也要简明、扼要、明确,有具体的目标值和完成时限要求。

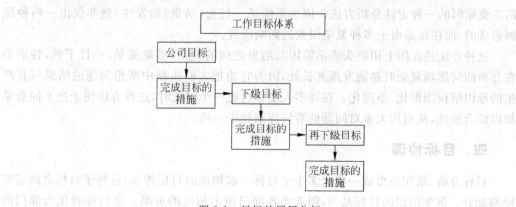

图3-1 目标的层层分解

二、目的手段化

目标—手段分析法,就是将要达到的目标和所需要的手段按照系统展开,一级手段等于二级目标,二级手段等于三级目标,以此类推,便产生了层次分明、相互联系又逐渐具体化的分层目标系统。在分解过程中,要注意使分解的分目标与总目标保持一致,分目标的集合一定要保证总目标的实现。分解过程中,分目标之间可能一致,也可能不一致,甚至是矛盾的,这就需要不断调整,使之在总体上保持协调。

目标—手段分析法的实质是运用效能原理不断进行分析的过程,如发展能源的目标—手段分析。要发展能源,其手段主要发展现有能源生产、开发研究新能源和节约能源,而发展能源生产的主要手段是加强资源勘探、基地建设和提升运输水平,可开发研究的新能源主要是太阳能、生物能和潮汐能,而节约能源的主要手段是综合利用能源和开发节能设备。

需要注意的是,在分解展开的过程中,由于过分关注对策手段,如果目标体系层次过多,容易导致基层的目标背离最高目标。现实中这样的例子很多,例如,政府机构改革的原意是希望提高行政效率,精简机构以降低行政费用负担,但到最后往往是越改机构越多,人事越加烦冗。因此,在目标分解和对策展开时,必须确保下级目标和手段与总目标一致。

三、因果分析法

有时候,系统绩效出现下降,系统的目标就是寻找绩效下降的原因,以便于对症下药,优化系统结构,改善系统功能。此时,可以运用因果分析法,寻找导致系统功能下降的原因。

因果分析法是通过因果图表现出来,因果图又称特性要因图、鱼刺图或石川图,它是1953年在日本川琦制铁公司,由质量管理专家石川馨最早使用的,是为了寻找产生某种质量问题的原因,发动大家谈看法,作分析,将群众的意见反映在一张图上,就是因果图。用此图分析产生问题的原因,便于集思广益。因为这种图反映的因果关系直观、醒目、条例分明,用起来比较方便,效果好,所以得到了许多企业的重视。

因果分析法是利用因果分析图来分析影响系统功能的因素,从中找出产生某种结果的主要原因的一种定性分析方法。因为系统某一行为(结果)的发生,绝非仅由一两种原因造成的,而往往是由于多种复杂因素的影响所致。

这种方法是在图上用箭头表示原因与结果之间的关系,形象简单,一目了然,特别是在分析的问题越复杂时越能发挥其长处,因为它能把人们头脑中所想问题的结果与其产生的原因结构图形化、条理化。在许多人集体讨论一个问题时,这种方法便于把不同意见加以综合整理,从而使大家对问题的看法逐渐趋于一致。

四、目标协调

目标分解、落实后形成一套由多个子目标一起构成的目标体系,这些子目标之间需要协调配合。例如组织的目标是 S,则需要各部门做出相应的贡献。总目标转化为部门的目标比基层单位之间的分解难度更大。因为部门的工作往往是间接地反映到目标中的,并不是总目标的百分比。

职能部门需在关键点上保证总目标的实现,若 i 职能部门为完成 S 而落实的目标是 F_i,则总目标与分目标之间的协调可用 $S=F_1 \cdot F_2 \cdots F_n$ 来表示。这强调了可因一个部门的工作失误而侵吞了其他所有部门的努力。要防止出现某一部门的能力和水平与其他部门有太大差异的情况发生。正如一条链子,能承受的拉力取决于最弱的那个环节,即瓶颈。

小案例 丰田汽车应对石油危机

20世纪70年代的石油危机是西方发达国家的石油供应发生了出乎意料的变化,尽管一些有环境分析特殊能力的公司如壳牌石油,成功地把石油危机转变成了发展的机遇,然而人们普遍认为它是意想不到的危机,油价上涨四倍,对轿车工业的打击是显然的。然而,日本的汽车制造商不但成功地度过了危机,而且还借此打入了欧美市场。现在我们模拟日本汽车制造商,思考解决问题的办法。从图3-2中我们可以看出他们是怎样分析问题,制订目标,再将目标分解,直到提出具体方案的。

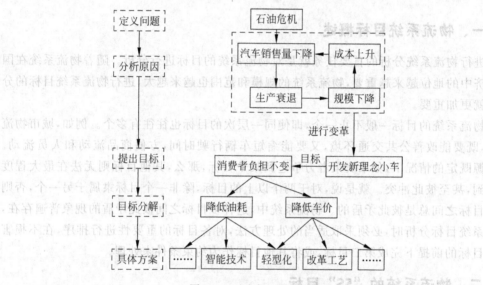

图 3-2　石油危机系统分析

在图3-2中,采取因果分析法分析出石油危机产生的原因是一系列因素的正反馈作用。从消费者角度出发,提出"消费者负担不变"的高层次系统目标。高层次的目标是抽象不清晰的,需要进一步做目标分析。以下用模拟数据来展开目标分析。

已知石油危机时国民平均年收入为10 000美元,油价平均上涨4倍,小汽车的售价为5 000美元,使用寿命为5年,汽车日耗油平均为3加仑,每加仑汽油0.2美元。按使用小汽车占年收入的百分比来度量消费者负担结果,经计算如表3-2所示。

表 3-2　消费者负担在石油危机前后的变化

项　目	危机前	危机后	开发项目
购车费/年收入	10%	10%	?
油费/年收入	2.7%	10.8%	?
总费用/年收入	12.7%	20.8%	保持12.7

显然，目标分解的结果就是不变的消费者负担如何重新在油耗和车价之间分配（能降多少油耗，车价能降低多少）。相关技术专家表明已有技术可以降低油耗40%，相应的负担为 10.8×0.6＝6.5%，因而落到车价上的目标为 12.7－6.5＝6.2%，对应的汽车销售价应为 5 000×(12.7－6.5)＝31 000(美元)。即目标分析的结论概括为能否设计出满足节油 40%，且售价在 31 000 美元左右的小汽车。

后来的结果是：日本在石油危机后投向美国市场的小汽车售价在 3 000 美元左右，而耗油是原欧美产汽车的 60% 左右。

系统的目标既是建立系统的依据，又是系统分析的出发点。只有正确地把握和理解系统的目标和要求，才能为进一步的分析奠定基础，才能使所建系统达到预期目标。

第三节　物流系统目标

一、物流系统目标概述

进行物流系统分析的首要任务就是对物流系统的目标进行分析。随着物流系统在国民经济中的地位越来越重要，物流系统的规模和范围也越来越大，进行物流系统目标的分析也就更加重要。

物流系统的目标一般不止一个，即使同一层次的目标也往往有多个。例如，城市物流系统，既要能改善公共交通环境，又要能缩短车辆行驶时间，方便商品流动和人员流动。在资源既定的情况下，如果决策者力争达到某个目标，那么，其他目标则无法在最大程度上达到，甚至彼此冲突。就是说，对于两个以上的目标，除非一个目标隶属于另一个，否则这些目标之间总是彼此矛盾的。物流系统中，这种多目标之间彼此矛盾的现象普遍存在，进行系统目标分析时，必须采取适当的处理方法，对各目标的重要性进行排序，在不损害第一目标的前提下完成第二目标，或将其他目标作为约束条件来处理。

二、物流系统的"5S"目标

物流系统是社会经济大系统的一个子系统或组成部分，其目标是获得最大的宏观和微观经济效益。

物流的宏观经济效益是指物流系统作为一个子系统，对整个社会商品、信息流通及国民经济效益的影响。如果一个物流系统的建立破坏了母系统的功能及效益，那么，这一物流系统尽管功能理想，但也是失败的。物流系统不但会对宏观的经济效益产生作业，而且还会对社会其他方面发生影响，如物流设施的建设还会给周边的环境带来影响等。

物流系统的微观经济效益是指该系统本身在运行活动中所获得的企业效益，其直接表现形式是这一物流系统通过组织"物"的流动，实现本身所消耗与所获得效益的合理比例。在物流系统运行基本稳定后，物流系统的微观经济效益主要表现在企业通过物流活动所获得的利润，或为其他系统所提供的服务上。

在设计与运行物流系统时，要以宏观和微观两个效益为目标。具体来讲，物流系统要实现以下 5 个目标，简称为"5S"。

（一）服务（Service）

物流系统的本质要以用户为中心，树立用户第一的观念。在物流活动中要做到无缺货、无货物损伤和丢失等现象出现，并且费用要低，这些都要求物流系统对生产与消费者有很强的服务性。物流系统的这种服务性表现了其本身具有一定的从属性。物流系统采取的送货、配送等形式，就是其服务性的体现。近年来，在物流管理上出现的"准时供应"、"柔性供应"等方法，也是其服务性的表象。

（二）快速、及时（Speed）

物流系统的快速、及时是其服务性的延伸。快速、及时既是用户的要求，也是社会发展进步的要求。随着社会化大生产的发展，对物流快速、及时的要求也更加强烈。在物流领域采用的诸如直达物流、多式联运、时间表系统等管理和技术，就是这一目标的体现。

（三）低成本（Saving）

在物流领域中除了流通时间节约之外，由于流通过程消耗大但又基本上不增加或不提高商品的使用价值，所以依靠节约来降低投入是提高相对产出的重要手段。在物流领域里，可以通过推行集约化经营方式，提高物流作业的能力，以及采取各种节约、省力、降耗措施等，来实现降低物流成本的目标。

（四）规模优化（Scale Optimization）

以物流规模作为物流系统的目标是要以此来追求"规模效益"。生产领域的规模生产是早已为社会所承认的。实际上，规模效益问题在流通领域也异常突出，只是由于物流系统比生产系统的稳定差，因此难以形成标准的规模化模式，也难以获得规模效益，在物流领域是以分散或集中等不同方式建立的物流系统。研究物流集约化、机械化、自动化，以及信息系统的利用等，都是规模优化这一目标的体现。

（五）库存控制（Stock Control）

库存控制是及时性的延伸，也是物流系统本身的要求，涉及物流系统的效益。物流系统通过本身的库存，起到对众多生产企业与消费者的需求的保证作用，从而创造一个良好的社会外部环境。库存过多则需要更多的保管场所，而且会产生库存资金积压，造成浪费。因此，必须按照生产与流通的需求变化对库存进行控制。同时，物流系统又是国家进行资源配置的一环，系统的建立必须考虑到国家资源配置及宏观调控的需要。在物流领域中正确确定库存方式、库存数量、库存结构、库存分布就是这一目标的体现。

上述物流系统化的目标简称为"5S"，要发挥以上物流系统化的效果，就要进行研究，依靠缩短物流路线、供应链企业实行信息共享与统筹管理、科学管理库存等，使物流系统作业合理化、现代化，从而降低其总成本。很显然，这5个目标之间存在着相互关联和相互制约的关系。

再如，某港口准备以集装箱转运中心作为其战略目标。港口发展的总目标是由组成港口的各子系统的子目标来实现的。具体如图3-3所示。

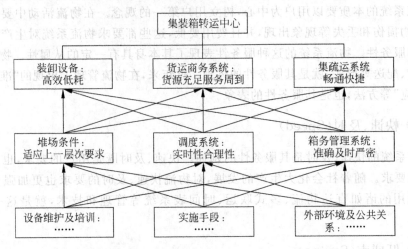

图 3-3　港口集装箱物流中心总目标与子目标之间的关系

三、物流系统目标的目标冲突

物流系统的要素之间、要素内部、要素与外部都存在着目标冲突。

（一）各物流系统的要素之间存在目标冲突

物流系统中各功能在独立存在时，各目标有相互冲突的地方。

比如，运输功能要素与储存要素之间，运输一般追求及时、准确、安全、经济。为达到这样一个目标，企业通常会采用最优的运输方案。但是在降低运输费用、提高运输效率的同时还是会导致存储成本的增加。

从储存的角度来看，为了达到降低库存水平的目标，企业可能会降低每次收货的数量，增加收货次数，缩短收货周期；或者是宁可紧急订货，也不愿提前大批量订货。相反，为了达到降低库存的目标，可能会降低每次收货量，增加收货次数，但这样就无法达到运输的经济规模，导致运输成本增加。

从上面的分析可清楚地看出，物流系统的运输子系统的目标与储存子系统的目标是冲突的。但是运输与储存是物流系统的两个重要组成部分，运输与储存的冲突是运输要素与储存要素的一种联系，在物流系统还没有形成的时候，它们都在追求着各自的目标。显然，它们的目标是无法简单地实现的，而必须通过物流系统集成来达成系统目标。

在包装与运输这两个要素之间也存在着目标冲突。物流包装的目标是保护商品在物流过程中避免损坏，同时要降低包装成本。因此，在包装材料的强度、内装容量的大小等方面就会考虑以能够确保商品安全为第一目标，但这常常会导致"过度包装"，结果不仅增加了商品物流包装成本，同时由于物流包装过大、过重、过于结实，增加了无效运输的比重；并且在包装回收系统不健全的情况下，当商品抵达收货人时，收货人往往还要专门处理这些物流包装。如果能将物流包装要素的目标与运输的目标进行协调,就可以既实现包装的目标,又实现运输目标,从而实现这两个要素目标的协同。

(二)物流系统的要素内部之间存在目标冲突

物流系统的要素可作为系统来分析。物流系统的功能要素都是物流系统的子系统,如果将物流系统内部功能要素之间的目标冲突应用于任何一个功能要素的话,那么物流系统要素内部也将存在类似的目标冲突。

以运输功能为例,各种运输方式都存在各自的优劣势。比如采用铁路运输的成本比较低,但不够灵活;采用公路运输灵活性强,可"门到门"运输,但长距离运输费用相对又比较昂贵,且易污染和发生事故;采用航空运输速度快,不受地形限制,但成本昂贵。因此,如果追求速度快、灵活性强,就要付出高成本的代价,各目标之间必将存在冲突。由于任何运输方式都有其特定目标和优势,各种运输方式的优势不能兼得,所以在选择运输方案时就要综合权衡。

(三)物流系统要素与外部系统之间存在冲突

当物流系统本身也是一个更大系统的低一层次的子系统时,物流系统就要与外部系统发生联系,而构成物流系统环境的就是这些与物流系统处在同一层次的子系统。与物流系统一样,环境中其他系统也都有着特定的目标,这些目标之间的冲突也是普遍存在的,物流系统以这种方式同环境中的其他系统发生联系。但是,物流系统要素之间的目标冲突不能在要素这个层次得到协调,必须在比要素高一层次的系统才能解决。

从一个制造企业来看,物流系统是与生产系统、销售系统等属于一个并列的系统,它们都是企业的经营系统中的要素或者子系统。生产系统、销售系统和物流系统都有很多各自的目标,这些子系统之间的目标冲突是普遍存在的,物流系统以这种方式同环境中其他系统发生联系。生产系统的目标和销售系统的目标还可能会对物流系统目标产生夹击。在传统的企业组织中,没有一个部门来对全部物流活动承担管理责任,只是分别单独担负物流某一个方面。这样,物流的各种因素包含在销售、生产、财务会计等各种活动之中,各部门的管理人员有各自的利益目标,而且这些目标之间往往发生矛盾。例如,销售部门为了保证销售要增加在库商品量,而财务部门要减少在库品以降低成本;销售部门要以少量成品迅速发货并快速处理订单以满足客户的需求,而生产部门要批量发货以降低运费,财务部门要仔细审核订单,确保货款回收;销售部门希望在销售地设立仓库,而生产部门要在工厂建立仓库,财务部门则要减少仓库数量和库存量。这些目标的冲突不能在物流或生产、销售、财务部等单个系统的层次上解决,而必须在整个企业的层次上对冲突的目标加以协调和权衡,才能解决。

总之,物流系统要素之间、要素内部、系统与环境的冲突广泛存在,建立物流系统要解决这些冲突,冲突是物流系统要素的重要联系。企业面临的典型物流冲突如表3-3所示。

表 3-3 物流系统多目标之间的冲突

要素	主要目标	采取的方法	可能导致的结果	可能造成对其他要素的影响
运输	$G=min$(运费)	(1) 批量运输 (2) 集装整车运输 (3) 铁路干线运输等	(1) 交货期集中 (2) 交货批量大 (3) 待运期长 (4) 运费费用降低	(1) 在途库存增加 (2) 平均库存增加 (3) 末端加工费用高 (4) 包装费用高
储存	$G=min$(储存费)	(1) 缩短进货周期 (2) 降低每次进货量、增加进货次数 (3) 在接近消费者的地方建仓库 (4) 增加信息沟通	(1) 紧急进货增加 (2) 送货更加零星 (3) 储存地点分散 (4) 库存量降低甚至达到零库存,库存费用降低	(1) 无计划配送增加 (2) 配送规模更小 (3) 配送地点更分散 (4) 配送、装卸搬运、流通加工流信息成本增加
包装	(1) 破损最少 (2) 包装成本最小	(1) 物流包装材料强度高 (2) 扩大内装容量 (3) 按照特定商品需要确定包装材料和方式 (4) 物流包装容器功能更多	(1) 包装容器占用过多间和重量 (2) 包装材料费增加 (3) 包装容器的回收费用增加 (4) 包装容器不通用 (5) 商品破损降低但包装费增加	(1) 包装容器耗用的运费和仓储用增加 (2) 运输车辆和仓库的利用率会降低 (3) 装卸搬运费用增加
装卸	(1) 降低装卸费 (2) 降低搬运费 (3) 加快装卸速度	(1) 使用人力节约装卸搬运成本 (2) 招聘农民工进行装卸搬运 (3) 提高装卸搬运速度,"抢装抢卸"	(1) 装卸搬运效率低 (2) 商品破损率高 (3) 不按要求堆放 (4) 节省装卸搬运费	(1) 待运期延长 (2) 运输工具和仓库的利用率降低 (3) 商品在途和在库损耗增加 (4) 包装费用增加 (5) 重新加工增加流通加工成本增加

小案例 青岛啤酒的物流系统目标

青岛啤酒企业集团于 1998 年第一季度,提出了以"新鲜度管理"为系统目标的物流管理系统思路,开始建立新的物流管理系统。当时青岛啤酒的年产量不过 30 多万吨,但是库存就高达 1/10,即维持在 3 万吨左右。

这么高的库存,引发了几个问题:①占压了相当大的流动资金,资金运作的效率低;②需要有相当数量的仓库来储存这么多的库存,当时的仓库面积有 7 万多平方米;③库存数量大,库存分散。就经常出现局部仓库爆满,局部仓库空闲的问题,同时,没有办法完全实现先进先出,使一部分啤酒储存期过长,新鲜度下降甚至变质。青岛啤酒集团并没有把压缩库存作为物流系统的直接目标,而是把"新鲜度管理"作为物流系统的直接目标,这个目标的提出,不但能够解决库存降低、流动资金降低、损耗降低的目的,更重要的是面向消费者的实际需求,在实现消费者满意的新鲜度目标的同时,达到降低库存问题的目的。

新鲜度管理的物流系统目标提出:"让青岛人民喝上当周酒,让全国人民喝上当月酒"。实施方法是以提高供应链运行效率为目标的物流管理改革,建立集团与各销售点物流、信息流和资金流全部由计算机网络管理的快速信息通道和智能化配送系统。

他们首先成立了仓储调度中心,重新规划全国的分销系统和仓储活动,实行统一管理和控制。由提供单一的仓储服务,进行市场区域分布、流通时间等全面的调整、平衡和控制,成立独立的法人资格的物流有限公司,以保证按规定的要求,以最短时间、最少环节和最经济的运行方式将产品送至目的地。这样一来,就实现了全国的订货,产品从生产厂直接运往港、站;省内的订货,从生产厂直接运到客户仓库。同时,对仓储的存量规定作了大幅度压缩,规定了存量的上限和下限,上限为12 000吨,低于下限发出要货指令,高于上限不再安排生产,这样使仓库成为生产调度的"平衡器"。

小案例　Laura Ashley 重整物流系统

Laura Ashley公司总部位于英国,主要生产妇女和儿童时装、窗帘布艺和室内装潢纤维、墙纸、亚麻制品,以及一些装饰附件,公司在产品设计和开发方面始终保持着领先地位。不过,公司目前的物流系统中包含过多的承运人,非常复杂,但是系统却效率低下,费用十分高昂,从而导致公司出现利润年年下降的趋势。公司已经发现自己似乎对这个庞大的系统开始失去控制,因此,公司决定重组物流系统。

劳拉是公司的物流总监,最近一直在思考公司的物流系统重组问题。上个月,德国一位客户订购一种畅销的商品,可是公司在德国的这种商品已经脱销了,新的供应品几个月以后才能运到。与此同时,公司在英国的仓库中却积压着大量的这种商品。目前,公司有5个大型仓库,8个重要的承运人和10个互不相连的管理系统,因此,顾客从订货开始到得到货物需要等待漫长的时间。而公司这边也没有得到什么益处,一方面存在大量的存货,另一方面却有大量的缺货,还常常为了防止一些意想不到的需求问题而保留更高的存货,以弥补不确定性,维持顾客服务。

劳拉认识到公司有必要重新对其现有的设施布局进行分析。通过调查和研究,公司决定在英国只保留一个仓库,其余的全部关闭。这个仓库位于Newtown,靠近英国的制造工厂。仓库的设施是一个世界性的"处理中心",作为公司的物流中心,为全球的客户提供服务。虽然这种单一的仓库会导致运输成本提高,但是这种成本的增加能够通过效率的提高得到弥补,即随机的需求能够在整个市场领域内分担,某个领域的水平提高就会降低另一个领域内的需求水平,从而使效率大大提高,而存货却大量下降。事实上,在实际运作当中,由于交叉装运的总量减少了,单一中心系统还降低了运输成本。举例来说,从英国仓库直接装运,发送到零售店,产品只需一次装卸和运输,而不是在许多不同的地点进行多次装卸与运输。

除了仓库的调整之外,劳拉决定将全部的内部物流作业都交给Federal Express的分支机构Business Logistics来完成,该公司的任务是重新构造、改善和管理Laura Ashley供应链上的物流和信息流的各个方面。公司采用了先进的信息系统和通信设备,能够监督和控制世界范围内的存货，同时，Federal Express 的全球运输网络将确保货物及时抵达目的地。

通过系统的重新整合，劳拉现在已经不再将目标仅仅局限于降低成本了，她为公司重新设置新的目标：保证24~48小时之内向世界上任何地方的商店供货。公司还计划开展邮购业务，在48小时内将货物递送到世界上任何地点的最终顾客手中。公司的新系统将会使这项计划成为可能，而且做到有利可图。

四、如何确定企业物流系统目标

为确保物流目标的方向正确，按照自上而下的思路，企业确定物流系统目标应该按照"企业战略——物流战略——物流系统目标——目标分解与协调"的思路进行。

企业战略是对企业整体性、长期性、基本性问题的解决，是对企业各种战略（如竞争战略、营销战略、发展战略、品牌战略、融资战略、技术开发战略、人才开发战略、资源开发战略等）的统称。要制定企业战略首先要制定企业战略目标，企业战略目标是企业战略的基本依据和出发点，它明确了企业的努力方向，体现了企业的具体期望，表明了企业的行动纲领，因此，制订企业战略目标是制定企业战略的前提和关键。

在制订战略目标前，企业首先要明确发展面临的环境，即面向何种行业、面向何种企业、面向何种产品、面向何种区域等问题。

接着制定物流战略，物流战略是企业战略的组成部分，两者是相辅相成的。物流是一种服务，是企业的"第三利润源泉"。企业制定物流战略的目的首先就是为了实现企业的战略，因此，企业必须首先确立物流战略对企业战略的支撑作用，物流战略是企业为更好地开展物流活动而制定的更为具体、操作性更强的行动指南，它作为企业战略的组成部分，必须服从企业战略的要求，并与之协调一致。物流系统的每一个环节都要进行规划，且要与企业整体规划及规划中的其他组成部分保持平衡。物流战略最直接的目标一般有三个，即降低成本、减少投资、改善服务。制定物流战略必须首先立足于其所处的环境，包括宏观环境、行业环境和企业内部环境。企业物流战略的制定最好建立在企业优势资源的基础上，并追求企业全部优势的有机整合。有什么样的优势资源才会有什么样的物流战略。

确定了物流战略之后，就要确定整个物流系统的目标是什么。接下来再把目标进行分解，并且要使各子目标之间协调一致。

第四节 多目标规划

一、多目标规划发展的背景

多目标最优化问题最早是由法国经济学家帕累托（V. Pareto）于1896年提出的，他从政治经济学的角度，把很多本质上不可比较的目标转化成一个单一的最优目标，1944年冯·诺伊曼（Von Neumann）和摩根斯特恩（Morgenstern）又从对策论角度提出了有多个决策者、彼此之间有互相矛盾的多目标决策问题。1951年库普曼（T. C. Koopmans）从生产和分配的活动分析中提出了多目标最优化问题,并且引入了"Pareto最优"的概念。同年,库恩(Kuhn)和塔克(Tucker)又从数学规划角度提出了向量极值问题,并且给出了一些基本定理。1963年查德(L. A. Zadch)从控制论角度提出了多指标最优化问题,并给出了一些基本概念。

二、多目标规划的发展原因

最近十几年来,多目标规划发展迅速,日益受到重视,理论不断深入,成果不断涌现,这是人类社会发展的必然,也是目标规划由低级向高级发展的必然。

(一) 从"最优解"到"满意解"

因为"经济人"追求的是"利润最大化",所以单目标最优化模型追求的是"最优解"。很明显,为了得到"最优解",决策者首先必须知道全部的决策方法及其全部后果,然后把所有方案及后果逐一比较,才能从中挑选出最优解。

H. A. 西蒙指出,决策者由于受到认识上的限制,所以不可能知道他们的决策所产生的全部后果;由于决策环境的日益复杂,决策因素的日益增多,决策者也不可能了解全部的决策方案究竟有多少;另外,由于时间、金钱、人力、物力和资料来源的限制,也不可能把所有的方案都拿来进行一一比较。因此,得到真正的最优解几乎是不可能的,也是不必要的。

但是决策者可以预先规定一个满足原定目标的最低要求,然后寻找满足这些最低要求的方案,这样就把决策过程大大简化了。

例如,在一块面积很大的玉米田里,如果要找一个最大最长的玉米,就必须测定所有的玉米之后,才能找到。但是如果把要求改为寻找一个能使人吃饱肚子的玉米,问题就大大简化了,只要找一个比较大的玉米就能填饱肚子。再例如,要寻找一根针,不一定非要找最尖的那根针,否则必须把所有的针全拿来进行比较,如果改成寻找一根能缝衣服的针,问题就简单多了。生活中这样的例子很多。

很明显,"满意解"模型要比"最优解模型"丰富得多,也更加简单和容易接受。由此可知,现代管理决策所追求的不是绝对意义上的最优解,而是相对意义的满意解。

(二) 从"唯一解"到"一组解"

用单目标最优化模型求解实际的管理和决策问题时,总是假定在单一目标和约束条件都不变化的情况下,寻求绝对意义的最优解,而且这个最优解如果存在,常常是唯一的。

显然,要求单一目标和约束条件都不变化的假定是不符合生产实际的。这点是容易理解的。必须指出的是,寻求唯一最优解是单目标最优化方法(线性规划、非线性规划、动态规划、网络规划等)的特征和优点。但是,恰恰正是这一点却违背了现代管理科学的一条著名原则——"为了达到预定的目标,下级给上级提出的策略(行动方案)必须至少有两个以上,而且必须说明各自的优劣和得失,可供上级考虑和选择"。世界著名的《哈佛企业管理百科全书》中明确指出:"只会提出一个方案的下级是不称职的,必须坚决撤换。"

事实上,现代化的管理是多层次的管理,不同的层次有不同的管理职能,绝不能相互混淆和相互取代。管理人员和系统分析人员作为下级的职责就是为上级(领导、首长)提出各种可能的行动方案,并且尽可能说明各种方案的优劣利弊和盈亏得失。部门首长、工厂厂长、公司总经理必须全面考虑下级提出的各种方案,并且考虑许多无法量化的社会、政治因素和历史经验、风俗传统等,最后还要加上领导者本人的政治修养、聪明才智和胆量气魄,才能作出最后决策,从众多的有效解中挑选出一个满意解。

如果每次决策时,下级只能给出一个唯一的最优解,这就表示为了达到目标,只有此路一条,那么上级就毫无考虑和选择的余地。实际上,这就是下级取代了上级作出决策。但是,由于下级所处的地位,考虑问题不可能很全面,资料、情报来源也不可能很充分,特别是有关高层次的方针、政策和核心机密的定性因素既无法了解,也无法定量化。另外,由于决策问题的日益复杂,约束条件和决策变量日益增多,因此,在构造单目标最优化模型时不得不舍弃一些因素,作必要的简化和近似。由此可知,即使求出了唯一的最优解,却可能并不是真正的最好方案,充其量也只不过是一个近似最优解。但是,万一模型本身有错误,求出的唯一最优解就可能造成更加严重的、不可回避的失误。

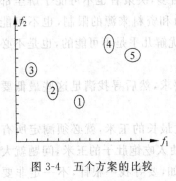

图 3-4 五个方案的比较

例如,某个决策问题有两个目标 f_1 和 f_2,决策者希望这两个目标都是越大越好,现有五个方案可供选择,如图 3-4 所示。首先比较方案①、②、③,单从目标 f_1 看,①比②优,②比③优;单从目标 f_2 看,③比②优,②比①优。但是如果同时考虑两个目标 f_1 和 f_2,则方案①、②、③难以判断优劣。但由图 3-4 可知,方案④和⑤的两个指标都比方案①、②、③优,因此方案①、②、③可以淘汰,剩下方案④和⑤,它们两个指标各有所长,无法判断优劣。这时,决策者只有三条路可走:

第一,认为方案④、⑤都是好方案,从中任选一个方案实施。

第二,认为方案④、⑤都是好方案,然后把它们再综合出一个新的好方案实施。

第三,根据某种意义的最优化原则,继续从④和⑤中选择一个满意的方案实施。

用多目标决策的术语,方案①、②、③称为"劣解",方案④、⑤称为"非劣解",又称"有效解",决策者最后选择的那个实施方案称为"满意解"。

从这个例子可以看出,多目标决策可分为两步:第一步从可行解集合中淘汰劣解,找出非劣解(有效解);第二步再从非劣解集合中选取一个满意解。我们感兴趣的正是第二步。用管理和决策的眼光来看,一个劣解就是一个不好的方案,因为至少有一个方案各项指标值都比它更好,所以它必须被淘汰,不予考虑。一个非劣解(有效解)就是一个好方案,因为不存在比它更好、可以淘汰它的方案。而几个非劣解就是几个好方案,它们的各项指标值各有优劣,互相难分高低。一个满意解就是决策者根据自己的偏好、意愿和某种意义的最优原则,从许多(至少两个)非劣解中选择出来或综合出来的一个。可以说,一个满意解总是某种意义下的最优解。

三、多目标规划的特征

当人们在实践中遇到一些矛盾的目标,由于资源有限和其他各种原因,这些目标可能无法达到时,可以把任何起作用的约束都称之为"目标"。例如,我们在制订生产计划时既要求产量多,又要求质量好,还要求成本低。再如,在选择一个新工厂的厂址时,我们考虑的有生产成本、运输费用、基建投资费用、国防条件、污染等多种因素。特别是有些指标之间又往往不是那么协调,使得确定最优方案时决策都难于作出决断。不论它们能否达到,总的目标是要给出一个最优的结果,使之尽可能地接近指定的目标。人们把目标按重要性分成不同的优化等级(priority),并对同一个优化等级中的不同目标加权(weight),使目标规划方法在理论上取得了长足的发展,并在许多领域获得广泛应用。

四、多目标规划的方法

在多目标规划问题中,它的多重目标函数之间含有矛盾和相互限制的情况,甚至于它们之间的量纲也不尽相同,给求解带来一定的困难。特别是要求所有目标都达到它们的最好值往往是很难的。多目标规划解法较多,主要是从对多个目标之间的协调和评价的方法不同而区分的。主要有以下几类方法。

(1) 化多为少法:将多目标问题化成只有一个或两个目标的问题,然后用简单的决策方法求解,常用的方法有两种:一是剔除一些从属目标,归并类似目标;二是通过构成综合函数的办法形成综合目标,如将多个目标的线性加权和作为综合目标。

(2) 分层序列法:将所有目标按其重要性程度依次排序,先求出第一个最重要的目标的最优解,然后在保证前一目标最优解的前提下依次求下一目标的最优解,一直求到最后一个目标为止。

(3) 直接求非劣解法:先求出一组非劣解,然后按事先确定好的评价标准从中找出一个满意的解。

(4) 目标规划法:对于每一个目标都事先给定一个期望值,然后在满足系统一定约束条件下,找出与目标期望值最近的解。

(5) 多属性效用法:各个目标均用表示效用程度大小的效用函数表示,通过效用函数构成多目标的综合效用函数,以此来评价各个可行方案的优劣。

(6) 层次分析法:把目标体系结构予以展开,求得目标与决策方案的计量关系。

(7) 重排序法:把原来的不好比较的非劣解通过其他办法使其排出优劣次序来。

(8) 多目标群决策和多目标模糊决策等。

五、多指标决策

多指标决策(Multiple Attribute Decision Making,MADM),又称为"多属性决策"。它与多目标规划(MOP)或向量最优化(VOP)的差别可如表3-4所示。

表 3-4　多指标决策与多目标规划的比较

比 较 项 目	多指标决策（MADM）	多目标规划（MOP）
（1）评价准则	多个指标	多个目标
（2）目标	隐含	明确
（3）指标	明确	隐含
（4）约束	不起作用	起作用
（5）方案	有限个、离散	无限个、连续
（6）迭代次数	不很多	较多
（7）用途	选择/评估	设计/规划

显然可见，多指标决策是一类特殊的多目标决策问题，其特征就是具有有限个离散的方案。多指标决策在决策论、经济学、统计学、心理学、管理学中有广泛的应用。

第五节　层次分析法

一、层次分析法简介

层次分析法（Analytical Hierarchy Process，AHP）是由美国的运筹学家（T. L. Satty）于 20 世纪 70 年代末提出来的。他将评价问题的有关元素分解成目标、准则、方案等层次，是一种多层次权重解析方法；它综合了人们的主观判断，是一种简明的定性与定量分析相结合的系统分析和评价的方法。这一方法的特点是在对复杂决策问题的本质、影响因素及其内在关系等进行深入分析之后，利用较少的定量信息，把评价的思维过程数学化，从而为解决多目标、多准则或无结构特性的复杂问题，提供了一种简便的评价方法。目前，该方法在国内已得到广泛的推广，既应用于处理复杂的社会、政治、经济和技术等方面的评价问题，也应用于方案选择和优化，特别在确定指标权重上具有独到之处，是一种常见的、实用的评价方法。

层次分析法是对复杂问题作出决策的一种简易的新方法，它特别适用于那些难于完全用定量进行分析的复杂问题。如生产者对消费者和竞争对手要作出最佳经营决策，消费者对众多的商品要作出最佳购买决策，研究单位要合理地选择科研课题等。当我们考虑最佳决策时，很容易看到，影响作出决策的因素很多：一些因素存在定量指标，可以度量；但更多的因素不存在定量指标，只有定性关系。要解决的就是如何将定性关系转化为定量计算，从而作出最佳决策；而层次分析法就是将半定性、半定量问题转化为定量计算的行之有效的方法。它可以使人们的思维过程层次化，逐层比较多种关联因素，为分析、决策、预测或控制食物的发展提供定量的依据。

AHP 是分析多目标、多准则的复杂大系统的有力工具，是用于处理有限个方案的多目标决策方法。多目标决策是指统计决策中的目标通常不会只有一个，而是有多个目标，具有多个目标的决策问题的决策即称为多目标决策，而 AHP 就是针对多目标选优问题。例如，考虑投资兴建一个旅游点，选择一个最理想的地点就是决策目标，有三个地点 D_1、D_2、D_3 可供选择，而影响决策的因素就可能有多个，比如古迹的吸引力；名胜风光的条件;费用程度;生活条件;交通条件;接待工作的水平等。

二、层次分析法的基本原理

一般系统中都设计多个因素(指标),如果仅仅依靠评价者的定性分析和逻辑判断直接比较,在实际问题中是行不通的。评价者常常需要权衡各个因素的实际大小,协调各个因素的实际意义。因此,实际中经常将多个因素的比较化简为两两因素的比较,最后分析综合两两比较的判断,得出整体的比较结果。

层次分析法就是这样的一种解决问题的思路,首先,它把复杂的评价问题层次化,根据问题的性质以及所要达到的目标,把问题分解为不同的组成因素,并按各因素之间的隶属关系和相互关联程度分组,形成一个不相交的层次。上一层次的元素对相邻的下一层次的全部或部分元素起着支配作用,从而形成一个自上而下的逐层支配关系,具有这种性质的结构称为递阶层次结构。具有递阶层次结构的评价问题,最后可归结为最低层(供选择的方案、措施等)相对于最高层(系统目标)的相对重要性的权值或相对优劣次序的总排序问题。其次,它将引导评价者通过一系列成对比的评判来得到各个方案或措施在某一个准则之下的相对重要度的量度。这种评判能转换成数字处理,构成一个所谓的判断矩阵,然后使用单准则排序计算方法便可获得这些方案或措施在该准则之下的优先度的排序。

在层次结构中,这些准则本身也可以对更高层次的各个元素的相对重要性赋权。通过层次的递阶关系可以继续这个过程,直到各个供评价的方案或措施对最高目标的总排序计算出来为止。这样就可进行评价选择和决策活动。可以看出,层次分析法在本质上具有人的思维的分析、判断和综合的特征,具有简单、易用、有效适应性强、应用范围广等优点,因而受到广泛的关注和应用。

三、层次分析法的基本步骤

(一)层次结构模型

在深入分析实质问题的基础上,将有关的各个因素按照不同属性自上而下地分解成若干个不同层,同一层的诸因素从属于上一层的因素或对上层因素有影响,同时又支配有1个因素,最下层通常为方案或对象层,中间可以有1个或几个从层次,通常为准则或指标层。当准则过多时(如多于9个),应进一步分解出子准则层。

(二)构造对比矩阵

从层次结构模型的第2层开始,对于从属于(或影响及)上一层每个因素的同一层诸因素,用对比比较法和1~9比较尺度构造成对比较阵,直到最下层,如表3-5所示。

表3-5 相对重要性的比例标度

标 度	定 义	解 释
1	表示因素 i 和因素 j 相比,具有同样的重要性	对于目标两个因素的贡献是等同的
3	表示因素 i 和因素 j 相比,前者比后者稍重要	经验和判断稍微偏爱一个因素

续表

标度	定义	解释
5	表示因素 i 和因素 j 相比，前者比后者明显重要	经验和判断明显地偏爱一个因素
7	表示因素 i 和因素 j 相比，前者比后者强烈重要	一个因素强烈地受到偏爱
9	表示因素 i 和因素 j 相比，前者比后者极端重要	对一个因素的偏爱的程度是极端的
2,4,6,8	表示上述相邻判断的中间值	

显然，若因素 i 与因素 j 的重要性之比为 a_{ij}，那么元素 j 与元素 i 的重要性之比为 $a_{ji}=1/a_{ij}$。

（三）计算权向量并做一致性检验

对于一个比较矩阵，需计算最大特征根及对应特征向量，利用一致性指标、随机一致性指标和一致性比率做一致性检验。若检验通过，特征向量（单位化后）即为权向量；若不通过，需重新构造比较矩阵。

（四）计算组合权向量并做组合一致性检验

若检验通过，则可按照组合权向量表示的结果进行决策，否则，需重新考虑模型或重新构造那些一致性比率 CR 较大的成对比较阵。

【例 3-1】

为某货主选择最合适的物流企业 TPL(Third Party Logistics)，若 n 个物流企业（L_1，$L_2, L_3, \cdots, L_n$）可供货主选择，对于货主来说，选择 TPL 最关键的因素是经济性、迅速性、安全性和便利性。其中：经济性包括运输费用、库存费用、管理费用等；迅速性包括运输路线、运输距离、运输时间、运输频率、运输组织方式、停靠站点等；安全性包括运送方式、准时交货率、客户抱怨率、货物破损率、知名度、信誉度、员工素质、大客户构成等；便利性包括运输能力、运输网络、信息管理、公司地点等。

因此，可构建层次分析模型如图 3-5 所示。

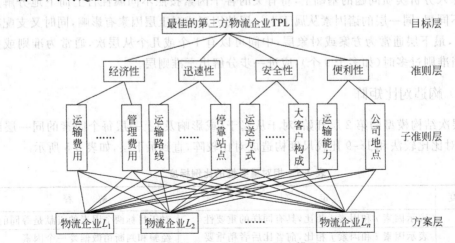

图 3-5 选择 TPL 层次模型

为货主选择运输供应商问题,设有四个运输供应商(B_1,B_2,B_3,B_4)可供选择,已知:A_1代表经济性;A_2代表迅速性;A_3代表安全性;A_4代表便利性。

可得两两对比的对比矩阵列于下:

$$\begin{bmatrix} 标准 & A_1 & A_2 & A_3 & A_4 \\ A_1 & 1 & 2 & 4 & 3 \\ A_2 & 1/2 & 1 & 2 & 2 \\ A_3 & 1/4 & 1/2 & 1 & 2 \\ A_4 & 1/3 & 1/2 & 1/2 & 1 \end{bmatrix} \quad \begin{bmatrix} A_1 & B_1 & B_2 & B_3 & B_4 \\ B_1 & 1 & 5 & 6 & 1/3 \\ B_2 & 1/5 & 1 & 2 & 1/6 \\ B_3 & 1/6 & 1/2 & 1 & 1/8 \\ B_4 & 3 & 6 & 8 & 1 \end{bmatrix}$$

$$\begin{bmatrix} A_2 & B_1 & B_2 & B_3 & B_4 \\ B_1 & 1 & 5 & 4 & 8 \\ B_2 & 1/5 & 1 & 1/2 & 4 \\ B_3 & 1/4 & 2 & 1 & 5 \\ B_4 & 1/8 & 1/4 & 1/5 & 1 \end{bmatrix} \quad \begin{bmatrix} A_3 & B_1 & B_2 & B_3 & B_4 \\ B_1 & 1 & 1/3 & 5 & 8 \\ B_2 & 3 & 1 & 7 & 9 \\ B_3 & 1/5 & 1/7 & 1 & 2 \\ B_4 & 1/8 & 1/9 & 1/2 & 1 \end{bmatrix}$$

$$\begin{bmatrix} A_4 & B_1 & B_2 & B_3 & B_4 \\ B_1 & 1 & 3 & 1/5 & 1 \\ B_2 & 1/3 & 1 & 1/8 & 1/3 \\ B_3 & 5 & 8 & 1 & 5 \\ B_4 & 1 & 3 & 1/5 & 1 \end{bmatrix}$$

其中,第一个矩阵是准则(经济性、迅速性等)A_1-A_4的对比矩阵;后四个矩阵是方案B_i与B_j(运输公司)对于各准则的对比矩阵。

解: 采取简化方法,计算第一个矩阵的最大特征值:$\lambda_{\max}=4.0968$

对应的单位特征向量为:$w_A=(0.4706,0.2522,0.1547,0.1169)$

一致性指标为:$CI=\dfrac{4.0968-4}{4-1}=0.0322$

因为$RI_4=0.9$,得一致性比率:$CR=\dfrac{0.0322}{0.9}=0.0358<0.1$

故w_A可作为权向量。类似地,由各方案的成对比较阵B_k计算出权向量$w_k^{(3)}$、最大特征根λ_k和一致性指标CI_k等,如表3-6所示。

表3-6 层次分析计算表

B	B1	B2	B3	B4
w	0.2929	0.6065	0.2972	0.1490
	0.0825	0.1341	0.5835	0.0589
	0.0518	0.2110	0.0746	0.6431
	0.5728	0.0484	0.0484	0.1490
λ_k	4.1217	4.1345	4.1134	4.0498
CI_k	0.0406	0.0448	0.0378	0.0166
RI_4	0.9	0.9	0.9	0.9
CR	0.0451	0.04981	0.04200	0.0184

求 B_1 在 Z 中占的比重(称为组合权向量),即

$0.2929 \times 0.4706 + 0.0825 \times 0.2522 + 0.0518 \times 0.1547 + 0.5728 \times 0.1169 = 0.2336$

同理, B_2 在 Z 中占的比重为 0.3576, B_3 在 Z 中占的比重为 0.3038, B_4 在 Z 中占的比重为 0.2019,所以各方案的权重向量(评分)为: $w = (0.2366, 0.3576, 0.3038, 0.2019)$

组合一致性检验:

$$CR = \frac{\sum_{j=1}^{m} a_j CI_j}{\sum_{j=1}^{m} a_j RI_j}$$

$$= \frac{0.4706 \times 0.0406 + 0.2522 \times 0.0448 + 0.1547 \times 0.0378 + 0.1169 \times 0.0166}{0.9}$$

$$= 0.0382$$

因为 $CR < 0.1$,即 B_2 应作为选择结果。

思 考 题

1. 目标规划的满意解和最优解有什么区别?

2. 今有一物流中心选址问题,从经济效益、环境效益和社会效益三个方面综合评价,已知三个指标的评价比较矩阵如下,试确定指标权重。

U	C_1	C_2	C_3	w_i
C_1	1	3	5	
C_2	1/3	1	3	
C_3	1/5	1/3	1	
合 计				
$\lambda_{\max}$				
CI				
CR				

3. 随着竞争的加剧,物流在供应链中扮演着更加重要的角色,物流操作的技术性越来越强,一些大公司纷纷开始将物流业务从核心业务中剥离出去。某制造型企业现拟从三个候选物流企业 D_1, D_2, D_3 中挑选一家作为物流代理商,运用 AHP 法对三家物流企业进行评价,评价的标准有三个: A_1 物流实力; A_2 价格优势; A_3 服务水平。

评价指标和各公司的判断矩阵如下,试确定最佳的物流服务商。

$$\begin{bmatrix} \text{最佳地点} & A_1 & A_2 & A_3 \\ A_1 & 1 & 3 & 3 \\ A_2 & 1/3 & 1 & 1/5 \\ A_3 & 1/3 & 5 & 1 \end{bmatrix} \quad \begin{bmatrix} A_1 & D_1 & D_2 & D_3 \\ D_1 & 1 & 1/3 & 1/2 \\ D_2 & 3 & 1 & 3 \\ D_3 & 2 & 1/3 & 1 \end{bmatrix}$$

$$\begin{bmatrix} A_2 & D_1 & D_2 & D_3 \\ D_1 & 1 & 5 & 1 \\ D_2 & 1/5 & 1 & 1/5 \\ D_3 & 1 & 5 & 1 \end{bmatrix} \quad \begin{bmatrix} A_3 & D_1 & D_2 & D_3 \\ D_1 & 1 & 1/2 & 1 \\ D_2 & 2 & 1 & 2 \\ D_3 & 1 & 1/2 & 1 \end{bmatrix}$$

第四章

物流系统环境分析

学习导航

- 了解系统环境理论、环境预测
- 了解物流系统环境分析的内容
- 掌握物流系统环境分析方法

导入案例

家乐福败走香港

继 1997 年年底八佰伴及 1998 年中大丸百货公司在香港相继停业后,2000 年 9 月 18 日,世界第二大超市集团"家乐福"位于香港杏花村、荃湾、屯门及元朗的 4 所大型超市全部停业,撤离香港。家乐福集团,在全球共有 5 200 多间分店,遍布 26 个国家及地区,全球的年销售额达 363 亿美元,盈利达 7.6 亿美元,员工逾 24 万人。家乐福在我国的台湾、深圳、北京、上海的大型连锁超市,生意均蒸蒸日上,为何独独兵败香港?

案例解析

家乐福声明其停业原因是香港市场竞争激烈,又难以在香港觅得合适的地方开办大型超级市场,短期内难以在市场争取到足够占有率。家乐福倒闭的责任可从两个方面来分析。

1. 从它自身来看

(1) 家乐福的"一站式购物"(让顾客一次购足所需物品)不适合香港地窄人稠的购物环境。家乐福理念是建基于宽敞之地,与香港寸土寸金的社会环境背道而驰。这一点反映了家乐福在适应香港社会环境方面的不足和欠缺。

(2) 家乐福在香港地区没有物业,而本身需要数万至 10 万方英尺(1 英尺为 0.305 米)的面积经营,背负庞大租金的包袱,同时受租约限制,做成声势时租约已满,竞争对手觊觎它的铺位,会以更高租金夺取;家乐福原先的优势是货品包罗万象,但对手迅速模仿,这项优势也逐渐失去。除了已开的 4 间分店外,家乐福还在将军澳新都城和马鞍山新港城中心租用了逾 30 万平方英尺的楼面,却一直未能开业,这也给它带来沉重的经济负担。

(3) 家乐福在台湾地区有 20 家分店，能够形成配送规模，但在香港只有 4 家分店，直接导致配送的成本相对高昂。在进军香港期间，它还与供货商发生了一些争执，几乎诉诸法律。

2. 从外部来看

(1) 在 1996 年它进军香港的时候，正好遇上香港历史上租金最贵时期，经营成本高昂，这对于以低价取胜的家乐福来说是一个沉重的压力。并且在这期间又不幸遭遇亚洲金融风暴，香港经济也大受打击，家乐福受那几年通货紧缩的影响一直无赢利。

(2) 由于香港地区本地超市集团百佳、惠康、华润、苹果速销等掀起的减价战，给家乐福的经营以重创。作为国际知名的超市集团，家乐福没有主动参加这场长达两年的减价大战，但几家本地超市集团的竞相削价，终于使家乐福难以承受，在进军香港的中途铩羽而归。

案例思考

环境分析的内容包含哪些？环境分析的技术方法有哪些？

案例涉及主要知识点

系统环境、环境分析

第一节 系统环境理论

系统存在于环境之中，对系统所在环境进行分析是研究系统问题的基础，而系统问题的解决方案的优劣程度取决于对整个系统环境的深刻了解，对环境不了解，是不可能产生有效的系统解决方案的。因此，系统环境分析是系统分析的重要内容。

系统与环境之间的相互作用是十分复杂的，既有物质的、能量的交换，又有信息的交换；既有环境对系统的作用，又有系统对环境的反作用。系统环境分析就是根据系统与环境的相关性，分析系统对环境和环境对系统的作用情况。因为系统自身的复杂性和环境条件的多因子性，它们之间的相互作用又是交互进行的，所以系统的环境分析往往也需要多角度、多层次或综合地进行，这样才有可能从分析中找到使系统优化的条件和改善系统环境条件的有效措施，以提高系统对环境条件的适应度。

一、系统环境的概念

系统分析特别强调要从宏观、中观、微观三个层次来研究事物，这里说的中观层次就是直接面对的研究对象，它可以是一件事情、一个物体，如果把它作为一个整体来考虑，它就是一个系统。微观层次指的是系统的构成，它包括由哪些成分构成和怎样构成两方面的问题，而宏观层次则是指将作为一个整体的系统如何与周围环境或其他系统相互作用的问题。大量的事实证明，许多问题局限在一个层次是永远讲不清楚的，必须到另外两个层次中去寻找依据，即从事物的构成和外界的环境中找原因，这就是系统分析总是要研究整体与部分的关系、系统与环境的关系的原因。

系统环境是指存在于系统之外的、系统无法控制的自然、经济、社会、技术、信息和人际关系的总称。系统环境因素的属性和状态变化一般通过输入使系统发生变化。反之，系统本身的活动通过输出也会影响环境因素的属性或状态的变化，这就是所谓的环境开放性。系统与环境是依据时间、空间、所研究问题的范围和目标划分的，故系统与环境是个相对的概念。

系统与环境相互依存，相互作用。任何一个方案都和将来付诸实施时所处的环境有关。离开未来的实施环境去讨论方案后果是没有实际意义的。所以，分析预测系统环境是解决系统分析问题和系统工程的重要一步。系统方案的完善程度、可靠程度依赖于对系统环境的了解程度。对环境了解的不准确，分析中就会出现大的失误，导致系统方案实施的失败或蒙受重大损失。如世界著名的埃及阿斯旺水电工程，因忽视了高坝的建立，尼罗河下游水量和其他物质数量的减少而引起区域水文地质环境的改变，从而导致土地贫瘠化、红海海岸向内陆后退、地中海沙丁鱼的绝迹等严重后果。因此，环境分析是系统分析的一项主要内容，必须予以重视。

总之，环境分析的主要目的是了解和认识系统与环境的相互关系、环境对系统的影响和可能产生的后果。为达到这一目的，系统环境分析工作需要了解所研究系统环境的组成及其对系统的影响作用，完成系统与环境边界的划定、系统环境特性的识别等分析内容。

从系统分析的角度研究环境因素的意义有以下几点。

(1) 环境是提出系统分析课题的来源。环境发生某种变化，如某种材料、能源发生短缺，或者发现了新材料、新油田，都将引出系统分析新课题。

(2) 系统分析的各种数据资料，要取自于环境。如市场动态资料，外部竞争对手的新动向等。

(3) 系统的外部约束来自环境，如人力、资源、时间等方面的限制。

(4) 系统分析的质量要由系统所在环境提供评价资料。

系统存在于一定的环境之中，受环境的影响和支配，又反过来作用于环境，并在环境中实现自己的功能和价值。从理论上讲，系统与环境的关系是明确的、简单的，但实践中系统与环境的关系却十分复杂，需要专门加以研究。

二、界定系统与环境的界限

系统与环境的界限也就是系统的边界。系统生存依赖于环境，同时也受到环境的约束。环境的约束是系统主要的制约来源，对系统的规划和解决方案有绝对的影响。

系统的边界很大程度上取决于系统的总体目标，目标的范围扩大时，自然会使一部分环境要素被划到系统中来了。系统的目标往往是划分系统与环境边界的重要参考，目标往往是由系统本身决定的，环境则是约束条件。一般地，凡是系统无法控制的因素，多属于环境部分。系统是一个有机的整体，理论上，合理的边界使系统与环境之间的关联最简单。划分边界要充分考虑系统的整体有机性和尽量提高系统的独立性。换言之，本该属于系统内部的要素，被人为地划到了系统之外，将会增加系统与其环境的耦合度，增加系统与外界接口的复杂性，这是违背系统优化原则的。

在划分系统与环境边界时应注意以下几点：①现行系统的重要部分应作为系统的内部要素；②对系统分析问题有重大影响的部分也应看作系统的内部要素，如果忽略了这部分，把它当作环境看待，往往会使系统的性质发生质的变化；③对于那些和被研究分析的问题有关联却无重大影响而又不可忽略的非重要部分，可视为系统的环境；④对系统影响甚微的部分，可从环境中略去，便于简化研究。

当系统与环境的边界划清了，系统的输入与输出就明确了。输入是环境对系统施加影响的部分，输出是系统对环境施加影响的部分。环境可以约束和控制系统，而系统一般无法控制环境，只能适应环境。

三、环境对系统的影响

系统与环境是"内外有别"的。这就是说，属于系统内部的组成部分（元素），与不属于系统的其他事物之间有本质不同。系统的内部元素对系统的整体性有确定的影响，而属于环境中的事物却只对系统有偶然的影响。这就是区分内外、区分内因和外因的相对标准。

环境有层次性和结构性。环境的层次通常可以按与系统的相对位置和对系统关系的密切程度、作用的大小来划分，如大环境、小环境等。环境不是系统之外所有事物的"杂乱的堆积"，构成环境的各种事物之间也会有确定的关系和结构。这里环境的结构是指各种对系统的存在和发展有影响的因素之间的相互关系。

环境因素对系统的影响是通过系统结构起作用并在输入输出中得以表现的。系统的存在不能离开环境的支撑，一方面是环境对系统功能的支撑，这对有人参与的系统是容易理解的；另一方面，系统结构及其变化也离不开环境因素的支持。例如，在电子商务环境下，物流系统各个具体职能环节的相对重要程度将会发生变化，但它们都有一个基本特点，即它们都是基于网络技术和信息技术的进步而发展的，从另一层面说，这也可能就是物流系统未来变化发展的主要制约因素之一。

四、影响系统的环境因素

确定环境因素，就是根据系统的实际特点，通过考察环境与系统之间的相互影响和作用，找出对系统有重要影响的环境要素的集合，即划定环境系统的边界。环境系统是环境的子集。

对于事物的发展变化，对于一个系统的发展变化，唯物辩证法告诉我们，内因是变化的根据，外因是变化的条件，外因通过内因而起作用。为使外因通过内因而起作用，这就需要系统与环境之间、内因与外因之间发生相互联系和相互作用。否则，内因就只能滞留于内因之中，外因则总是处于内因之外。

环境分析就是从环境中找出对系统有重要影响作用的因素，通过分析，厘清环境因素对系统的影响、联系方式、作用方式、作用方向、作用机制、作用路径后果等。明确了这些作用联系的环境因素，区分为有利和不利的作用性质，有利于趋利避害，优化决策。

实际中为了确定环境因素，必须对系统进行分析，按系统构成要素或子系统的种类特征，寻找与之联系的环境要素。这样，先凭直观判断和经验确定一个边界，通常这一边界位于研究者或管理者认为对系统不再有影响的地方。在以后逐步深入的研究中,随着对问题的认识和了解,再对前面划定的边界进行修正。不存在理论上的边界判定准则,边界也不能用自然的、组织的等类似的界线来代替。环境因素的确定与评价,要根据系统问题的性质和特点,因时、因地、因条件地加以分析和考察。通常应注意以下几点。

（1）应适当取舍。即将与系统联系密切、影响较大的因素列入系统的环境系统范围,既不能太多,也不能太少。太多会使分析研究过于复杂,且容易掩盖主要环境因素的影响,太少则主观性差。

（2）对所考虑的环境因素,要分清主次,分析要有重点。

（3）不能孤立地、静止地考察环境因素,必须明确地认识到环境是一个动态发展的有机整体,应以动态的观点来探讨环境对系统的影响及其后果。

（4）尤其要重视某些间接、隐蔽、不易觉察的,但可能对系统有着重要影响的环境因素。对于环境中人的因素,对其行为特征、主观偏好,以及各类随机因素都应有所考察。

五、环境发展预测

任何系统都不会处于一个永远不变的外部环境之中。对于企业来说,由于外部环境会发生变化,关注环境的发展趋势将有益于选择自己的战略方向。

动态的环境有许多不确定的和动荡的因素,单纯依靠历史性分析得出的结果往往无法预测未来,因此,要进行较为复杂的组合分析。组合分析是对将来进行几种不同情况的可能性假设。分析每一种可能性假设所产生的"好的"和"坏的"可能结果,再将几种可能性假设进行组合,从而对将来进行预测。由于已经考虑到了将来可能出现的几种情况,所以组合分析适合于用来对不稳定的环境进行分析。

如果企业所处环境非常复杂,企业也许没有足够的能力对将来进行各种可能性的假设。同时,复杂的环境也限制了企业对未来进行各种假设。因此,企业应为各部门授权,配以相应的资源和权力,即将环境问题分解,让各个部门自己去处理它们各自面对的环境变化,从而分解企业所处的环境压力。化整为零,有效地分析企业所处的环境问题,这是企业分析复杂环境的有效途径。

如果企业所处的环境既复杂又动荡,那么企业只有尽可能地从不同的信息渠道如报纸、杂志、网络中搜索信息并辅以分析,凭借自己多年的历史经验来对未来进行大胆的预测,帮助企业形成自己的战略能力,从而获得竞争优势。

虽然环境预测并不容易,但是企业有必要对未来环境的可能性进行预测。虽然这种预测不一定很准确,但是却可以对未来的几种可能状态有所了解,有可能未雨绸缪,从容应对。

第二节 物流系统环境分析内容与方法

企业物流的外部环境指存在于企业之外,对物流企业活动的开展产生决定性影响的各种因素的总和。内部环境是企业发展的内部条件,它与企业外部环境分析在战略制定过程中是同等重要的。外部环境的分析结果是明确企业可能的选择,即有可能做什么,而内部条件分析的结果则明确企业能够做什么。因此,只有把物流企业的内部条件与外部环境结合起来,才能最后确定物流企业应该做什么。

一、物流系统环境分析的内容范围

按照从宏观、中观到微观的路线,物流系统环境分析的内容包括以下内容。
(1) 国家相关产业政策、法规的出台或变更;
(2) 行业分析:行业前景新变化、竞争对手的动向;
(3) 物流相关的设备设施、标准的新发展;
(4) 市场:消费者对物流需求的变化;
(5) 供应链上下游合作伙伴的供应和需求状况以及物流要求;
(6) 企业战略在物流系统中的延伸或要求;
(7) 生产、销售、财务系统等企业内部状况对物流系统的影响和制约。

(一) 物流行业环境分析

考察物流系统时,除了分析物流系统所处的大环境外,还要分析物流行业的现状和发展。它是制定物流战略必须研究的东西,因为它是最直接影响物流经营的外部环境。行业环境分析的内容包括:市场规模和发展、物流技术和产品新技术、物流行业竞争状况分析。

1. 市场规模和发展

市场规模及其发展状况决定了此行业的发展空间和潜力。20世纪90年代以后,世界物流业持续十年保持每年20%～30%的高速增长,一举上升为与高科技、金融业并驾齐驱的三大朝阳产业。物流业在我国社会经济的地位日益提高,据摩根士丹利亚太投资研究组的《中国物流报告》,我国每年的物流费用超过2 000亿美元。我国许多城市地区也将把物流业确定为未来的重要支柱产业。

行业生命周期分析。行业的生命发展周期主要包括四个发展阶段:幼稚期、成长期、成熟期、衰退期。识别行业生命周期所处阶段的主要指标有市场增长率、需求增长率、产品品种、竞争者数量、进入及退出壁垒、技术变革、用户购买行为等。当行业的成长处于突飞猛进的阶段,属于朝阳行业,有很好的发展势头,则企业可以进行大规模的投资,先于竞争者而取得规模优势和行业优势,既可以获得领导者的优势,又可以控制和限制其他企业的进入和发展。

2. 物流技术和产品新技术

物流技术包括信息技术、物料处理技术、包装及包装材料技术、运输技术等,对降低物流成本,提高物流服务水平起着重要的作用。新技术新产品可能引起整个物流系统的革命,使整个社会的物资供应事先准时化,大大缩短了物流的周期,减少了全社会的库存量,使全球资源都得到了充分运用。

3. 物流行业竞争状况分析

目前我国参与物流市场竞争的企业主要有如下几种类型。

(1) 由传统运输公司或仓储公司转变而来的区域性物流企业,如:华宇物流集团,中国对外贸易运输总公司等。

(2) 由某一领域的全国性大型企业发源而成的物流企业,如:海尔物流,联想物流,宝供物流企业集团,安得物流。

(3) 大型外资跨区域物流企业(国际物流公司):美国快递业巨头 UPS 和 FedEx,澳大利亚的天地物流(TNT),丹麦的运输物流公司马士基(Maersk),英国的卓越物流(Exel)等。

(4) 中小型物流企业。

(二) 企业内部物流环境分析

企业物流内部环境是相对于外部环境而言的,是指企业物流发展的内部条件。内部环境是企业能够加以控制的内部因素,这是物流经营的基础,是制定物流战略的出发点和依据,是竞争取胜的根本。

企业内部环境或条件分析目的在于掌握企业历史和目前的状况,明确企业所具有的优势和劣势。它有助于企业制定有针对性的战略,有效地利用自身资源,发挥企业的优势;同时避免企业的劣势,或采取积极的态度改进企业劣势。扬长避短,更有助于百战不殆。

企业内部环境分析的内容随企业而不同。总体上,可以从两方面来进行:一是对企业内部各职能部门进行分析;二是对企业的生产要素进行分析。

(1) 对企业内部各职能部门展开分析,解剖各职能部门的现状及发展趋势,各业务部门之间的协调程度,找出低效的"瓶颈"部门或阻碍信息交流的"部门墙",指出问题所在并加以解决。

(2) 对企业各生产要素进行分析的方法打破部门界限,从物流系统整体出发,分析各生产要素对物流的影响和制约,这包括人力资源、物质资源、企业文化等。

二、物流环境分析方法

企业外部环境所提供的情况,反映了企业可利用的发展机会和存在的对企业的威胁。而企业能否利用机会,避开威胁,则是通过与内部环境进行综合分析才能做出判断。即物流环境分析包括外部的宏观环境分析和内部的微观环境分析两方面。对于不同的环境内容,有不同的成熟方法工具。

(一) 外部环境分析方法

1. PESTLE 分析

宏观环境又称一般环境,是指影响一切行业和企业的各种宏观力量。对宏观环境因素作分析,不同行业和企业根据自身的特点和经营需要,分析的具体内容会有差异。

PESTEL 分析模型又称大环境分析,是分析宏观环境的有效工具,不仅能够分析外部环境,而且能够识别一切对组织有冲击作用的力量。它是调查组织外部影响因素的方法,其每一个字母代表一个因素,可以分为 6 大因素:政治(Political)、经济(Economic)、社会(Social)、技术(Technological)、自然环境(Environmental)、法律(Legal)。

2. EFE 矩阵

外部因素评价矩阵(External Factor Evaluation Matrix，EFE 矩阵)是一种对外部环境进行分析的工具，其做法是从机会和威胁两个方面找出影响企业未来发展的关键因素，根据各个因素影响程度的大小确定权数，再按企业对各关键因素的有效反应程度对各关键因素进行评分，最后算出企业的总加权分数。EFE 矩阵可以帮助战略制定者归纳和评价经济、社会、文化、人口、环境、政治、政府、法律、技术以及竞争等方面的信息。

建立 EFE 矩阵的五个步骤如下。

(1) 列出在外部分析过程中所确认的外部因素，包括影响企业和其所在产业的机会和威胁。

(2) 依据重要程度，赋予每个因素以权重(0.0~1.0)，权重标志着该因素对于企业在生产过程中取得成功影响的相对重要程度。

(3) 按照企业现行战略对各个关键因素的有效反应程度为各个关键因素打分，范围 0~4 分，"4"代表反应很好，"1"代表反应很差。

(4) 用每个因素的权重乘以它的评分，即得到每个因素的加权分数。

(5) 将所有的因素的加权分数相加，得到企业的总加权分数。

无论 EFE 矩阵所包含的关键机会与威胁数量是多少，企业所能得到的总加权分数最高为 4.0，最低为 1.0，平均总加权分数为 2.5。若总加权分数为 4.0，反映出企业对现有机会与威胁作出了最优秀的反应，或者说，企业的战略有效地利用了现有机会并把外部威胁的潜在不利影响降到了最低限度。总加权分数为 1.0，则说明公司战略不能利用外部机会或回避外部威胁。

(二) 内部环境分析方法

IFE 矩阵

内部因素评价矩阵(Internal Factor Evaluation Matrix，IFE 矩阵)，是一种对内部因素进行分析的工具。其做法是从优势和劣势两个方面找出影响企业未来发展的关键因素，根据各个因素影响程度的大小确定权数，再按企业对各关键因素的有效反应程度对各关键因素进行评分，最后算出企业的总加权分数。通过 IFE，企业就可以把自己面临的优势和劣势汇总，来刻画出企业的全部引力。步骤如下。

(1) 列出在内部分析过程中确定的关键因素，采用 10~20 个内部因素，包括优势和弱点两方面的。首先列出优势，其次列出弱点。要尽可能具体，采用百分比、比率和比较数字。

(2) 给每个因素以权重，其数值范围由 0.0(不重要)到 1.0(非常重要)。权重标志着各因素对于企业在产业中成败的影响的相对大小，无论关键因素是内部优势还是弱点，对企业绩效有较大影响就应当得到较高的权衡总。所有权衡总之和等于 1.0。

(3) 为各因素进行评分。1 分代表重要弱点；2 分代表次要弱点；3 分代表次要优势；4 分代表重要优势。值得注意的是，优势的评分必须为 4 或 3，弱点的评分必须是 1 或 2。评分以公司为基准，而权重则以产业为基准。

(4) 用每个因素的权重乘以它的评分,即得到每个因素的加权分数。
(5) 将所有因素的加权分数相加,得到企业的总加权分数。

无论 IFE 矩阵包含多少因素,总加权分数的范围都是从最低的 1.0 到最高的 4.0,平均分为 2.5。总加权分数大大低于 2.5 的企业内部状况处于弱势,而分数大大高于 2.5 的企业内部状况则处于强势。IFE 矩阵应包含 10~20 个关键因素,因素数不影响总加权分数的范围,因为权重总和永远等于 1。

(三) 综合分析方法

1. SWOT 分析法

在对系统环境因素进行分析时,必须考虑系统自身的条件,也就是要综合分析系统的内部和外部环境条件。一般采用 SWOT 分析法,SW 是指系统内部的优势和劣势(Strengths and Weaknesses);OT 是指外部环境存在的机会和威胁(Opportunities and Threats)。SWOT 分析法是一种广为应用的系统分析和战略选择方法,SWOT 分析表主要用于因素调查和分析。在分析企业内部条件时,既要考虑自身的优势,又要考虑自身的不足。而优势和劣势是相对的,主要是与竞争对手的状况相比较。外部环境因素的分析,主要是对可能存在的机会和威胁进行分析。但是,要认识到某些环节因素对本企业和对竞争对手的影响是相同的。也就是说,有利的条件对大家都有利,不利的条件对大家的影响也大致一样,关键是怎样抓住存在的机会,利用有利条件,避免不利因素的影响和威胁,扬长避短,求得发展。企业和竞争对手所处的环境有相同和类似的方面,也有不同的,甚至存在很大差异的方面。在进行 SWOT 分析时,要根据实际情况,通过相互比较,加以详细考察。

这种方法利用企业内部相互联系、相互制约、相互影响的原理,把企业内外环境所形成的机会、威胁、优势、劣势四个方面的情况结合起来分析,并用十字图表对照分析以寻找适合本企业情况的经营战略和策略的思路。

2. 波士顿矩阵法

波士顿矩阵认为一般决定产品结构的基本因素有两个即市场引力与企业实力。如图 4-1 所示。

市场引力包括企业销售量(额)增长率、目标市场容量、竞争对手强弱及利润高低等。其中最主要的是反映市场引力的综合指标——销售增长率,这是决定企业产品结构是否合理的外在因素。

企业实力包括市场占有率、技术、设备、资金利用能力等,其中市场占有率是决定企业产品结构的内在要素,它直接显示出企业的竞争实力。

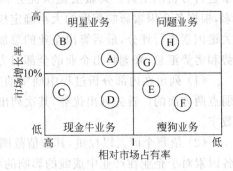

图 4-1 波士顿矩阵

通过以上两个因素的相互作用,会出现四种不同性质的产品类型,形成不同的产品发展前景：①销售增长率和市场占有率"双高"的产品群（明星业务）；②销售增长率和市场占有率"双低"的产品群（瘦狗业务）；③销售增长率高、市场占有率低的产品群（问题业务）；④销售增长率低、市场占有率高的产品群（现金牛业务）。

3．CMP 矩阵

竞争态势矩阵（Competitive Profile Matrix，CPM 矩阵）用于确认企业的主要竞争对手及该企业的战略地位，以及主要竞争对手的特定优势与弱点。CPM 矩阵与 EFE 矩阵的权重和总加权分数的含义相同，编制矩阵的方法也一样。但是，CPM 矩阵的因素包括外部和内部两个方面的问题，评分则表示优势和弱点。EFE 与 CPM 中间存在着一些区别：首先，CPM 中的关键因素更为笼统；其次，CPM 中的因素不像 EFE 中的那样被分为机会与威胁两类；最后，在 CPM 中，竞争公司的评分与总加权分数可以与被分析公司的相应指标进行比较，通过这一比较分析，企业可以得到重要的内部战略信息。分析步骤如下：

（1）确定行业竞争的关键因素；

（2）根据每个因素对在该行业中成功经营的相对重要程度，确定每个因素的权重，权重和为 1；

（3）筛选出关键竞争对手，按每个因素对企业进行评分，分析各自的优势所在和优势大小；

（4）将各评价值与相应的权重相乘，得出各竞争者各因素的加权平分值；

（5）加总得到企业的总加权分，在总体上判断企业的竞争力。

小案例 SWOT 分析江西邮政速递物流的战略方向选项

根据江西邮政速递物流的外部环境和内部条件，利用 SWOT 分析法，对邮政快递面临的机会与挑战，存在的优势与劣势进行分析，如表 4-1 所示。

表 4-1　EMS 的 SWOT 分析

内部能力 外部因素	优势（Strength） · 显著的品牌优势 · 国内最大的专业快递网络 · 较为完整的产品体系和完善的服务体系 · 严谨的生产作业组织	劣势（Weakness） · 社会化运作空白 · 难以满足客户个性化要求 · 信息技术相对较为落后 · 业务流程不够优化 · 服务质量有待提高
机会（Opportunities） · 我国物流业的市场前景广阔 · 全球信息技术发展迅速 · 增值服务的迅速发展 · "第三方物流"继续呈现快速发展势头 · 农村物流的迅速发展	SO 以邮政网络为基础，整合物流资源优化价值链 快速发展"第三方物流"——大客户物流配送 大力发展物流金融 开发农村区域物流	WO 开展外包业务——联盟国际巨头、国内私营快递公司 引进世界先进技术及营销策略 推进业务重组和转换机制的改革创新

续表

威胁（Threats）	ST	WT
• 市场竞争的加剧 • 服务替代品的增加 • 外部环境的不断变化 • 市场需求变化大	• 灵活运用邮政物流网络，提高企业竞争力 • 整合国内社会资源，提升公司运营效率	• 重新定位产品体系，采取合理的定价策略，加快技术的更新，增强企业竞争力 • 优化企业价值链，提高公司运营效率 • 加强企业管理，提高工作人员的服务质量

以上分析可以看出，邮政快递在发展过程中有四种战略组合：SO 战略主要是指邮政快递在依靠自身优势的基础上，积极利用外部环境中的机会来满足客户的需求。邮政 EMS 应利用自身优势，借助外部机遇重点发展国内 EMS 业务，投资开发代收货款业务；WO 战略主要是指邮政快递在克服自身劣势的基础上，积极利用外部环境中的机会来满足客户的需求。邮政快递应采取纵向一体化战略即加强干线运输能力，不断提高技术水平。ST 战略主要是指邮政快递在利用自身优势的基础上，通过避免来自外部环境的威胁来满足客户的需求，邮政速递可利用国内配送网络和品牌优势实施进入物流市场的战略。WT 战略主要是指邮政快递在克服自身劣势的基础上，避免来自外部环境的威胁来满足客户的需求。邮政快递可以考虑与国际知名快递公司建立合作关系，充分利用其快速高效的网络。

小案例 中储运以内部资源和能力优势赢得市场

中国物资储运总公司在全国中心城市和重要港口设有子公司及控股公司 50 多个，凭借完备的硬件设施、优质的服务品牌，形成了以分布在全国主要中心城市的大中型仓库为依托，以信息化为纽带，以现代物流技术为手段，覆盖全国、辐射海外的综合物流服务网络和全天候、全方位、全过程的多维服务体系，为客户选择合理的运输方式、便捷的运输路线、最低的物流成本，提供最佳的物流服务。

中储从传统储运企业向现代物流企业转变。中国物资储运总公司总资产 125 亿元，占地面积 831 万平方米，货场面积 321 万平方米，库房面积 135 万平方米。年吞吐货物 6200 万吨，年平均库存 300 万吨。各物流中心均有铁路专用线，共 78 条，总长 75 千米。载重汽车 1000 余辆。仓储面积总量居全国同类企业之首。与新建物流企业相比，中储的成本极其低廉，具有大批量中转和多批次、小批量配送的先天优势，具备将仓库转变成大型物流中心的条件。便于各类企业物流业务的集中管理，形成规模效益，降低成本。

4．中储具有强大的物流网络以及运输仓储的能力

中储的各物流中心共有铁路专用线 129 条，总长 144 千米，与全国各铁路车站可对发货物，存放在中储仓库，无论从产地出货，还是在消费地进货，客户都能获得铁路运输直接入库的经济、安全和便利。这是形成中储全国物流与区域配送相结合的服务特色的重要基础。中储在推行现代企业制度的过程中，建立了以资产为纽带的母子公司体制，理顺了产权关系，形成了集团公司的框架。中储所属的 64 个子公司正做门到门服务。凭借完备

的硬件设施、优质的服务品牌,形成了以分布在全国主要中心城市的大中型仓库为依托、以信息化为纽带,以现代物流技术为手段,覆盖全国、辐射海外的综合物流服务网络。

5. 开发多种增值服务方案

(1) 现货交易及市场行情即时发布。中储的20多个仓库根据区域经济的需要,成为前店后库式的商品交易市场。包括金属材料、汽车、建材、木材、塑料、机电产品、纸制品、农副产品、蔬菜水果、日用百货等市场,并在中储网站上发布全国各大生产资料市场的实时行情。

(2) 物流的中间加工。中储的各大金属材料配送中心都配有剪切加工设备,如在天津与上海宝钢、日本三菱商社合资兴建的天津宝钢储菱物资配送有限公司,总投资13亿元人民币,从日本引进具有国际先进水平的钢材横剪、纵剪生产线,年加工能力10万~12万吨。

(3) 全过程物流组织。中储凭借40年的储运经验和专业的物流管理队伍,运用现代信息技术,为用户设计经济、合理的物流方案,整合内外部资源,包括不同运输方式的整合、仓储资源和运输资源的整合、跨地区资源整合等,组织全程代理和门到门服务,实现全过程物流的总成本最低。

(4) 形式多样的配送服务。①生产配送。作为生产企业的产成品配送基地,为生产企业提供产前、产中、产后的原材料和产成品配送到生产线以及全国市场的配送服务。如中储的天津唐家口仓库、陕西咸阳仓库等为周边的彩电生产厂提供配送服务。②销售配送。生产企业在产品出厂到销往全国市场途中,中储担当其地区配送中心的角色。生产企业将产品大批量运至中储各地的物流中心,由中储提供保管及其众多销售网点的配送服务。如海尔、澳柯玛、长虹等产品已通过中储各地的物流中心销往全国市场。③连锁店配送。为超级市场和连锁商店提供上千种商品的分拣、配送服务。如上海沪南公司为正大集团易初莲花超市提供随叫随到的配送服务。④加工配送。中储的许多物流中心为用户提供交易、仓储、加工、配送及信息服务的一条龙服务。

6. 具备高素质的人才以及现代物流信息系统与技术资源

中储拥有高素质的物流专业队伍,各仓库均设立物流管理公司,运用现代信息技术,为用户设计经济、合理的物流方案,整合内、外部资源,组织全程代理,门到门服务。用户可随时查询货物在途及在库信息。面对新经济给传统产业带来的严峻挑战和物流市场发展的巨大潜力,传统储运业务将退居从属地位,具备现代物流组织管理和实现内部信息化管理的新兴物流企业将成为行业的中坚。中储的目标是充分发挥中储股份的龙头作用,利用国内外两个资源及中储的内部资源,采取收购、兼并等手段,实现全国合理布局,建成一批与现代物流需求相适应的物流中心,进而推动中储整体向现代物流企业转变的步伐,与国际接轨,把中储建成服务一流的现代物流企业。为此,中储总公司加快了系统信息化建设,投资成立"中储物流在线有限公司",目的是将虚拟的电子网络和有形的物流网络有机结合,整合国内外资源,提升传统业务。在实施过程中,充分发挥自身的优势,首先完成系统内部物流网建设,包括数据源、单证和业务流程的标准化,再造业务流程,通过对传统企业的电子化改造,使之成为能够满足现代物流需求的数码仓库。实现以电子化配送中心、仓库、运输网络为基础,以数码仓库完备的现代物流组织为纽带,以中储电子商务物流平台为核心,横向联合运输网络系统、纵向连接行业分销系统,建立布局合理、运转高效的现代物流配送和分销电子商务网络体系。中储通过运用现代物流技术实现了从传统储运向现代物流企业的跨越。

第三节　21世纪的物流发展环境

进入新世纪,由于全球经济一体化进程日益加快,企业面临着更加激烈的竞争环境,资源在全球范围内的流动和配置大大加强,世界各国更加重视物流发展对于本国经济发展、国民生活素质和军事实力增强的影响,都更加重视物流业的现代化,从而使现代物流呈现出一系列新的发展趋势。

综合而言,21世纪物流发展环境的有以下几方面的特点。

一、信息爆炸的压力

现代社会已经步入了信息时代,物流的信息化是整个社会信息化的必然要求和重要组成部分。物流信息化表现在:物流信息的商品化,物流信息收集的代码化和数据库化,物流信息处理的电子化和计算机化,物流信息传递的标准化和实时化,物流信息存贮的数字化和物流业务数据的共享化等。信息化是现代物流发展的基础,没有物流的信息化,任何先进的技术装备都无法用于物流领域,信息技术在物流中的应用将会彻底改变世界物流的面貌,一些新的物流信息技术在未来的物流中将会得到普遍采用。

二、信息技术进步越来越快,高新技术的使用范围越来越广

物流自动化的基础是信息化,核心是机电一体化,其外在表现是无人化,效果是省力化。此外,物流自动化的效果还有:扩大物流作业能力、提高劳动生产率、减少物流作业的差错等。物流自动化的技术很多,如条码技术,射频自动识别技术,自动化立体仓库技术,自动存取技术,自动分拣技术,自动导向和自动定位技术,货物自动跟踪技术等。这些技术在经济发达国家已经普遍使用于物流作业中,在我国,虽然某些自动化技术已被采用,但达到普遍应用还需要相当长的时间。

三、市场和劳务竞争全球化

中国在加入WTO后,资源在全球范围内的流动和配置大大加强,企业面临的国内、国际市场的竞争更加激烈,越来越多的跨国公司正加快对中国的投资速度,纷纷到中国设立或扩大加工基地与研发基地,一大批中国企业也将真正融入全球产业链,有些还将直接成为国际跨国公司的配套企业,这些都将大大加快中国经济与国际经济接轨的步伐,加剧中国企业在本土和国际范围内与外商的竞争,这都将对我国的物流业提出更高的要求。在这种新环境下,我国的物流企业必须把握好现代物流的发展趋势,运用先进的管理技术和信息技术,提升自己的竞争力和整体优势,提高物流作业的管理能力和创新能力,在我国新型工业化的道路上努力。

四、可持续发展的要求

事实上,物流系统是与外界环境密切联系的复杂的、动态的、开放的大系统,同时,它又是联系生态系统与经济系统的重要桥梁。我国近年来掀起了一股物流热,但对可持续发展背景下的物流理论与实践缺乏足够的重视。但是21世纪是可持续发展的世纪,逆向物流与绿色物流是物流走可持续发展的必走之路。

五、全球性的互联网时代

基于互联网络的电子商务的迅速发展,促使了电子物流的兴起。企业通过互联网加强了企业内部、企业与供应商、企业与消费者、企业与政府部门的联系沟通、相互协调、相互合作。消费者可以直接在网上获取有关产品或服务信息,实现网上购物。这种网上的"直通方式"使企业能迅速、准确、全面地了解需求信息,实现基于客户订货的生产模式和物流服务。"非典"疫情的发生,进一步突出了电子商务的快速和低成本优势。此外,电子物流可以在线跟踪发出的货物,联机实现投递路线的规划、物流调度以及货品检查等。可以说电子物流已成为21世纪国外物流发展的大趋势。

国外物流企业向集约化、协同化方向发展,主要表现在两个方面:一是大力建设物流园区;二是物流企业兼并与合作。国际物流市场专家们认为,世界上各行业企业间的国际联合与并购,必然带动国际物流业加速向全球化方向发展,而物流业全球化的发展走势,又必然推动和促进各国物流企业的联合和并购活动。除了并购之外,另一种集约化方式是物流企业之间的合作并建立战略联盟。新组成的物流联合企业、跨国公司将充分发挥互联网的优势,及时准确地掌握全球物流动态信息,调动自己在世界各地的物流网点,构筑起本公司全球一体化的物流网络,将空载率压缩到最低限度,节省时间和费用,为货主提供优质服务,从而形成更加强大的竞争力。

六、消费需求的多样化

柔性化本来是生产领域提出来的,20世纪90年代,生产领域为了更好地满足消费者的个性化需求,实现多品种、小批量以及灵活易变的生产方式,国际制造业推出柔性制造系统FMS(Flexible Manufacturing System),实行柔性化生产。随后,柔性化作业又扩展到了流通领域,根据供应链末端市场的需求组织生产、安排物流活动。物流作业的柔性化是生产领域柔性化的进一步延长,它可以帮助物流企业更好地适应消费需求的"多品种、小批量、多批次、短周期"趋势,灵活地组织和实施物流作业,为客户提供定制化的物流服务来满足他们的个性化需求。

所有这些都要求企业能对不断变化的市场作出快速反应,源源不断地开发满足用户需求的、定制的"个性化产品"去占领市场,赢得竞争。

小案例 环京物流

环京物流,这个成立仅有一年半的物流企业,许多人还不太了解,更多的人可能对它的母公司京粮集团(北京粮食集团)比较了解。但是,作为一个粮食物资企业改革发展成功的例子,环京物流却具有相当的代表性。在此对其成立与发展按照时间脉络来做一透析。

一、成立的背景透析

环京物流的母公司京粮集团曾经是一个亏损近1亿元的国有企业,但是在1999年成立集团公司后,2002年京粮集团的销售收入就达到了17.8亿元,实现净利润1138万元。也就在此时,京粮集团创新发展的步伐更加紧迫,在综合考虑了行业的市场前景,权衡集团内部的资源优势,按照突出主业、兼顾主业相关度的原则,把物流业务(当时主要指仓储业务)作为两个要拓展的新产业的内容之一(另外一个为商业不动产),环京物流于2002年11月注册成立。

二、首先进行了充分的市场调研

环京物流在成立的同时,京粮集团就其成立与发展的可行性从企业发展物流的市场机会(Opportunity)、企业自身优势(Strength)、企业所存在问题(Weakness)等三个方面展开了充分的市场调研,得出了如下结论。

1. 市场机会

(1) 中国对现代物流的需求也同步增长,从而给现代物流业的发展提供了广阔的发展空间与潜在市场。仅2000年第一季度,全国铁路货运量同比增长了8.7%,超过同期国民经济增长水平,物流公司的营业额及利润同比增长了3倍。同时,通过对当时的环境政策和文件(如北京市印发的《北京市商业物流发展规划(2002—2010年)》)分析,物流产业是北京市政府鼓励、支持发展的产业,会在政策上给予支持,政府的支持是集团发展现代物流的天然优势,要紧紧抓住这一优势。

(2) 交通便利,运输优势明显。铁路方面:集团所属仓储企业拥有铁路专用线14条,总长度近2万米,可容纳14列火车同时装卸,日装卸能力超过4.2万吨,各专用线可与全国铁路网连接。公路方面:14个场所由于分布在四、五环之间及交通主干线附近,可与全国建立公路联系。

(3) 有一定的配套设施。在14个场所内均有办公楼,并配备输送、运输、消防、计量、检验等设备,可为物流配送提供相关服务。

2. 经营方面的优势

京粮集团拥有总资产55.6亿元,净资产17.8亿元,下属全资及控股子公司18个,合资企业20多家,规模大,实力强,集团确定了"京粮——为健康的每一天"的经营理念和"团结,务实,创新,高效"的企业精神,年销售额达30多亿元,制定了以"古船"为核心的品牌战略,已经开展了以租赁为主的物流业。

3. 企业自身存在的不足

(1) 环京物流公司在2002年的注册资金只有1 000万元,是集团所属企业出资成立的,规模尚小,容易近亲繁殖。

(2) 现有设备落后,基本还是计划体制下按照粮油专业物流要求配备,经过长期运转,设备老化,配套设施欠缺,没有完备的生活、办公、商品展示等配套设施。

(3) 物流企业的信息化还是空白,不能满足现代物流业所必需的中心监控、调度指挥、配货送货等功能的需要,智能化、自动化仓库少,仓储运输系统的整合效能比较低。

(4) 人员素质亟待提高。第三方物流是高新技术支持下的管理策略,势必要求物流管理人员掌握计算机知识、网络知识、自动化技术,掌握物流优化管理的理论与方法。但是,集团人员难以达到上述要求。

(5) 在管理水平上,第三方物流不但对物流企业管理自身的能力有很高的要求,还要求企业在复杂情况下的管理和协调能力,而京粮的企业还停留在经验管理、粗放管理阶段,未能解决好管理思想、管理方法、管理技术的实际应用问题,同时由于技术、设备等条件的落后,致使管理水平难以上台阶。

三、根据调研提出发展现代物流的具体应对途径

根据2002年年底的充分的市场调研与分析研究,京粮集团提出了相应的对策与方案。

1. 招商引资,成立现代物流公司

抓住一切机会招商引资,吸引国内外工商企业与环京物流公司合作,重点是即将涉足我国物流业市场的国际知名大公司以及业绩突出的专业物流公司。

既然是新企业,自然要采取新机制。在环京物流成立之初,集团就要求企业必须按照现代企业制度的要求,在产权清晰的基础上,建立健全董事会、经理层和一套完整的法人治理结构。

2. 按现代物流业要求改造设施

在设施改造中,以较简单的设备,较少的投资,实现预定的功能。机械设备等硬件设施根据企业的资金状况、人工费用、空间利用要求等特点在满足作业要求的前提下,一般多选用机械化、半机械化的设备,仓库机械化可以使用叉车或者与货架相配合的高位叉车。另外,在物流基地内要建设完善的生活、办公、商品展示等辅助及配套设施。

3. 开发软件系统,建立物流信息平台

物流基地要建立先进的指挥调度与监控系统,广泛应用计算机控制系统、数字识别系统、电子数据交换系统(EDI),以突出现代物流的系统化、规模化、网络化、快捷化。

在存货环节,除在露天货场,铁路罩棚建立正规适用的货位外,在库房内要配备自动监控系统,在取货环节,应能根据客户的订单要求,由计算机拟定配货方案,在发货、配货环节,逐步发展为用识别装置阅读贴在货品上的条码,把所判别货品的户主信息输入计算机,由计算机控制分送,然后装车发运。

全面实现计算机管理。在物流中心要建立一个局域网,这个网络通过远程网与外部连接,内部要实现对物资的入库、出库、储存、计划、统计、财务、仓容、设备车辆等主要环节的计算机管理,并实现综合查询、分析以及通信管理功能。外部要实现电子商务,客户在互联网上提交订单查询供求、库存,并及时转入内部网络系统进行处理。

4. 引进人才,不断提高物流企业的运营和管理水平

在职位选择、报酬待遇等方面采取更为优惠的措施吸引人才,赋予重任。一是公开招聘;二是通过猎头公司直接猎取;三是加强专业培训,建立健全培训制度,全面提高物流企业从业人员的素质;四是在引进人才的同时引进国内外大型物流企业的经营管理经验。

5. 制定配套政策,为现代物流业的发展提供必要的外部环境

由于现代物流业投资巨大,回报周期长,投资收效缓慢,除物流企业自身努力外,还要争取各级政府及管理部门通过行政和法规等手段给予扶持。

在2003年，刚起步的环京物流公司虽然已经全面开展业务，年货物吞吐量接近80万吨，代存货物价值27亿元，年收入可达2 000多万元，品种已涉及粮油、食品、电器、建材、服装、百货等，但是提供的物流服务主要还是仓储业务，这对当时的环京物流来说是明智的选择。但是，环京物流认识到如今的物流业，必须做大做强才有出路，因而针对自身存在的问题于2003年着手制定环京物流五年发展规划。

四、规划发展目标

2003年4月，环京物流制定了《环京物流发展规划(2003—2008年)》。这一五年规划中，以"建设一个物流品牌企业、三个物流中心的战略构想"统一了集团领导和职工的思想，确定了传统仓储企业向现代物流业转变的方向、步骤和原则，确立了环京物流的前期依靠集团内部物流资源快速发展，中后期立足整合利用社会物流资源扩大发展的发展战略，同时明确了环京物流快速发展的措施。这个规划为集团物流事业指明了发展的方向与目标。在规划制定半年以后，京粮集团就环京物流的发展现状再一次作了充分的调研。

首先，环京物流就企业今后五年的发展确定了战略目标。到2005年，环京物流进入快速成长期，以环京物流为主品牌的第三方综合物流形成环绕北京四、五环的综合物流圈，围绕适应客户需求与公司定位，逐步利用环京物流公司的田村（西郊粮库）、大红门（可赛东南郊大红门分库）、将台路（东北郊粮库）环状分布的三个物流中心的优势资源，建立先进、科学的现代物流企业管理制度，使"环京物流"品牌成为北京市流通服务行业的著名品牌；到2008年，将环京物流公司建设成全国领先的综合的第三方物流专业集团公司，将环京物流品牌建设成为全国流通服务领域的著名品牌。

为了使环京物流的战略目标落到实处，企业还制定了具体的经济指标。

(1) 2003年，环京物流品牌年营业收入达到1 000万元（不含仓储收入）；

(2) 2005年，环京物流品牌年营业收入达到5 000万元（不含仓储收入），年利润500万元；

(3) 2008年，环京物流品牌营业收入1亿元（不含仓储收入），利润1 000万元；

五、五年规划中的核心业务与客户定位

(1) 核心业务内容全面引入供应链与价值链管理一体化理念，从对物流实体流动过程与物流活动的计划、组织、协调与控制入手，利用现代物流技术为客户提供高效的第三方物流服务、综合专业物流服务并逐步向分销物流、全方位物流服务发展。

(2) 客户定位原则：既考虑充分发挥集团物流资源优势与环京物流进行市场定位，又要根据现代物流优化原则与各物流中心的所处的地理位置及市场行情进行定位。环京物流田村物流中心在初创期与快速发展期成为环京物流的经营管理核心与信息管理核心，同时，利用固有的区位优势发挥其以大中电器为嵌入点的电器销售物流业务优势，重点从事电器、建材、成品粮油行业的第三方物流业务。环京物流大红门物流中心充分发挥其城南工业区与服装商圈的地域优势及与世贸商城合作的优势，重点从事服装、日化行业的第三方物流服务。环京物流将台路物流中心充分发挥靠近空港及电子城的优势，重点从事IT产品、家电、建材行业的第三方物流服务。

六、规划实施的具体措施

(1) 在近期（2003—2005年），大力实施集团内部的业务重组，按照环京物流的业务发展与市场的需求,陆续完成对可赛东南郊粮库大红门分库、东北郊粮库的粮食专业物流的分离,全部纳入环京物流,完成以四环周围环状分布的环京物流体系的布局。

(2) 按照"高起点、开放式、市场化"的原则建设环京物流公司。按照股份制企业的模式,吸引国内外工商企业投资集团环绕京城物流圈建设,组建投资主体多元化的现代物流企零售商,引商进库开展合作。积极寻求即将涉足我国物流业市场的国际大公司业。加强同国内外大客户的合作,充分发挥合作伙伴的"巨人"优势,在同他们的合作成长中发展壮大自己。吸引国内外知名的生产商、连锁经营商、批发投资集团物流设施建设,提升物流层次。环京物流公司力争在2006年实现上市经营;开展质量认证,建立完善的质量保证体系。

(3) 大力实行物流人才队伍建设。采用各种方法,全面培养、吸收大批社会上的物流专业人才,实现同物流人才的社会化对接,在用政策、事业吸引大批的物流人才的同时,注重培养自己的物流人才队伍,为物流发展提供人力资源保证。大力构建合理的物流专业化人才队伍。

(4) 牢固树立以客户为核心的服务意识和"诚信、融通、高效"的经营理念,加强企业内部管理,建立科学的运营机制,建立环京物流的服务标准,确保为客户提供高效的物流服务,确保全天24小时服务。

(5) 逐步健全物流信息系统。信息系统要建成开放、灵活、可方便地与其他系统对接的信息系统,通过运用信息系统,提高服务速度和服务水平,提高集团物流业的信息化水平和竞争力。

七、制定规划后对物流发展现状再一次展开调研

2003年11月,环京物流就其发展现状以及粮食集团从事物流业务可能遇到的问题再一次作了充分的调研。环京物流田村物流中心的发展状况如下。

(1) 由于工作扎实,思想解放,人员分流顺利,实现了粮食仓储企业向现代物流企业的无震荡转变。

(2) 实现了环京物流的健康运营,取得了超过预期的经营效益。环京物流采取了企业注册、战略规划、市场开发同步进行的方法,充分利用企业开办准备期的6个月时间大力开展了市场营销工作,因此,在2003年4月粮食仓储顺利分离后,新型的物流服务客户就正式签署了合同,进入了环京物流,使环京物流公司田村物流中心在转换过程中基本没有出现物流设施、库房长时间闲置的状况。物流服务客户达到34家,其中对大中电器、海信电器、神州数码、鄂尔多斯等对公司有支撑意义的客户的服务已经全面展开,来自于大客户的物流服务收入已占到总物流收入的82%。

(3) 组建了以物流市场开发和物流运营为主、以项目管理为基本管理单元的柔性企业组织结构。尤其为了加大市场开发的力度,凸显市场销售的重要作用,组建了市场销售部,由副总经理兼任部门经理。从中层管理人员到基层作业人员都通过市场招聘,对高层人员实行谈判工资制。

(4) 建立起了物流信息管理系统。环京物流的信息系统6月份实现试运行,7月份进入正常运行状态,仓储管理、配送管理都已全面使用此系统。

(5) 实现了从提供单一的仓储服务向涉足配送、分拣、贴码等增值服务的转变。随着

业务合作的深入,已经为17家客户提供配送服务。配送服务收入已占到物流收入的38%,并逐步向大客户集中。

在取得成绩的同时,京粮集团与环京物流也要认识到,未来两三年内,物流企业会重新洗牌,而自己离真正地做大做强还有一段距离。

(1) 中心店——田村物流中心的内部管理有待进一步规范化、标准化,还需要进一步形成具有环京物流特色的赢利运行模式。

(2) 环京物流的品牌知名度不太高,影响力不太大。环京物流系统的品牌经营规划有待通过物流业务的发展进一步实施。

(3) 提供的服务仍显单一,提供综合的系统的物流服务水平不高。到2003年11月,环京物流公司主要的服务项目还是基础的配送、仓储服务。

(4) 企业仍急需物流市场开发和运作人才。作为一家由传统的粮食仓储企业改造而来的企业,环京物流是成功的。但是,作为一家物流企业,环京物流还只是在路上。在通往做大做强物流企业的道路上,要立足于对现有资源最大限度的利用,防止盲目讲求超前建设、搞大规模的固定资产投资。由于环京物流品牌是一个新兴品牌,因此,在品牌的培育期,要注重扶持,力戒杀鸡取卵、一味追求利润回报的做法;进入品牌的成熟期时,可以加大资金支持,尽快实现规模经济。

思 考 题

1. 结合本章所学内容思考并作出校园附近快递公司的SWOT问题分析。
2. 列举我国物流企业中PEST中相关的政治因素。
3. 企业物流能力有哪些特性?
4. 思考企业物流方案和新技术开发能力的重要性。
5. 21世纪的物流发展环境有哪些新变化?

第五章

物流需求预测

> **学习导航**
> - 了解物流需求预测特点和影响因素
> - 掌握各类预测方法,能够熟练运用

第一节 物流需求概述

一、物流需求特点

物流需求即对物流服务的需求,具体是指一定时期内社会经济活动对生产、流通、消费领域的原材料、成品和半成品、商品,以及废旧物品等的配置作用而产生的对物资在空间、时间、效率方面的要求,涉及运输、库存、包装、装卸搬运、流通加工、配送以及与之相关的信息等物流活动的诸方面。

随着经济水平的不断提高、产业结构的不断深化拓展,物流业的迅速发展,物流需求的特点越来越被人们所认识。具体来说有以下几个方面。

(一)派生性

物流需求是社会经济活动产生的对物的位移及其服务、信息的需要,是社会经济活动特别是制造与经营活动所派生的一种次生需求。物的流动是社会生产与社会消费的需要,它受到生产力、生产资源分布、生产制造过程、消费分布、运输仓储布局等因素的影响。可以说物流是从社会经济活动及其发展过程中派生出来的一种经济活动。因而物流的数量、方向、构成、始发点等是受社会经济活动影响的。

(二)复杂性

影响物流需求变化规律的因素是多样、多变的;物流需求既有一定规律性,又有随机性。物流与社会生产、经济生活有着密切的联系,社会劳动生产率的提高、经济总量的增长、收入与消费的增加,以及新的政策的实施等因素都会使物流需求发生变化;人们生活方式、消费习惯的不同,物流基础设施的制约,以及供应链节点企业间的平行、垂直和重叠关系的相互影响又使物流需求在一定趋势的变化基础上相对物流供应上下波动。这就导致物流需求变化既有一定规律，又存在随机性特点。

（三）时效性

物流需求是随时间的变化而变动的，宏观上与微观上的阶段与时间变化都会影响物流的品类、空间分布、对服务的要求、对费用的适应、对时机的要求。宏观上，经济建设与发展的不同阶段对物资需求的数量、品种、规模是不同的。微观上，物流需求的数量和品种往往随季节、习惯变化而有所不同。此外，现代科技更新周期的不断缩短和人们消费观念的日益变化，也提高了物流需求随时间变化的敏感性。

（四）地域性

物流需求与空间环境有密切的关系，不同的自然环境、社会环境、经济环境导致了不同的物流特征与规律。生产力布局、社会经济水平、资源分布、用地规模使物流需求呈现出地域差异和分布形态。物流需求的空间分布影响物资流动的流量和流向，对物流设施规划有巨大影响。

由于物流需求的这些特性，使物流需求可测，但也十分复杂；有规律，但也随机，这既对预测的内容、精度、方法提出了很高的要求，又给物流需求预测带来了很大难度。

二、物流需求影响因素

（一）经济发展的整体水平

经济发展的整体水平和规模是宏观物流需求的决定因素，也是物流需求的原动力。经济总量水平越高、增长速度越快，对生产材料、半成品、产成品的流通要求越高。通过研究发现，全球物流业较发达的地区其经济发展水平也较高，如美国和日本。经济总量与物流需求量有极强的关系。

（二）产业结构

产业结构是影响物流需求的另一个重要因素。无论是对于一个国家还是区域，产业结构的差异将对物流需求功能、物流层次以及物流需求结构等方面产生重大影响。产业结构不仅在量上影响物流需求，还在更高层次上对其施加影响。

（三）宏观经济政策与企业管理体制转变的刺激作用

宏观经济政策对物流需求有重大影响。改革开放以来，国家经济政策向沿海地区倾斜，东部沿海地区经济发展较快，对物流需求猛增。随着国家政策的调整，西部大开发和振兴东北老工业基地等宏观经济政策的相应出台，西部和东北的经济将会加速发展，物流需求也会相应增加。因此，在市场经济体制建立的过程中，旧体制将逐步向新体制转轨变型，克服已有体制的制约，制定适应物流发展的政策，就成为推动物流发展的至关重要的环节。

（四）消费水平和消费理念的转变

消费水平和消费理念直接影响企业经营决策和生产、销售行为，进而影响物流的规模、流动方向和作用方向。居民收入增加，消费水平提高，消费层次趋于多样化、个性化，流通效率就成为一个急需解决的问题，促使以需求为导向的物流服务形式的不断创新。

（五）物流服务水平

物流服务水平提高或降低对物流需求也存在刺激或抑制作用。目前，我国物流有效需求不足的主要原因在于第三方物流企业的规模小、效率低、服务质量不高，不能满足企业多元性的物流需求，从而抑制了物流有效需求的增长。

（六）价格水平

价格的波动将影响物流需求，从而影响商品的流通，对经济发展产生影响，对物流需求的变化产生影响。价格与需求量之间的关系是一种此消彼长的关系：价格过高会抑制物流需求；价格降低则会刺激物流需求。

（七）技术进步

技术进步指的是诸如通信和网络技术的发展、电子商务的广泛应用，对物流需求量、质量和服务范围产生重大影响；通信和网络技术能提升物流的技术水平，提升物流服务的质量和扩展物流服务范围。同时，现代技术的发展，也使商品流动的方式和内容发生巨大变化。首先媒介和信息产品的流动，由物质流动变为信号流动，减少了物流的部分需求；其次网络的发展使世界变成一个更为广泛和巨大的国际分工合作体系，国际分工合作的发展，使物流的实物商品的流动方式发生变化。正是因为现代技术的发展，才使中国在国际分工中所处的世界加工中心的地位得到加强，从而使中国在国际上的原料输入和产品输出规模急剧扩大，物流需求也自然水涨船高。

第二节 物流需求预测

一、物流需求预测的定义及重要性

物流需求预测是根据物流市场过去和现在的需求状况，以及影响物流市场需求变化的因素之间的关系，利用一定的经验判断、技术方法和预测模型，运用合适的科学方法，对有关反映市场需求指标的变化以及发展趋势进行预测的过程。

在当前全国"物流热"已然形成的大环境下，各省和地区中心城市都纷纷出台自己的物流发展战略，将发展物流产业提高到了战略高度。各省在根据自己的资源和区位优势进行物流体系规划之前，可行性分析是必不可少的，在可行性分析中，非常重要的就是一定要进行科学的物流需求分析。进行物流需求分析具有非常重要的理论和实践意义。

对于物流理论的研究有宏观、中观和微观三个层面。宏观物流理论主要包括物流在国民经济中的作用和经济社会的发展与物流发展的关系。中观层面的物流理论包括城市物流体系的研究。微观层面的物流理论是内容最丰富、研究工具和方法最复杂的一部分，主要是企业物流系统分析与建立的相关内容。

物流需求研究就是研究经济发展与物流需求的关系，包括经济发展的不同阶段对物流需求和物流需求结构的影响，以及物流需求在不同经济发展阶段和不同经济环境下的规律和特点。这一方面的研究在国内并不多见，但具有重要的理论价值，是对宏观物流理论的有益贡献。

从实践上讲，进行物流需求分析有宏观和微观两层意义。

从宏观上讲，物流需求预测是物流政策和战略制定的重要参考。当前我国经济发展高速平稳，但水平仍然落后，建设物流中心既要利用和适应现有的条件，同时又要保证满足物流需求规模的持续增长、物流服务质量不断提高、物流需求结构不断发展的趋势。物流需求分析的目的就在于为社会物流活动提供物流能力供给不断满足物流需求的依据，以保证物流服务的供给与需求之间的相对平衡，使社会物流活动保持较高的效率与效益。在一定时期内，当物流能力供给不能满足这种需求时，将对需求产生抑制作用；当物流能力供给超过这种需求时，不可避免地造成供给的浪费。因此，物流需求是物流能力供给的基础，物流需求分析的社会经济利益亦在于此。借助定性和定量的分析手段，了解社会经济活动对物流能力供给的需求强度，进行有效的需求管理，引导社会投资有目的的进入物流服务领域，将有利于合理规划、建设物流基础设施，改进物流供给系统。重视物流需求分析、加强物流需求管理，能有效引导投资，避免物流设施建设及服务行为的一哄而上，对减少浪费现象具有现实的指导意义。

从微观上看，在市场经济条件下，建立物流体系是组建物流产业的过程，是市场行为，也是企业行为。所以必然要求其具有利益价值，或者说只有能产生经济利益，才会驱动社会资金向其投入，进行市场运作，逐渐形成产业。需求预测是企业进入新的市场之前首先要做的工作，在进行企业发展战略规划时，也需要依据需求预测，确定企业经营的市场机遇、未来的发展方向和经营宗旨。

另外，从项目建设的连续性和科学性上讲，物流中心建设规模和功能的规划必须要以有效的需求预测分析作为先行工作，利用需求分析提供的数据及预测结果，科学地制定物流中心的建设规划。

二、物流需求预测特征

（一）依据客观性

依据客观性指分析预测以客观、准确的历史资料和合乎实际的经验为依据，而不是毫无根据、纯粹的主观臆测。若离开了这些客观的依据，预测的结果也就失去了其决策基础的意义和价值，变成了"无源之水"。

（二）时间相对性

指物流需求预测需事先明确规定预测对象的时间期限范围，预测的时间期限越短，受到不确定性因素的影响越小,因而预测的结果就越准确;反之,预测分析时间越长,不确定性因素影响越大,则预测结果的准确程度就相对要差一些。

(三) 结论可检验性

预测分析必须考虑到可能产生的误差,并能够通过对误差的检验和反馈,调整预测程序和方法,尽量减少误差,将误差控制在一定范围之内,从而提高预测的准确程度。

(四) 方法灵活性

预测分析可以在保证预测目标的前提下,灵活采用多种方法进行预测,但应根据对象的特性选择合适的方法,原则上采用简便易行、成本较低、效率较高的一种或几种方法配套使用,以达到事半功倍的效果。

(五) 预测具有局限性

在进行预测的过程中,由于经验、知识水平、时间、条件、工具等诸多方面的限制,对未来趋势的判断总会存在一定局限性。虽然事物发展变化都有其内在规律,但这种规律也只能在事物的发展变化过程中逐渐地显现出来和被人们认识。因而,预测误差在所难免。

三、物流需求预测的内容

物流需求预测的内容需要根据物流需求预测的目的确定,而物流需求预测都是为物流系统的决策服务的,因此,需要根据决策者对物流系统的需要来明确物流需求预测的具体内容。

微观环境下,通常需要预测物流活动中被组织流动的物资种类、数量、外观尺寸、物流作业模式与范围等,这是确定物流系统的网络布局、设备配置、作业方式的基本依据。

宏观环境下,需要对社会经济发展水平进行分析和预测,进而预测货物流动对运输基础设施、物流园区、配送中心、仓储设施等的需求,为国家和地区物流规划提供数量依据。

(一) 物流需求量分析

在实际的物流需求量分析中,常用物流量替代物流需求量,两者既有联系,又有区别。物流量按照它的供需特性可分为物流供给量和物流需求量。社会经济活动对物流的需求是通过各种物流需求量(如运输量、仓储量、配送量、流通加工量等)的形式反映出来的。物流需求量是物流需求与物流供给、服务水平的相互作用的结果,即在一定的物流服务能力与水平下所实现的物流需求。

物流量与物流需求密切相关,但物流量并不完全代表经济社会活动对物流的需求。在物流服务能力完全满足物流需求的条件下,物流量基本上反映物流需求。在物流服务能力不能完全满足物流需求的条件下,物流量不能代表社会经济活动对物流的需求,仅代表被一定物流服务设施所限制的物流需求量,尚未满足的物流需求部分就是潜在的物流需求。图5-1 表明了物流需求量与物流需求,以及潜在物流需求之间的关系。显然,当物流服务设施得到改善、物流服务能力得到加强时,潜在物流需求就会转化为物流需求量。

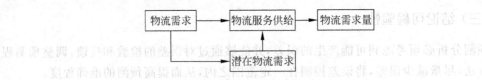

图 5-1　物流需求量与物流需求之间的关系

我们在分析中将物流需求量分为直接需求量与潜在需求量两类。

1. 直接需求量

直接需求量是物流需求的主体为了满足其生产经营、事业开展以及生活之需要,生产对物流社会化服务的直接需求量。从物流需求主体来看,物流的直接需求量主要有以下几个方面:①工业企业对供应物流服务和销售物流的需求量。随着市场需求环境的变化,工业企业的生产经营方式也发生了相应的改变。生产主导型的推动式生产经营方式也发生了相应的改变。生产主导型的推动式生产经营方式已经被市场主导型的拉动式生产经营方式所取代,进而导致了采购供应、成品销售、配送、库存等运作方式的根本改变,同时多品种、小批量、柔性化的生产方式要求高水平的物流服务作保障。在物流外包成为有利于企业集中资源投入核心事业,提高核心竞争力的需求首先会在汽车、电子等加工组装企业和外资企业生产。②连锁商业对配送服务的需求量。连锁商业是流通业的发展方向,大力推动连锁经营的发展已经列入国家发展规划之中。连锁经营的主要目的是通过集中进货、集中配送形成规模效益,以降低流通费用,提高竞争力,因此,连锁经营会对配送中心和配送服务产生旺盛需求。③一般消费者的物流服务需求量。随着居民生活水平的提高,消费者对服务需求的比重也将增大。这一物流需求量与城市化水平及城市化人口比例有关。一般消费者对物流服务需求的主要内容是搬家服务、包裹快递、商品配送、个人物品存储等。④区域间货物中转运输的需求量。首先是制造企业和流通企业将本区域作为商品分拨中心所产生的运输需求量;其次是国内大型物流企业将本区域作为物流网络的节点所产生的运输需求量;再次是国际物流公司将本区域作为物流基地所产生的运输需求量;最后是货主利用本区域的运输基础设施,实现货物的快递发送和接受所产生的运输需求量。

2. 潜在需求量

物流潜在需求量主要指经济环境、社会环境以及物流服务环境的发展对物流需求量的拉动量,是从动态的角度来分析物流需求量的变化趋势,是直接物流需求量的变化趋势。主要有:①工业企业对供应物流服务和销售物流的潜在需求量;②连锁商业对配送服务的潜在需求量;③一般消费者的物流服务的潜在需求量;④区域间货物中转运输的潜在需求量。

对于潜在物流需求,我们假定在其他因素保持不变的条件下,分析物流需求与物流服务水平之间的关系。在一般情况下,如果物流服务水平下降,则客户对物流需求量将会减少,反之增加。

（二）物流需求结构分析

物流需求结构是指各种物流需求之间的比率，宏观方面的物流需求比率主要包括各类工商企业、事业单位和消费者对社会化物流服务的需求结构，可以用不同的物流需求主体对社会化物流需求量的比例来描述。这一结果将影响物流规划中的物流服务功能、服务规模的定位。

具体地说，我们可以对物流需求结构从以下三个角度来考察。

（1）从物流对象构成角度，比如一个以资源为主的地区，其农业和重工业一般来说比较发达，因此其农业初级产品、原材料产品以及能源性产品如粮食、煤炭、钢材、水泥、有色金属、建材等都属于大宗物品的物料需求，物流附加值也相对较低。而一个以轻工业、第三产业为主的区域，物流的对象主要是经过深加工，以及凝聚了高科技的商业产品，如家电、食品、服装、通信设备等，这类产品的突出特点是体积小、重量轻，相对来说物流附加值较高。对物流服务的要求也要高得多，可以说不同的物流对象对物流服务的要求是不一样的。

（2）从运输方式的角度，现代物流的运输方式有 5 种，分别为公路运输、铁路运输、航空运输、江海运输、管道运输，根据对物流运输过程中的距离、时间和费用等方面的要求，不同的物流产品对象对运输方式的依赖和选择也各不相同，从而可以从运输方式角度对物流需求的结构进行分类和分析。

（3）从物流需求功能的角度，现代物流功能主要包括运输、仓储、装卸搬运、包装、流通加工、配送、信息处理等几个方面。不同的行业，企业对物流功能的需求也各有不同，有的侧重运输，如纯粹的原材料运输，有的侧重于仓储，如大规模超市、电子商务企业，而有的侧重于流通加工和信息处理等。因此，对不同的行业和企业进行物流功能需求分析也是物流需求预测和物流规划的重要部分。

四、物流需求预测的步骤

物流需求预测的步骤如图 5-2 所示。

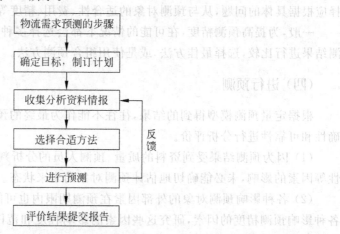

图 5-2　物流需求预测步骤

（一）确定预测的目标，制订计划

目标指挥行动的方向。物流需求预测的总目标是为企业的物流系统规划或国家和地区的物流发展规划和建设服务，但在具体的物流需求预测中，可能只需要对物流系统中的某一方面或环节进行预测，因此，需要根据具体的计划、决策的需要，确定预测对象和预测内容、规定预测的时间期限和明确希望预测结果达到的精确度等。

例如，某企业要对产成品的分拨、运输系统进行调整和重新规划，此时需要对产成品的分拨与运输的范围、数量、运输工具等物流需求做出预测，预测周期则需要根据企业的发展规划和此次产成品分拨系统调整的目标确定。

（二）资料和情报的收集与分析

资料和情报是预测基础，可以从中分析得到反映预测对象特性和变动倾向的信息。在明确了预测的对象及目标后即可确定资料和情报的收集范围。对资料的一般要求是准确、及时、恰当。搜集得到的第一手的原始资料必须仔细加工整理，以便去伪存真，去粗取精，才能够用于预测。

为预测企业产成品的分拨、运输系统的物流需求，收集的资料应包括企业产成品的种类、历年的销售数量、外观尺寸、包装形式、物理和化学特性等，以及企业在预测周期内的产品调整计划、主要客户的地域分布、未来的市场环境分析等。

（三）选择合适方法

物流管理者分析研究了预测对象的特性并收集了相关的数据后，即可根据预测方法的适用条件和统计数据的特性，选择合适的预测方法进行预测。预测方法是否选用得当，将直接影响预测的精确度和可靠性。

不同的预测方法对长期和短期预测的相对准确性不同，但是没有证据显示哪一种方法更好一些，也没有证据显示复杂的预测方法的效果就一定比简单的预测方法的效果好。不同的预测方法只是在特定的环境下的预测效果会有所差异。因此，对于预测方法的选择应根据具体的问题，从与预测对象的适合性、费用、精度等方面进行具体分析。

一般，为提高预测精度，在可能的情况下都会选择多种预测方法进行预测，之后对预测结果进行比较，选择最佳方法，或是使用组合预测方法。

（四）进行预测

根据定量预测模型得到的结果，往往不能作为最终的预测结果，还需要对该结果的准确性和可靠性进行分析评价。

（1）因为预测结果受到资料的质量、预测人员的分析判断能力、预测方法本身的局限性等因素的影响，未必能确切地估计预测对象的未来状态。

（2）各种影响预测对象的外部因素在预测期限内也可能出现新的变化。因而要分析各种影响预测精度的因素，研究这些因素的影响程度和范围，进而估计预测误差的大小，评价原来预测的结果。

(3) 预测模型中不可能将研究对象的全部影响因素都包含在内，尤其是在定量预测时，很多影响因素难以量化。在分析评价的基础上，通常还要对原来的预测值进行调整，才能得到最终的预测结果。

（五）分析评价预测结果，提交预测报告

预测报告是最终向预测委托人上报或对外公布预测结果的正式文件，作为有关部门或企业编制计划、制定决策和拟定策略的依据。其内容应该概述预测研究的主要活动过程，列出预测的目标、预测对象及有关因素的分析结论，详述预测方法的选择和模型的建立，以及模型预测值的评价和修正等内容，并附注预测所使用的主要资料和数据及来源。预测报告的文字应简练、严谨。

第三节 常见定性预测与定量预测方法介绍

一、定性预测方法概述

定性预测方法是指主要依靠熟悉专业业务知识、具有丰富实践经验和综合分析能力的有关人员，根据已掌握的历史资料和直观材料，运用个人的经验和分析判断能力，对事物的未来发展做出趋势或程度上的判断，然后，再通过一定的方式综合各方面意见，作为预测未来的主要依据。定性预测本质上属于质的分析的预测方法。

定性预测方法具有以下特点：

(1) 主要凭借人的主观经验以及分析判断能力，着重于事物发展性质的预测。

(2) 着重于事物发展的趋势、方向和重大转折点的预测。优点是注重事物发展性质方面的预测，具有较大的灵活性，易于充分发挥人的主观能动性，方法简单且易于掌握，预测迅速，省时省费用。缺点是由于它比较注重人的经验和主观判断能力，所以其预测结果易受主观因素的影响，受到人的知识、经验丰富度及其能力大小的束缚和限制，尤其缺乏对事物发展作数量上的精确描述。

二、定量预测方法概述

定量预测方法需要有较为翔实的数据作为基础，预测方法的复杂程度也大不一样，越是复杂的模型对数据的要求越高。一般来讲，企业物流管理者不必考虑太过复杂的预测方法。因为预测信息，尤其是销售预测，是企业各部门都需要的，预测活动常常是由企业的营销、规划或经济分析部门进行的。中期或长期的物流需求预测通常是由其他部门提供给物流管理者。物流管理者的工作一般仅限对库存控制、运输计划、仓库装卸计划及类似活动作短期预测。而且，大量的实证研究表明，没有哪种预测方法具有明显的优势，模型的预测精度也不会因为模型的复杂程度增加而自动提高。

优点是注重在数量方面对事物发展规律的分析，特别重视对事物发展变化程度作数量上的描述。它更多地依据历史统计资料，较少受主观因素的影响。可以利用电子计算机进行大量的数理统计处理，因此，其预测结果明确，预测精度较高。缺点是对信息资料

的质量和数量要求较高,预测过程比较机械,不易灵活掌握,尤其不易处理有较大波动的信息资料,难以预测事物质的变化。

三、定性预测和定量预测方法的相互关系

定性预测和定量预测并非相互排斥,而是相互补充的。在实际预测工作中应该把两者有机地结合起来使用。

一般来说,在占有资料比较完备的情况下,应该首先采用一定的数学(或统计)方法进行加工处理,找出有关变量之间联系的规律性,建立预测的数学模型进行预测,并将其作为预测未来的一个重要依据。

但是任何数学或统计方法的应用,都是以过去的信息资料为基础的,如果在预测期内情况发生了较大变化或出现了新的重大影响因素,如政府方针、政策有重大变化,企业的市场经营战略或市场出现了新的对手等。这时,就需要依靠熟悉情况的有关人员和精通业务的有关专家,通过定性分析提出修正意见。

另外,在使用定性预测方法的同时,也要尽可能地采用数学方法,对事物发展变化的趋势、方向、程度和转折点出现的时间等进行定量的测算,以进一步提高预测结果的精确度。

四、常见定性预测方法介绍

定性预测的方法很多,但从应用的广泛性、实用性和有效性来看,主要有头脑风暴法、专家会议法、德尔菲法、电子会议分析法等。

(一)头脑风暴法

头脑风暴法(Brainstorming)也称智力激励法。它是现代创造学的创始人——美国学者阿历克斯·奥斯本于1938年首创的一种创造性技术,头脑风暴原指精神病患者头脑中短时间出现的思维紊乱现象,病人会产生大量的胡思乱想。奥斯本借用这个概念来比喻思维高度活跃,打破常规的思维方式而产生大量创造性设想的状况。头脑风暴的特点是让与会者敞开思想,使各种设想在相互碰撞中激起脑海的创造性风暴。其可分为直接头脑风暴和质疑头脑风暴法。前者是在专家群体决策基础上尽可能激发创造性,产生尽可能多的设想的方法,后者则是对前者提出的设想、方案逐一质疑,发行其现实可行性的方法。这是一种集体开发创造性思维的方法。

1. 头脑风暴会议遵循的规则

(1) 注意选好专家

① 如果应邀专家彼此认识,就要从同一职位的人员中挑选,领导者不应该参加。如果应邀的专家彼此不认识,可以从不同职位的人员中挑选,但禁止宣布参加者的职位,主持会议者应对参加会议的专家一视同仁。

② 与会专家的选择与会议分析的决策问题的性质既要一致,同时又要注意选择具有不同特长的专家参加。例如,与会专家中,既要有方法论学者,又要有擅长理论分析的专家,还要包括实践经验丰富的专家。

③选择专家不仅要看他的经验、知识能力,还要看他是否善于表达自己的意见。知识面广、思维活跃的专家,可以防止会议气氛沉闷,同时,可以作为易激发的元素因子,使整个创造设想起强烈连锁反应。

④参加会议的专家数目不宜太多,也不宜太少,这样可以在思维激发持续时间内使问题的探讨更深入一些,意见反映也更全面些。一般由10~15个专家组成专家预测小组。

头脑风暴会议的领导和主持工作最好能委托给预测学家或者对头脑风暴法比较熟悉的专家担任。如果所论及的问题专业面很窄,则应邀请论及问题的专家和熟悉此法的专家共同担任领导工作。因为他们对要解决的问题十分了解,知道如何提问题,并对引导科学论辩有足够的经验,也熟悉头脑风暴法的处理程序和方法。主持人在主持会议时,应该头脑清晰,思路敏捷,作风民主,既善于造成活跃的气氛,又善于启发诱导。

(2) 与会者要遵守的原则

①讨论的问题不宜太小,不得附加各种约束条件;②倡导提新奇设想,越新奇越好;③提出的设想越多越好;④鼓励结合他人的设想提出新的设想;⑤不允许私下交谈,不得宣读事先准备的发言稿;⑥与会者不论职务高低,一律平等相待;⑦不允许批评或指责别人的设想;⑧不允许对提出的创造性设想做出判断性结论;⑨不得以集体或权威意见的方式妨碍他人提出设想;⑩提出的设想不分好坏,一律记录下来,录在磁带里,或设一名记录员记录,以便不放过任何一个设想。

会议结束后,由分析组对会议产生的设想按如下程序系统化:①就所有提出的设想编制名称一览表;②用专业术语说明每一设想;③找出重复和互为补充的设想,并在此基础上形成综合设想;④分组编制设想一览表;⑤将所产生设想分析整理,分别进行严格的审查和评议,从中筛选出有价值的提案。

(3) 组织者应遵循的两条基本原则

推迟判断原则。即不要过早地下断言、做结论,避免束缚他人的想象力,浇灭创造性思维的火花。这一原则要求对与会者发言畅谈期间所提出的任何一种设想和看法,不管这些设想和看法是否正确,也不管这些设想和看法是否符合自己的想法,严格规定不允许对别人提的设想和意见提出怀疑和批评,更不允许抓别人发言中的"辫子"。

数量保证质量原则。这一原则指在有限的时间里所提出的设想的数量越多越好,鼓励与会者要抓紧时间提出尽可能多的设想。这是因为只有一定数量,才能保证一定的质量。要激发与会专家尽可能多地提出自己的设想。同时,应该注意并不是与会者人数越多,提出的建议或设想就越多,因为往往参与者太多,反倒使更多人失去了参与的激情,达不到预期的效果。

2. 头脑风暴会议实施的步骤

(1) 准备

会前的各项准备工作大体包括:①确定欲解决的问题。若解决的问题涉及面很广或包含的因素太多,就应该把时间分解为若干单一明确的子问题,一次会议最好只解决一个问题。②根据要解决的问题的性质挑选参加会议的人选。③拟定开会的邀请通知,并附上一张备忘录。备忘录上面应注明会议的主题及涉及的具体内容。

(2)"热身"

人的大脑不是一下子就可以发动起来并立即投入高度紧张的工作的,它需要一个逐步"升温"的过程。此步骤的目的是促使与会者的大脑尽快开动起来并处于"受激"状态,形成一种热烈、欢愉和宽松的气氛。该过程一般只需要几分钟就可以了。通常是通过讲幽默故事或者提出一两个与会议主题关系不大的小问题的形式,促使与会者积极思考并畅所欲言地说出自己的意见。

(3)介绍问题

主持人首先向大家介绍所要解决的问题。介绍问题时,只能向与会者提出有关问题的最低数量的信息,切忌把自己的初步设想全盘端出来。同时,要注意表达问题的技巧,使主持人的发言尽量做到富有启发性。

(4)重新叙述问题

这里是指改变问题的表达方式。在此步骤中,要在仔细分析所要解决问题的基础上,尽量找出它的不同方面,然后在每一方面都用"怎样……"的句型来表达。例如,假定要解决的问题是如何提高物流企业的经济效益,对此问题就可以重新叙述如下:①怎样降低成本?②怎样扩大市场份额?③怎样提高管理水平?④怎样提升技术?⑤怎样提高决策水平?

(5)畅谈

按会议所规定的原则,针对上面重新叙述的问题进行畅谈。这一阶段是与会者充分发挥自己的创造力,让思维自由驰骋,并借助与会者之间的智力碰撞、思维共振、信息激发,提出大量创造性设想的阶段。因此,这是头脑风暴法的关键阶段。

根据国内的实践经验,一次成功的头脑风暴法会议,一般都能产生出几十条甚至上百条的设想。虽然其中绝大部分没有实用价值,但确实也有一些设想既新颖又具有很大的实用价值。

(6)对有价值的设想加工整理

会议主持者汇集有关人员,对会上提出的所有设想都要认真筛选,特别是那些有一定价值的设想要进行仔细研究和正确的评价,并进行加工整理,去掉不合理、不科学或不切实际的部分,补充、增加一些内容,使某些新颖、有价值的设想更完善,更具有实用价值。

实践证明,头脑风暴法可以排除折中方案,通过对所论问题公正、连续的分析,找到一组切实可行的方案,因而近年来头脑风暴法在军事和民用预测中得到了广泛应用。例如,美国国防部在制定长期科技规划时,曾邀请50名专家采用头脑风暴法开了两周会议。参加的任务是对事先提出的工作文件提出非议,并通过讨论把文件变成协调一致的报告。通过讨论,原工作文件中只有25%～30%的意见保留,由此可以看到头脑风暴法的价值。

(二)专家会议法

专家会议法是指以专家为索取信息的对象,依靠专家的经验、智慧进行评估预测的一种方法。这里所谓的专家,不仅在预测对象方面,而且在相关科学方面都应具备相当的学术水平,并应具备一种在大量感性的经验资料中看到事物"本质"的能力,亦能从大量随机现象中抓住不变的规律,对未来作出判断。衡量一个人是否是专家,有形式标准和实质标准两种。从形式上说,在某一专门领域有 10 年以上专业工作经历,有较高学历、学位或专业职称的人可称为专家。从实质上说,在学术上有建树、有独到见解、有真才实学的人可称为专家。在组织预测时,应根据这两条标准,尤其是第二条标准来选择专家。既应注意选择这些领域中的权威人士,又要排除陋习,选择声望不高但确有真才实学的人,从而保证得到有价值的专家意见。

专家会议有助于专家们交换意见,通过互相启发,可以弥补个人意见的不足;通过内外信息的交流与反馈,产生"思维共振",进而将产生的创造性思维活动集中于预测对象,在较短时间内得到富有成效的创造性成果,为决策提供预测依据。但是,专家会议也有不足之处,如有时心理因素影响较大;易屈服于权威或大多数人意见;易受劝说性意见的影响;不愿意轻易改变自己已经发表过的意见等。

运用专家会议法,必须确定专家会议的最佳人数和会议进行的时间。专家小组规模以 10~15 人为宜,会议时间一般以进行 20~60 分钟效果最佳。会议提出的设想由分析组进行系统化处理,以便在后继阶段对提出的所有设想进行评估。

专家会议法也有一些弊端:①由于参加会议的人数有限,因此代表性不充分;②受权威的影响较大,容易压制不同意见的发表;③易受表达能力的影响,而使一些有价值的意见未得到重视;④由于自尊心等因素的影响,使会议出现僵局;⑤易受潮流思想的影响等。

(三) 德尔菲法

德尔菲是 Delphi 的中文译名。Delphi 是一处古希腊遗址,是传说中神谕灵验、可预卜未来的阿波罗神殿的所在地。美国兰德公司在 20 世纪 50 年代与道格拉斯公司协作,研究如何通过有控制的反馈以更好地收集和改进专家意见的方法时,以 Delphi 为代号。

德尔菲法是专家会议法的一种发展形式,它依据系统的程序,采用匿名发表意见的方式,即专家之间不得互相讨论,不发生横向联系,只能与调查人员发生关系,通过多轮次调查专家对问卷所提问题的看法,经过反复征询、归纳、修改,最后汇总成专家基本一致的看法,作为预测的结果。在采用德尔菲法进行预测过程中,选择专家与设计意见征询表是两个最重要环节,它们是德尔菲法成败的关键。这种方法具有广泛的代表性,较为可靠。

1. 德尔菲法的鲜明特点

与其他的预测方法相比较,德尔菲法具有其他方法所不具备的一些特点,正是这些特点使得德尔菲法成为一种较为有效的判断预测工具。

(1) 专业性

德尔菲法吸收专家参与预测,充分利用专家的经验和学识。这些专家一般都具备与策划主题相关的专业知识,熟悉市场情况,精通业务策划。

(2) 匿名性

德尔菲法采用匿名函询的方式征求意见,即每位专家的分析判断是在背靠背的情况下进行的。在实施德尔菲法的过程中,应邀参加预测的专家互不相见,只与预测小组成员单线联系,消除了不良心理因素对专家判断的客观性的影响。由于德尔菲法的匿名性,使专家们无须担心充分地表达自己的想法会有损自己的威望,而且也使专家的想法不会受口头表达能力的影响和时间的限制。因此,德尔菲法匿名性有利于各种不同的观点得到充分的发表。

(3) 反馈性

在预测过程中,要进行几轮(三至五轮)专家意见征询。预测机构对每一轮的预测结果做出统计、汇总,提供有关专家的论证依据和资料,作为反馈材料发给每一位专家,供下一轮预测时参考。专家们从多次的反馈资料中进行分析选择,参与有价值的意见,深入思考,反复比较,有利于提出更好的预测意见。

2. 根据德尔菲法的基本原理的步骤

(1) 预测筹划

①确定预测的课题及预测项目,并且根据项目提出含义十分明确的征询问题;②设立负责预测组织工作的临时机构,全面负责预测工作的组织、协调和管理;③选择若干名熟悉所预测课题的专家,组成专家小组。按照课题涉及的知识范围,确定专家人选。专家人数的多少,可根据预测课题的大小和涉及面的宽窄来定,一般不超过20人。

另外,对专家的挑选应基于其对企业内外部的情况的了解程度。专家可以是每一线的管理人员,也可以是企业高层管理人员和外请专家。例如,在估计未来企业对劳动力需求时,企业可以挑选人事、计划、市场、生产及销售部门的经理作为专家。

(2) 专家预测

①预测机构把预测项目表及有关背景材料寄送给各位专家,并附上有关问题的所有背景材料,同时请专家提出还需要什么材料。应为专家提供充分的信息,使其有足够的依据作出判断。例如,为专家提供所收集的有关企业人员安排及经营趋势的历史资料和统计分析结果等。②各专家根据他们所收到的材料,以匿名方式独立对问题作出判断或预测。③各个专家以无记名方式提出自己的预测意见,并说明自己是怎样利用这些材料提出预测值的。

(3) 统计分析

①工作人员将第一组问卷的结果集中在一起编辑、加工和复制,对每个问题进行定量统计归纳;②将各位专家第一次判断意见汇总,列成图表进行对比,并且综合成新的预测表。

(4) 分别咨询

①将新的预测表分别寄送给各位专家,每个专家根据这个统计归纳的结果,了解其他人的意见,然后提出自己的意见。也可以把各位专家的意见加以整理,或请身份更高的其他专家加以评论,然后把这些意见再分送给各位专家,以便他们参考后修改自己的意见。②第二次收集征询意见表,再进行统计、整理,然后再将统计、整理结果分发给各位专家,请他们再一次填写征询意见表,如此反复几次。③逐轮收集意见并反馈给专家是德尔菲法的主要环节,经过多轮反复征询意见,并让每位专家都知道现已存在的各种不同意见,从而重新考虑自己的意见。如此的反复,经过3~4轮,直到专家的意见趋于一致。

(5) 表述预测结果

①对几轮专家意见进行处理。可以用算术平均值来代表专家们的意见。②预测机构把经过几轮专家预测而形成的结果以文字、图表的形式表现出来。

(四)电子会议分析法

1. 电子会议分析法的定义

电子会议分析法(Electronic Meetings)是群体预测与计算机技术相结合的预测方法。在使用这种方法时,先将群体成员集中起来,每人面前有一个与中心计算机相连接的终端。群体成员将自己有关解决政策问题的方案输入计算机终端,然后再将它投影在大型屏幕上。

专家们认为,电子会议法比传统的面对面的会议快55%。例如,佛尔普斯·道奇采矿公司(Phelps Dodge Mining)运用这种方法,使它们的年度计划会议从几天缩短到12小时。但这种方法也有缺点。那些打字速度快的人与口才好但打字速度慢的人相比,能够更好地表达自己的观点(解决方法:可由打字员代替专家打字);想出最好建议的人也得不到应有的奖励;而且这样做得到的信息也不如面对面的沟通所能得到的信息丰富。虽然这种方法现在正处于幼年阶段,但未来的群体决策很可能会广泛地采用电子会议法。

2. 电子会议法的特点

(1)匿名。参与公共政策决策咨询的专家采取匿名的方式将自己的政策方案提出来,参与者只需把个人的想法输入计算机就行了。

(2)可靠。每个人做出的有关解决公共问题的政策建议都能如实地、不会被改动地反映在大屏幕上。

(3)快速。在使用计算机进行政策咨询时,不仅没有闲聊,而且人们可以在同一时间中互不干扰地交换见解,它要比传统的面对面的决策咨询的效率高出许多。

3. 电子会议法的局限性

(1)对那些善于口头表达,而运用计算机的技能却相对较差的专家来说,电子会议会影响他们的决策思维。

(2)在运用这种预测方法时,由于是匿名,因而无法对提出好的政策建议的人进行奖励。

(3)人们只是通过计算机来进行决策咨询,从而是"人—机对话",其沟通程度不如"人—人对话"那么丰富。

五、常见定量预测方法介绍

主要的定量预测方法有时间序列预测法、回归分析预测法、经典时间序列分解法、灰色预测模型法几种。

(一)时间序列预测法

通过时间序列分析事物过去的变化规律,并推断事物的未来发展趋势,称为时间序列预测法,包括增长率法、移动平均法、指数平滑法等。

1. 增长率法

增长率法是指根据预测对象在过去的统计期内的平均增长率,类推未来某期预测值的一种简便算法。

$$i = \left(\sqrt[T]{\frac{Y_T}{Y_0}} - 1\right) \times 100\%$$

$$\hat{Y}_{T+L} = Y_T(1+i)^L$$

式中：Y_T——第 T 期的实际值；

$\hat{Y}_{T+L}$——第 $T+L$ 期的预测值；

L——时间间隔；

i——平均增长率。

该预测方法一般用于数据严重不全且增长率变化不大，或预计过去的增长趋势在预测期内仍将继续的场合。

【例 5-1】

某航空公司过去 10 年物流量的统计资料如表 5-1 所示，试用时间序列预测法预测该公司今年的物流量。

表 5-1 某航空公司 10 年内物流量统计

周期(年)	1	2	3	4	5	6	7	8	9	10
物流量(万吨)	245	250	256	280	274	255	262	270	273	284

解：通过分析观察这组数据呈一种线性增长趋势，采用增长法预测较为合适。

$$\text{平均增长率 } i = \left(\sqrt[T]{\frac{Y_T}{Y_0}} - 1\right) \times 100\% = 1.49\%$$

则   今年预测物流量 $Y_{11} = 284 \times (1 + 1.49\%) = 288.23$（万吨）

2. 移动平均法

移动平均（Moving Average）预测使用预测对象的时间序列中最近一组实际值的算术平均值，参与平均的实际值随预测期的推进而更新，并且每一个新的实际值参与平均值时，都要剔除掉已参与平均值中最陈旧的一个实际值，以保证每次参与平均的实际值都有相同的个数，较适合短期预测。

简单的平均法不能很好地反映事物变化的趋势，移动平均法可消除这种不足。移动平均法就是通过计算不断移动的 n 个数据的平均值来进行预测的方法。它通过不断引进最近期的新数据来修改平均值作为预测值。由于所计算的平均值随着时间的推移而逐期向后移动，因而可以反映数值的变动趋势。移动平均法分为一次移动平均法和二次移动平均法两种。

对包含一些数据点的时间段求平均值，即用该时间段所含数据点的个数去除该段内各点数据值之和。由此推出移动平均法的计算公式：

$$F_t = \sum_{i=1}^{n} \frac{S_{i-1}}{n}$$

式中：F_t——t 时期的时间序列的移动平均值；

S_{i-1}——时间序列的第 $i-1$ 个元素；

n——参与平均的实际值个数。

移动平均预测法对时间序列中数据变化的反应速度及对干扰的修匀能力取决于 n 的值。随着 n 的值减小,移动平均对时间序列数据变化的敏感性增加,但修匀能力下降;而 n 的值增大,移动平均对时间序列数据变化的敏感性减小,但对时间序列的修匀能力却上升。所以移动平均法的修匀能力与时间数据变化的敏感性是矛盾的,两者不可得兼,因此在确定 n 的时候,一定要根据时间序列的特点来确定。

一般的选择原则是:①根据所需处理的时间序列的数据点的多少而定,数据点多,n 可以取得大一些;②根据已有的时间序列的趋势而定,趋势平稳并基本保持水平状态的时间序列,n 可以取得大一些;趋势平稳并保持阶梯性或周期性增长的时间序列,n 应该取得小一些,趋势不稳定并有脉冲式增减的时间序列,n 应该取得大一些。

一次移动平均法使用较为简便,二次移动平均法是在一次移动平均的基础上,将一次移动平均序列再进行一次移动平均。其预测公式为:

$$M_t^{(2)} = \frac{M_{t-1}^{(1)} + M_{t-2}^{(1)} + \cdots M_{t-n}^{(1)}}{n}$$

当时间序列具有线性发展趋势时,用一次移动平均法进行预测会出现滞后偏差,表现为对于线性增加的时间序列,预测值偏低,而对于线性减少的时间序列,则预测值偏高。为了消除这种偏差,可在一次、二次移动平均值的基础上,利用滞后偏差的规律来建立线性趋势模型,利用线性趋势模型进行预测。

预测公式为:

$$a_t = 2M_t^{(1)} - M_t^{(2)}$$

$$b_t = \frac{2(M_t^{(1)} - M_t^{(2)})}{n-1}$$

$$y_{t+\tau} = a_t + b_t \tau$$

式中: t——当前期;

　　　τ——预测超前期;

　　　$y_{t+\tau}$——第 $t+\tau$ 期的预测值;

　　　a_t——截距;

　　　b_t——斜率。

上述推导得到的公式能较好地解决滞后偏差问题,计算上又较为便利,因此得到了广泛应用。

【例 5-2】

根据表 5-2 建立预测模型,并预测 12 月的商品销售量。

表 5-2　某公司销售额统计

月份	实际销售额(万元)	一次移动平均值 $M_t^{(1)}$, $n=3$	二次移动平均值 $M_t^{(2)}$, $n=3$
1	22 400		
2	21 900		

续表

月份	实际销售额(万元)	一次移动平均值 $M_t^{(1)}, n=3$	二次移动平均值 $M_t^{(2)}, n=3$
3	22 600		
4	21 400	22 300	
5	23 100	21 967	
6	23 100	22 367	
7	25 700	22 533	22 211
8	23 400	23 967	22 289
9	23 800	24 067	22 956
10	25 200	24 300	23 522
11	25 400	24 133	24 111
12		24 800	24 167

再计算二次移动平均法中参数的取值,有

$$a_t = 2M_t^{(1)} - M_t^{(2)} = 2 \times 24\,800 - 24\,167 = 25\,433$$

$$b_t = \frac{2(M_t^{(1)} - M_t^{(2)})}{n-1} = \frac{2 \times (24\,800 - 24\,167)}{3-1} = 633$$

由此得到预测模型为

$$y_{11+T} = 25\,433 + 633 \times T$$

则 12 月的销售额预测值为

$$y_{11+1} = 25\,433 + 633 \times 1 = 26\,066(万元)$$

在预测中,移动平均预测法适用于对时间序列数据资料进行分析处理,以突出市场及各个因素的发展方向和趋势。在市场较稳定,外界环境变化较小的情况下,是一种较为有效的预测方法,尤其是短期预测的效果更佳。但在预测过程中,需要运用较多的历史数据,并且计算量较大,因此,预测起来不太方便,于是人们又通过对移动平均法的研究,发展出一种只需要较少数据的改进方法,这就是指数平滑法。

3. 指数平滑法

指数平滑法是根据本期实际值和本期预测值来预测下一期数值的方法,是在移动平均法的基础上发展而成的一种特殊的加权平均法,它特别注重近期事件对未来数值的影响,较适合于短期预测,最新数据的权重高于早期数据,其特点是:①短期预测中最有效的方法;②只需要得到很小的数据量就可以连续使用;③在同类预测法中被认为是最精确的;④当预测数据发生根本性变化时还可以进行自我调整;⑤它是加权移动平均法的一种,较近期观测值的权重比较远期观测值的权重要大。

计算公式是:

下一期的预测值 $= \alpha \cdot$(前期实际需求值)$+ (1-\alpha) \cdot$(前期预测值)

式中,α 是权重,通常称为指数平滑系数,介于 0~1 之间。所有历史因素的影响都包含在前期的预测值内,任何时刻只需保有一个数字就代表了需求的历史情况,如下。

$$F_t + 1 = \alpha \cdot D_t + (1-\alpha) \cdot F_t$$

$$F_t + 1 = F_t + \alpha \cdot (D_t - F_t)$$

α趋近于1,新的预测值将包含一个相当大的调整,即用前期预测中产生的误差进行调整,新的预测值接近于本期实际值;α趋近于0,新的预测值就没有用前次预测的误差做多大调整,新的预测值离本期实际值越远。

α的取值应注意问题:①当时间序列表现出明显的变动趋势时,α宜取较大值;②当时间序列呈水平变化且变动幅度不大时,α宜取较小值;③若时间序列摇摆不定或波动很厉害时,而且看不出有何种变化趋势时,α宜取较小值,以便将随机干扰过滤掉。

【例 5-3】

根据表 5-3 给出的 1~11 月某商品需求量的观察值,分别取 α=0.1、0.5、0.9,预测 12 月的需求量,并进行误差比较。

表 5-3 取不同平滑指数的指数平滑值

月份	时期	需求的观察值	指数平滑值		
			α=0.1	α=0.5	α=0.9
1月	1	2 000			
2月	2	1 350	2 000	2 000	2 000
3月	3	1 950	1 935	1 675	1 415
4月	4	1 975	1 937	1 813	1 897
5月	5	3 100	1 940	1 894	1 967
6月	6	1 750	2 056	2 497	2 987
7月	7	1 550	2 026	2 123	1 974
8月	8	1 300	1 978	1 837	1 582
9月	9	2 200	1 910	1 568	1 328
10月	10	2 775	1 939	1 884	2 113
11月	11	2 350	2 023	2 330	2 709
12月	12		2 056	2 340	2 386

解:

(1)指数平滑法预测误差比较(见表 5-4)

未来物流需求的变化不可能完全重复过去,我们的预测与未来实际的需求之间必然会有一定程度的误差。预测误差指预测和实际需求水平接近的程度。

表 5-4 平滑值误差比较

α值	总/平均值	误差	绝对误差	误差平方
α=0.1	总	551	4 771	3 431 255
	平均	55	477	343 126
α=0.5	总	674	5 688	4 338 332
	平均	67	569	433 833
α=0.9	总	−423	6 127	5 034 081
	平均	−42	613	503 408

(2) 平滑系数 α 的调整

单指数平滑法计算出的预测值具有滞后性,而且在选择指数平滑系数 α 的值时,需要一定程度的主观判断。

α 值越大,对近期数据给的权数越大,远期数据衰减得就越快,模型能对时间序列的变化作出快速的反应。但 α 过大可能使预测值受随机波动影响比较大,而不能反映时间序列的根本性变化。

α 越小,预测未来需求时给历史数据的权数越大,在反映需求水平根本性变化时出现的时滞就越长。如果 α 的值很低,预测结果会非常"平稳",不太可能受时间序列随机因素的严重干扰。

(二)回归分析预测法

回归分析预测法是根据事物内部因素变化的因果关系来预测物未来的发展趋势的一种定量分析方法。采用时间序列法进行预测,不管是简单平均,还是指数平滑,都只是对一些表面的数据进行统计分析,而没有体现事物之间的相互关系,因而只是一种形式上的预测,准确性不高。客观事物间存在着因果联系,如货运数量和国内生产总值,员工劳动率与产品成本之间都存在一定的因果联系。通过寻找变量之间的因果关系并将其定量化,就可以根据定量关系来预测某一变量的预测值。

回归预测方法的步骤是:①分析预测变量的影响因素,并找出主要的影响因素;②利用历史数据建立预测变量与主要影响因素的回归方程 $Y=f(X_1,X_2\cdots)$,式中 Y 为预测变量,$X_1,X_2\cdots$ 为主要影响因素;③利用历史数据对模型进行精度检验;④利用预测期各影响因素的指标值,代入回归方程进行预测。

回归分析包括一元回归和多元回归。

1. 一元线性回归分析

一元线性回归分析模型是用于分析一个自变量与一个因变量之间线性关系的数学方程,又称回归方程或回归直线。其一般形式是:

$$Y = a + bX + e_t$$

式中:Y—— 预测物流量;

a—— 常数,且 $a = \dfrac{\sum y - b\sum x}{n}$,或 $a = \bar{y} - b\bar{x}$;

b—— 回归系数,$b = \dfrac{n\left(\sum xy\right) - \left(\sum x\right)\left(\sum y\right)}{n\left(\sum x^2\right) - \left(\sum x\right)^2}$;

X—— 影响物流量的因素;

e_t—— 随机误差项。

2. 多元线性回归分析

其模型如下：

$$Y = k_0 + k_1 X_1 + k_2 X_2 \cdots + k_n X_n$$

式中：Y——预测物流量；

$X_i (i=1,2,3,\cdots,n)$——影响货源产生的因素，确定参数 k 时，X_i 取现值；预测 Y 时，X_i 取未来规划值；

$k_i (i=1,2,\cdots,n)$——参数，根据现状资料由最小二乘法确定。

【例 5-4】

某市 2008—2012 年的物流量与该市社会总产值的一组统计资料如表 5-5 所示，试分析该市物流量与社会总产值之间的关系，并用回归分析法预测该市社会总产值达到 52 亿元时，该市的物流量是多少？

表 5-5　某市 2008—2012 年物流量与社会总产值统计

年份	2008	2009	2010	2011	2012
总产值（亿元）	15.0	25.8	30.0	36.6	44.4
物流量（千万吨）	34.9	42.9	41.0	43.1	49.2

解：由公式可得

$$b = \frac{5 \times 6622.26 - 151.8 \times 211.1}{5 \times 5101.56 - 151.8^2} = 0.433$$

$$a = \frac{211.1 - 0.433 \times 151.8}{5} = 29.084$$

可得回归方程：

$$Y = 29.084 + 0.433x$$

从而预测

2013 年物流量 = 29.084 + 0.433 × 52 = 51.6（千万吨）

使用回归分析法应注意指标之间的相关性，如果两个指标之间不存在相关关系，则计算出的结果缺乏科学性，是不可取的。

（三）经典时间序列分解法

对于短期预测问题，如果拥有充分的历史数据，并且数据的变化趋势和季节性变化稳定、明确，则可以采用时间序列分解法进行预测。

这种方法的主要思想是时间序列可以分解成长期趋势（T），季节变动（S），周期变动（C）和不规则变动（I）四个因素。

长期趋势（T）代表需求或销量在一个较长时间内的发展方向，通常表现为一种近似直线的持续向上或持续向下或平稳的趋势。企业物流需求的长期变化通常是由企业的生产和销售的变化引起的，物流企业的需求则受到企业营销绩效、市场对物流服务的接受程度的影响。

季节变动(S)指时间序列中往往会出现规律性的高峰和低谷,形成一种长度和幅度固定的周期波动。季节变动的周期通常短于1年。一般指自然季节影响所形成的波动,通常每12个月重复一次。但也会有其他一些因素,如商场一周的销售额的变动会随着周末或是工作日的交替而呈现出周期变化。造成时间序列季节性变化的因素有自然季节变化、节假日的影响和商品上市的周期性等因素,但变化周期一般不超过1年。

周期变动(C)也称循环变动因素,是各种经济因素影响形成的上下起伏不定的波动,通常是超过1年的长期的起伏变化。典型的周期变动包含四个部分:复苏、高涨、衰退、萧条。

不规则变动(I)是时间序列中不能由趋势、季节性和周期变动反映的因素,包括各种人为因素、政府行为等随机变动因素。随机变动因素对时间序列的影响是众多的、相互独立的。如果其余三个部分能够很好地表述时间序列,那么不规则变动就会是随机的。

将时间序列分解成长期趋势T,季节变动S,周期变动C和不规则变动I四种因素后,可以认为时间序列Y是这四个因素的函数。

常用的时间序列分解模型有加法模型和乘法模型,这里介绍乘法模型的原理和应用。时间序列分解的乘法模型是:

$$Y = T \times S \times C \times I$$

由于不规则变动因素是不可预测的且在很多情况下很难将周期性变化从随机波动中分离出来。因此,实践中模型常简化为只包含趋势和季节性因素。

一般地,时间序列中的趋势水平可以通过描绘散点图的方法来观察得到,若是线性趋势,则可以采用普通最小二乘法拟合一条曲线。

如果时间序列的趋势是非线性的,则可根据散点图,选择合适的曲线进行拟合。

许多研究表明,采用长期趋势进行预测,预测期不能超过数据期的1/2。比如,我们有10年的历史数据,那么最多只能对5年之内的销售额进行预测。也有研究表明,对于经济迅速波动的时期,预测期不能超过2年。

长期趋势预测一般具有如下形式:

$$y_t = a + bt$$

式中:t——代表时间序数的期次;

y_t——第t期趋势值;

a——$t=0$时该期趋势值;

b——直线斜率。

a和b可利用历史数据进行计算:

$$b = \frac{n\sum ty - \sum t \sum y}{n\sum t^2 - \left(\sum t\right)^2}, \quad a = \frac{\sum y - b\sum t}{n}$$

式中:n——时期数;

y——时间序列的数据;

t——时间序列编号,为了简化计算,通常按原心编号。

这样,公式就可以简化为:

$$a = \frac{\sum y}{n}$$

$$b = \frac{\sum ty}{\sum t^2}$$

在计算时，为保证 $\sum t = 0$，通常不同的资料，其时间间隔也是不同的。

当 n 为奇数时，确定资料的中央一期的值为 0，时间序列的间隔为 1，即 $\cdots, -2, -1, 0, 1, 2, \cdots$

当 n 为偶数时，确定资料的中央一期的值为 1，时间序列的间隔为 2，即 $\cdots, -5, -3, -1, 1, 3, 5, \cdots$

【例 5-5】

某医药制造企业研制出一种新药，并已经投放到市场进行临床使用和销售，该药品在 8 个计划期内的需求状况如表 5-6 所示。要求对第 9 期的需求进行预测。

表 5-6　产品在 9 个计划期的实际需求　　　　　　　　　　　　　单位：千箱

时期(t)	t^2	实际需求	ty
1	1	44	44
2	4	52	104
3	9	50	150
4	16	54	216
5	25	55	275
6	36	55	330
7	49	60	420
8	64	56	448
累计值	204	426	1 987

解：由公式可得

$$b = \frac{n\sum_{i=1}^{n} ty - \sum_{i=1}^{n} t \sum_{i=1}^{n} y}{n\sum_{i=1}^{n} t^2 - \left(\sum_{i=1}^{n} t\right)^2} = \frac{8 \times 1987 - 36 \times 426}{8 \times 204 - 36^2} = 1.67$$

$$a = \frac{426 - 1.67 \times 36}{8} = 45.74$$

趋势方程

$$y_t = 45.74 + 1.67t$$

所以

第九年的预测需求量 $y_9 = 45.74 + 1.67 \times 9 = 60.77$

季节指数用相对数值表示，是某给定时期实际需求与趋势值之比。因此，

$$S_t = \frac{Y_t}{T_t}$$

式中：S_t——第 t 期的季节指数。

一般地,若每年的季节指数变化不大,可以选择最近一期的 S_t 值进行预测,也可以用几年指数的平均值进行预测。

【例 5-6】

季节指数法适合用于物流量季节性明显的货物预测,如啤酒需求预测,数据如表 5-7 所示。

表 5-7 啤酒运输量季节指数计算

季度 年份(年)	1	2	3	4	合计
2004	31	43	54	41	169
2005	33	45	58	43	179
2006	36	46	60	48	190
2007	39	49	64	50	202
2008	42	53	67	51	213
合计	181	236	303	233	953
季平均	36.2	47.2	60.6	46.6	47.65
季节比率(%)	75.97	99.05	127.18	99.80	400

解:季平均数是指各年同季度的平均数,则

$$第一季度的平均数 = \frac{181}{5} = 36.2$$

总平均数是各季平均数的平均数,则

$$总平均数 = \frac{36.2 + 47.2 + 60.6 + 46.6}{4} = 47.65$$

由此可求各季节的季节比率。如第一季度的季节比率 $= \frac{36.2}{47.65} = 75.97\%$,同理,可以计算其他季节比率。

另外,季节指数法可结合时间序列或趋势方程分析的方法,先预测下一年的总体销售额,再利用季节指数预测各季节的预测值。

假设 $\hat{y}_t$ 为第 t 季度的预测值,a_t 为第 t 季度的季节指数,y_i 为第 i 季度的实际值,a_i 第 i 季度的季节指数,则

$$\hat{y}_t = y_i \frac{a_t}{a_i}$$

本例中,

$$\hat{y}_{2009.1} = 51 \times \frac{75.97}{99.80} = 38.82$$

通过各个季节比率可以看出第一季度为啤酒销售的淡季,第二季度正常,第三季度为销售旺季,第四季度又回到正常值。

但按季度或月份求季节比率有明显缺陷,它没有考虑长期趋势的影响,比如,在有上升趋势的资料中,后期各季(月)水平较前期水平有较大提高,因此,季(月)平均数对前期同期数值有较大影响。

(四)灰色预测模型法

灰色预测模型实为微分方程的时间连续函数模型,可以对事物的发展变化作出长期预测,对原始数据要求不高,更不像数理统计的方法要以大量数据为基础,并可以直接预测数据。在物流业发展不成熟、市场变化较灵活、因素复杂、统计标准缺乏、有关物流的资料很难满足一般预测方法要求的情况下,灰色预测法是一种比较简洁而且对资料要求较宽的预测方法,在物流需求预测中,具有较好的应用前景。

在灰色预测方法中 $GM(1,1)$ 模型是灰色系统理论的具体应用,该模型为单序列的一阶动态模型,它以给定的原始时间序列为基础建立连续微分方程为

$$\frac{\mathrm{d}X^{(1)}}{\mathrm{d}t}+aX^{(1)}=\mu$$

式中:$X^{(1)}$——原始时间序列 $X^{(0)}$ 的累加生成值。

$$X^{(1)}(i)=\sum_{k=1}^{i}X^{(0)}(k)$$

方程中系数 a,μ 可以用最小二乘法进行求解:

$$\begin{bmatrix}\alpha\\\mu\end{bmatrix}=(B^{\mathrm{T}}B)^{-1}(B^{\mathrm{T}}X_n)$$

$$B=\begin{bmatrix}-\frac{1}{2}(X^{(1)}(1)+X^{(1)}(2)) & 1\\-\frac{1}{2}(X^{(1)}(2)+X^{(1)}(3)) & 1\\\vdots & \vdots\\-\frac{1}{2}(X^{(1)}(n-1)+X^{(1)}(n)) & 1\end{bmatrix}$$

$$X_n=[X^{(0)}(2),X^{(0)}(3),\cdots,X^{(0)}(n)]$$

将求得的参数值代入一阶微分方程,求解微分方程得到 $GM(1,1)$ 预测模型为

$$\hat{X}^{(1)}(t+1)=\left(X^{(0)}(1)-\frac{\mu}{\alpha}\right)e^{-at}+\frac{\mu}{\alpha}$$

【例 5-7】

(1) 资料来源

2003—2009 年某省货运量统计数据如表 5-8、表 5-9 所示,从中可以看出公路货运在总货运量中占有明显的优势。因此,采用公路运输量的数据来对物流需求量进行模拟预测。

表 5-8 2003—2009 年某省货运量统计

年份(年)	货运量(万吨)				公路所占比例(%)
	总货运量	公路	铁路	水运	
2003	72 780	60 340	10 368	2 072	82.9
2004	76 813	64 716	10 224	1 867	84.3

年份(年)	货运量(万吨)				公路所占比例(%)
	总货运量	公路	铁路	水运	
2005	80 212	67 696	10 553	1 956	84.4
2006	92 483	76 778	11 253	4 452	83.0
2007	99 464	81 574	12 426	5 464	82.0
2008	107 454	89 714	13 624	4 116	83.5
2009	114 357	96 000	14 000	4 357	83.9

表 5-9　2003—2009 年某省物流规模统计　　　　　　　　　　　单位：万吨

2003 年	2004 年	2005 年	2006 年	2007 年	2008 年	2009 年
60 340	64 716	67 696	76 778	81 574	89 714	96 000

(2) 建立预测模型

灰色预测中关键的计算公式是计算微分方程 $\frac{dX^{(1)}}{dt}+aX^{(1)}=\mu$ 的解。利用最小二乘法可以得：

$$\begin{bmatrix} \alpha \\ \mu \end{bmatrix} = (B^TB)^{-1}(B^TX_n)$$

$$B = \begin{bmatrix} -92\ 698 & 1 \\ -158\ 904 & 1 \\ -231\ 141 & 1 \\ -310\ 317 & 1 \\ -395\ 961 & 1 \\ -488\ 818 & 1 \end{bmatrix}, \quad X = \begin{bmatrix} 64\ 716 \\ 67\ 696 \\ 76\ 778 \\ 81\ 574 \\ 89\ 714 \\ 96\ 000 \end{bmatrix}$$

此时可用 Excel 进行矩阵计算求得 α,μ 的值。

$$\alpha = -0.081\ 96, \quad \mu = 56\ 493.73$$

将 α,μ 代入式中的 $GM(1,1)$ 预测模型：

$$\hat{X}^{(1)}(t+1) = 74\ 962.163 e^{-0.081\ 96 t} - 689\ 248.163$$

(3) 预测结果

按预测模型计算出累加数据估计值 $\hat{X}^{(1)}(t)$，再按公式 $\hat{X}^{(0)}(t) = \hat{X}^{(1)}(t) - \hat{X}^{(1)}(t-1)$ 计算出物流模型的预测值。

六、物流需求预测中的一些问题

1. 数据缺乏

通过各种可能渠道收集相关数据，如专业人士的分析、政府相关的政策、具有一定类比性的统计数据。

2. 新产品或服务的物流需求预测
① 加强物流系统的反应速度；
② 利用同类产品的需求模式估计新产品的销售情况；
③ 调整模型参数来对变化作出响应。

3. 异常需求的处理
① 分析导致需求异常的关键原因，利用这些因素对不规律产品的需求进行单独预测；
② 采用较为简单、平稳的方法进行预测，如基本的指数平滑法，同时取较小的平滑系数，避免对异常变化作出过快的反应。

4. 汇总预测与分解预测
① 对每一地区单独进行预测，再根据需要汇总；
② 对需求进行总量预测，然后按地区(如工厂或仓库供货范围)分配；
③ 注意牛鞭效应所产生的放大效果；
④ 两种方式没有明显的优劣。

5. 建立快速反应的物流系统弥补预测误差
① 预测存在误差；
② 如果物流需求是规律的，按预测的需求水平组织供给是首选的做法；
③ 快速反应的物流系统，能够提高对需求的反应速度。

思 考 题

1. 你认为具备什么条件的人可称之为专家？用什么方式选择专家比较合适？
2. 试分析德尔菲法的优点与不足。你认为德尔菲法在我国的应用会受到哪些社会心理因素的影响？
3. 指数平滑法的平滑系数的大小对预测值有什么影响？选择平滑系数应考虑哪些问题？确定指数平滑的初始值应考虑哪些问题？
4. 已知某类产品以前15个月的销售额如下表所示。

时间序列	1	2	3	4	5	6	7	8	9	10	11	12	13	14	15
销售额(万元)	10	15	8	20	10	16	18	20	22	24	20	26	27	29	29

(1) 分别取 $N=3, N=5$，计算一次移动平均数，并利用一次移动平均法对下个月的产品销售额进行预测。

(2) 取 $N=3$，计算二次移动平均数，并建立预测模型，求第16、17个月的产品销售额预测值。

(3) 用一次指数平滑法预测下一个月的产品销售量，并对第14、15个月的产品销售额进行事后预测。分别取 $\alpha=0.1, 0.3, 0.5, S_0^{(1)}$ 为最早的三个数据的平均值。

物流系统业务流程

> **学习导航**
>
> - 熟练掌握业务流程的描述方法
> - 理解业务流程绩效衡量方法
> - 了解业务流程优化的方法和策略

> **导入案例**

IBM 信贷公司的流程重组

IBM 信贷公司为购 IBM 公司产品的顾客提供贷款。IBM 信贷公司起初的业务拖沓得很。贷款的步骤是：①IBM 公司现场销售代表接到客户贷款申请，打电话给 IBM 信贷公司，IBM 信贷公司有 14 名员工专门接听电话并做详细记录；②有人把电话送到楼上的信贷部，由一名专家把信息输入电脑，并核查客户的信用状况，把结果写在一份表格上，派人送到商务部；③商务部根据客户的实际要求，修订标准的贷款合同，并把贷款合同送给核价员；④核价员把各项数据输入电脑，计算出适当的贷款利率，再把利润写在纸上，连同其他文件送到文秘科；⑤文秘科的一位行政主管把所有信息汇总，写成一份报价信，由联邦捷运公司，寄给现场销售代表。

这个流程一般 6 天，最长 14 天。作为销售过程的一部分，这个过程太长了。夜长梦多，顾客会在 6～14 天内改变主意，或另找渠道贷款，或另寻条件优惠的供应商，或干脆取消订单。现场销售代表会着急得不时打电话，询问他那个贷款申请办得怎么样了，但是谁也说不清办得怎么样了，唯一的办法是耐心地等待。在等待中，眼睁睁地看着机会失去。

IBM 公司为了提高办理贷款的申请速度，动过不少脑筋。先是设一个控制台，让各部门办完一道手续立即交到控制台，再传送给下一个部门，这样一来，回答现场销售代表的询问是很方便了，立即可以说清贷款申请办到了什么程度，但就整体办办案过程来说，却又增加了时间。

IBM 信贷公司的两位高级经理想搞清楚问题究竟出在哪里。他们突发奇想，两人亲自拿着一份贷款申请，一个部门一个部门地跑。每到一处，都要求立即办理。结果，他们发现全部手续办完只用了 90 分钟。问题终于搞清楚了，问题就出在各个部门相互交接的拖沓上。也就是问题出在整个流程，而不是单个步骤。认识上有了突破，办法也就随之产生。IBM信贷公司下决心改变原来的做法，重组了业务流程。他们建立了专家系统。在专家系统的支持下，一个专案员，取代了各部门的专家，从而使办理申请贷款的速度取得了"戏剧性"的提高。

案例解析

服务流程需要花费大量的人力成本，长久的等待往往导致客户的极大不满。这就意味着不好的服务流程既不经济，也不能令客户满意。

业务流程的产生也许是业务分工的发展结果，也有可能是出于分权监督上的考虑，如何在不妨碍这些"合理考量"的基础上优化业务流程是我们应该重点关注的。

案例思考

造成业务流程时间过长的原因是什么？不好的业务流程会带来什么危害？

案例涉及主要知识点

业务流程、流程优化、流程绩效

随着产品的日益同质化，企业已经很难在性能、质量、价格上形成差异化的竞争优势。企业竞争表面上是产品与产品的竞争，实际上是产品背后的一系列流程之间的竞争，企业竞争的实质就是流程制胜。

流程是实现商业模式的核心载体，企业需要打造以客户为导向的端到端的流程价值链，以有效整合内部资源，支持战略实现。流程是企业管理体系的关键模块，随着企业的成长，需要不断提升流程成熟度，把例外变成例行、把经验教训总结到流程中去，支持企业做大做强。

企业的使命是为顾客创造价值，为顾客创造价值的是企业的流程。企业的成功来自于优异的流程运营，而优异的流程运营就需要优异的流程管理。本章讲述物流业务流程的相关知识。

第一节 流程概述

随着市场竞争的加剧，如何更好地提高企业的生产效率和经济效益成为企业管理的重点。业务流程的设计与再造理论现在备受企业界人士的瞩目，越来越多的企业纷纷开始关注业务流程的重要性了。

一、业务流程定义

在实际生活中，我们去超市购物从进去到付款出来就是一个简单的采购流程。即确定购买需求——寻找商品——挑选商品——收银台付款。

关于流程的理论上的定义目前存在许多。

在 IMI 研究报告中,业务流程被界定为"一系列将组织运作和顾客需求连接起来的活动"。

米勒把业务流程分析解释为"理解组织业务如何开展的一种方式"。

达文波特与肖特(T. H. Davenport & J. E. Short)将业务流程定义为"为特定顾客或市场提供特定产品或服务而实施的一系列精心设计的活动"。他们认为流程强调的是工作任务如何在组织中得以完成。相应地,流程具有两个十分突出的特点:一是面向顾客,包括组织外部的和组织内部的顾客;二是跨越职能部门、分支机构或子单位的既有边界。根据以上所述,他们把业务流程定义为"以达成特定业务成果或目标的一系列有逻辑相关性的任务"。

国际标准化组织给出的侧重于质量管理方面的业务流程的正式定义是:一组将输入转化为输出的相互关联或相互作用的活动。

二、业务流程的特性与功能

不同的企业有不同的流程,同一个企业有许许多多的业务流程,它们形形色色、各式各样,如采购流程、销售流程、配送流程、生产流程、产品开发流程、投资决策流程等。然而,这些形色各异的流程却包含着一些共同的特性。

(一)业务流程的特性

具体来说,业务流程的特性包括以下几条。

1. 目标性

企业的业务流程是为完成某一任务而设置的。任何任务都有一个目标,当任务完成时,目标也就实现了。对企业来说,流程的投入产出转换过程的结束,就实现了某一既定目标,如生产出某种产品或提供某种服务。因而,流程的首要特性就是目标性,没有目标的流程是不存在的。反过来,不同的目标形成不同的流程。如果所处的位置不同,看问题的角度不同,即使是处理同一件事情,流程也可能不同,因为他们实现的是不同的目标,这也就给企业对流程进行优化和改进提供了空间。

2. 整体性

企业的业务流程是由活动构成的,单个的活动不能称为流程。活动间通过一定方式的结合,共同实现某一目的,就构成了流程的整体特性。流程的整体性说明流程是有边界的,有起点,也有终点。边界以外定义为流程的环境,有输入和输出,流程的任务就是将输入转化为特定的输出。

一个流程至少是由两个活动组成的,并且这两个活动还要以一定的方式连接起来,随意放在一起是不起作用的,因此,整体性也意味着流程的结构性。流程的整体性对认识和理解流程有积极的作用,特别是当我们对已经存在的流程进行优化和重组时,认识流程的整体性是非常有帮助的。

3. 层次性

企业的流程是通过多种活动的投入,从而产生出一定的结果,实现一定的目的,是一个投入—产出系统,具有系统的层次特性。组成高层次流程的活动本身就是一个流程,有的往往还是一个复杂的流程。构成中间层次流程的活动,有的又是另一层次的流程,如此细分构成企业流程的多层次特性。了解流程的层次性,可以使我们从宏观上把握流程,并逐步深化流程的分析。

4. 结构性

企业流程的结构指的是组成流程的各种活动之间的相互联系与相互作用方式。如流程的串联结构、并联结构和反馈结构等。企业中的流程各式各样,但从活动间的关系来看,不外乎串联、并联与反馈三种结构。通过这三种结构的种种组合,使企业中貌似杂乱的活动呈现出井然有序的规律。

(二) 业务流程的功能

企业业务流程的功能是指企业流程在与环境的相互作用中所显现出的能力,即企业流程运作过程中所能起的作用。从不同的角度考察,企业流程显现出的功能是不同的。一般来说,流程能够实现的功能如下。

1. 展示活动间的关系

系统的结构与功能往往反映了系统的内外关系,系统的功能与结构之间必然存在着一定的联系。对于某一自然系统,结构是功能的内在根据,功能是结构的外在表现。企业的流程作为一个系统,其首要功能就是反映流程的结构,即展示活动间的关系。

对某一流程来说,组成该流程的活动不变,但改变了活动间的逻辑关系,流程输出的结果并不完全相同。另外,若组成流程的活动不变,但活动的空间关系与时间关系发生变化也会使流程显现出不同的功能。总之,流程的活动发生变化或活动间的关系发生了变化,就构成了不同的结构,因而具有不同的功能。从流程所显示的功能也可以判断流程的结构,从而推导出活动与活动间的关系。

2. 实现分工的一体化

分工是指将原本一个人完成的活动,拆分成几个活动,分别让几个人来共同完成。分工之所以能实现,主要是由于分工后的活动顺序依然能按分工前的一样进行,也就是说,活动与活动间的主要关系能维持不变。它与流程的整体性是相联系的。

3. 描述流程执行者、执行规则、花费时间及占用资源等

如果完成某一任务非常强调时间的重要性,我们不妨在流程图的各个活动中标上时间,这样就可以从流程图上清楚地看出完成某项活动需要多少时间。企业的流程是相关活动的集合,而这些活动总是有一定的承担者,他们或是个体或是群体。现实的企业管理由于权、责、利对等的管理原则存在,因此在企业的流程中,往往要标明活动的承担者,只是完成这些活动的群体往往不是一群具体的人,而是群体的抽象集合,多以部门或其他的组织名义出现,即某活动表面上看是由某一部门,而不是具体的人来承担,这并不意味着流程中的活动可以不用人来完成。事实上,它表明流程的某些活动的完成主要跟某一部门有关,而与该部门中具体由谁来完成没有关系。

三、业务流程描述

流程描述就是根据读者不同的需要从不同的视角来"展现"流程。流程的描述包括展现整个流程体系、展现某一核心流程,或者展现某一子流程,或者某系列操作,采用的方式不尽相同。

企业各层次的流程一般采用不同的描述方式,不同类别的流程描述方式也可以不同,但一个企业只应当有一套确定的描述体系。因此,我们应当走出一个误区,即"企业的流程都应当平等并采用相同的描述方式"。

正因为描述不同的流程要采用不同的方式,因而就产生了很多流程描述方法。对流程进行描述的方法主要有文本法、表格法和图形法等。

文本法就是用文字形式对流程进行描述。如用文本法描述一个患者到医院的看病流程。患者首先要到挂号处进行挂号,然后到诊疗室看病开药,拿到药方到药房,药房对其进行划价,患者再回到挂号处去交费。最后去药房取药,看病流程就结束了。

表格法就是用表格形式来描述流程。如对上述看病流程采用矩阵式时间表来描述如表 6-1 所示。

表 6-1 图表化的看病流程

部门名称	医院		流程名称	看病流程		
层次	1		概要	主导业务		
挂号处	诊疗室	药房	作业	处理时间	周期时间	
A	B	C		(分钟)	(分钟)	
开始			1	5	5	
挂号			2	6	15	
	看病开药		3	8	10	
交费		划价	4	10	15	
		取药	5	9	30	
		结束	总计	38	75	

对于患者而言,有效的活动是"看病开药",仅仅花费了 15 分钟,占总时间的比例为 20%。

为了得到业务流程的直观印象,人们通常会采用图形法来表示流程。一些常见的流程描述法有:流程图法、角色行为图法、IDEF0 描述方法——角色行为图法、IDEF3 描述方法、事件驱动过程链 EPC、Petri 网。

通过文字表述描述流程缺乏表述能力,无法有效地实现不同设计者之间有效的沟通和交流。为了更好地认识流程、分析流程,以及对流程进行重新设计,必须有比较直观的图形表示,可以清楚地看出活动之间的关系如何,流程与流程之间的关系如何等。请看下面的一个例子。

【例 6-1】

请用流程图法描述一下整个物流业务的流程。

解:整个物流的业务的流程可以用图 6-1 所示的流程图来描述。

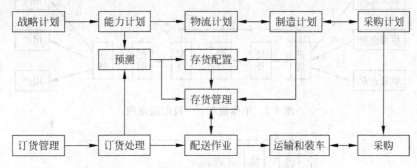

图 6-1 物流业务流程

由上图可知流程描述图必须具备的特性如下。

1. 简洁明了性

流程是由活动组成的,而活动是个相对概念,很多活动本身就是一个复杂的流程,流程中套着流程。因此,在绘制流程描述图时就存在着取舍问题,即视研究安全和方便的需要而确定画到哪一层次,与研究无关的层次就不要画出,以免干扰视线,使流程描述图出现不必要的复杂化。流程描述图的简洁明了性要求流程描述图一目了然,不拖泥带水。

2. 表达完整性

表达完整性指的是流程描述图要能充分地描述出企业流程的主体、流程的各组活动及其相互关系。由流程的整体特性大家可以清楚地认识到,流程是由若干活动通过一定的方式的结合而形成的,它有自己明确的起始活动和终止活动及特定的接受对象。只有这样,一个完整的流程才能产生特定的结果。通过完整的流程描述,人们很容易就能了解流程的来龙去脉,流程所包含的组成活动,各活动间的结合方式,有的流程描述图中还可以看出各活动是由什么部门的人参与的。流程的完整性要求流程描述图能显示出流程的基本特性,不会使人感觉不知所云。

流程图法是一种最常用的流程描述方法,它遵循 ANSI 标准,优点在于可理解性强,但同时存在表述不确定性太大,无法清楚界定流程界限等缺点,特别是流程图中的输入、输出不能模型化,所以可能失去关于流程的细节信息。

随着企业业务流程理论的发展和完善,为了使流程图法能够满足企业跨部门职能描述的需求,流程图法逐渐为人们进一步拓展为跨功能流程图法,它主要用以表达出企业业务流程与执行该流程的功能单元或组织单元之间的关系,其组成要素包括:企业业务流程、执行相应流程的功能单元或组织单元。在形式上有横向功能描述和纵向功能描述两种。

在具体用流程图法来描述业务流程时,根据待描述对象的复杂性,可以将企业的流程图分为两大类：单体流程图（见图 6-2）与综合流程图（见图 6-3）。单体流程图主要是反映企业的某一单个流程中各活动的组成及活动之间的逻辑关系。企业中大量的流程图都是单体流程图。综合流程图反映的是企业众多的流程中，流程与流程之间的关系。综合流程图不是以活动为基本单位，相反，它以一个个活动的集合——流程作为基本单位。它反映了构成一个个流程的群体与群体之间的关系，而不是个体与个体之间的关系。

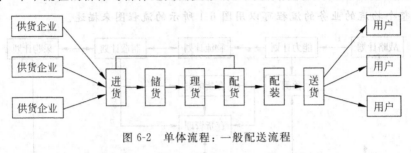

图 6-2　单体流程：一般配送流程

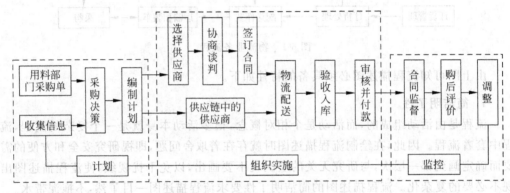

图 6-3　综合流程：采购作业流程

一般来说，单体流程图的绘制比较简单，只要跟踪某项活动的转移，就能清楚地知道该流程如何运作，通过一步步地记下各活动名称和活动之间的关系，把它们连接起来就形成了一张特定的单体流程图。由于单体流程图的形式比较多，应根据需要选择合适的形式。

综合图的绘制就比较复杂。首先要绘制其公司级的综合流程图，再根据需要绘制次级的综合流程图。在绘制公司级的综合流程图时最重要的是要厘清企业中有哪些主要的单体流程，这些单体流程之间的关系如何，其层次性又如何。也就是说，通过高度的概括，才能够使这些单体流程尽可能地包含进去，形成一些最高级的主要流程，然后再厘清这些主要流程之间的关系，才能够绘制出企业的高阶层综合流程图。

第二节　物流业务流程分析和诊断

业务流程面对不断变化的客户需求，需要得到及时地调整和改良。如何对业务流程进行调整，以及调整到什么程度，这就必须再对流程进行分析，以得出对流程进行调整和改良的依据。流程分析是流程管理的重要手段和工具。

一、选择需要改进的关键流程

在企业流程再造过程中,首先要对企业流程的现状进行了解。以前的大多数企业基本是以职能方式进行管理,没有流程的观念,其实流程就存在于企业的内部,只是运作效率如何却未做专门的分析。企业流程再造工程就是要树立流程观念,以流程的方式进行效率管理。因此,在识别和描述现有流程的基础上,对流程进行分析诊断,找出需要改进的流程就成为首要任务。

通常情况下,一个企业内存在的流程有成百上千个,这些流程大致可分为两种类型:一类是围绕着职能线形组织运转的子流程,从单个部门内进行投入,并在这个部门形成产出;一类是跨职能流程,这类流程横跨多个职能部门,没有一个人对整个流程负全责。我们所需要选择的关键流程应当是第二类跨职能流程。企业物流系统中的子系统(运输、仓储、包装、装卸搬运、配送、流通加工、物流信息等)基本都属于关键流程,系统中的所有环节在不断运作、相互作用,最终按预定要求实现对象在时间维和空间维的状态变化,即作为系统输出的物流服务。

每家企业都有许多关键流程,但并不是所有关键流程都存在问题,况且企业的资源有限,企业流程再造人员的精力有限,企业应当优先选择存在重大问题的关键流程进行改进。企业选择需要改进关键流程的方法有以下几种。

(一)绩效表现与重要性矩阵

绩效表现与重要性矩阵是一个既简单又非常有用的工具,它在帮助发现最需要改造的流程方面具有十分重要的作用,如图6-4所示。

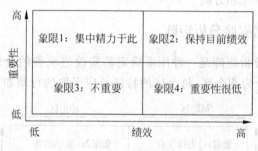

图6-4 绩效表现与重要性矩阵

横坐标表示绩效,纵坐标表示重要性。
(1)第1象限重要性最高,绩效又最低,该流程一定要改造;
(2)第2象限绩效高,重要性也高,需要保持目前状态;
(3)第3象限重要性低,绩效也低,可以不管;
(4)第4象限绩效很高,重要性很低,也不是太重要。

对于功能性的物流企业来说,一般只提供某一项或者几项主要的物流服务功能,如仓储服务企业、运输服务企业等。这类企业应该把具有专业化优势的服务流程予以相当的重视,其流程的优化对企业的生存有着决定性的影响。

（二）流程对顾客的重要性矩阵

流程对顾客的重要性矩阵是通过考察流程对顾客的重要性与实施流程再造的成本这两个指标的综合效应来决定是否对某一流程实施再造,如图 6-5 所示。

图 6-5 再造成本与重要性矩阵

横坐标表示流程对顾客的重要性；纵坐标表示实施再造的成本。

（1）第 1 象限实施再造成本高,对顾客的重要性低,处于这一象限的流程是最后改造的对象。

（2）第 2 象限实施成本高,对顾客的重要性也高,也不应当首先实施再造。

（3）第 3 象限实施成本低,对顾客的重要性也低,可先不考虑。

（4）第 4 象限对顾客非常重要,实施成本也很低,应该首先进行再造。

企业物流活动的主要目的就是在降低企业物流成本的基础上,提高企业运作效率,最大限度地满足顾客的需求。因此,应当充分分析企业物流流程对顾客重要性,以此作为企业流程改进和再造的目标和方向。

（三）需求与准备程度分析矩阵

需求与准备程度分析矩阵是一种用来确定需要改进流程的分析工具,其基本分析图如图 6-6 所示。该图分为四个区,每个区的特征及应采取的行动如下。

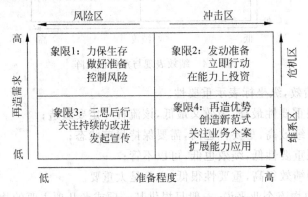

图 6-6 流程再造需求和组织准备分析

（1）危机区。第 1 象限和第 2 象限属于这个区域,在这个区的流程应尽快启动企业流程再造工程。

(2) 维系区。第3象限和第4象限属于这个区域,在这个区的流程是否要重新设计并不紧迫,因此,应谨慎考虑是否实施再造。

(3) 风险区。第1象限和第3象限属于这个区域,处于这个区的流程必须投入足够的精力去规避风险。

(4) 冲击区。第2象限和第4象限属于这个区域,处于这个区的流程适合进行流程再造工程。

(四) 标杆超越

利用标杆超越的方法可以找出可改进或需改进的流程,它可在各个层次上针对各种对象展开。

(1) 标杆超越可比较的范围:
① 同一分支中的不同部门;
② 同一组织中的不同分支;
③ 同一行业中的不同组织;
④ 同一行业中的相同组织;
⑤ 不同行业中的不同组织。

(2) 标杆超越可以比较的各种活动有:
① 生产率;
② 人力资源管理;
③ 技术应用;
④ 预算与财务绩效;
⑤ 计划与项目管理业绩;
⑥ 物流运作效率。

这个方法在现实应用中很常见,它的主要思想是企业将本行业内或其他可参考的目标机构作为标准,将自己与之进行全面对比来寻求差距,向标杆组织学习并最终超越它,成为最好的。例如,福特公司在将自己与马自达公司进行标杆瞄准时,发现自己的货款结算部门人员多于对方。通过研究发现,问题的实质在于福特公司的货款管理流程仍然是基于人工劳动的,而信息技术的发展使信息处理能力大大提高了,原有流程建立的基础不复存在,福特公司因此对流程进行了全面的再设计,结果人员减少了80%,处理时间也缩短了一半以上。通过流程的分析和再造,福特公司不仅提高了企业业务的效率,也提高了企业在市场中的竞争力。

选择需要改进的关键流程的方法很多,企业可以根据自己的具体状况,选用适合本企业的方法,如果几种方法结合使用效果会更好。

二、确定需要改进的关键点

(一) 确定流程需要改进的关键点

在确定了需要改进的关键流程后,就需要对这些流程进行诊断,每一个流程都是由一系列活动组成的,但并不是每一个活动都需要改进,因此,需要找出这些流程中导致绩效低下的关键点,然后分析造成问题的原因,从而开始流程的再设计。

1. 识别流程关键点的标准

识别流程关键点的标准主要看某一活动发生变化,能否对流程运作产生影响,及这一活动效率的提高,能否使流程更好地满足客户的要求,能否大幅度提高企业的绩效。如果能,则这一活动是该流程的关键点。

2. 识别流程关键点的方法——五要素分析法

该方法认为影响流程运作的五个因素分别是:流程上游方、流程下游方、流程内的人员技术因素、流程环境和流程控制评价方。

通过分析以上五个要素,我们就可以在实际流程体系中发现对流程影响最大的因素,从而确定流程改造的关键点,然后,流程再造人员就可以有的放矢地展开工作。

识别流程的关键点是流程识别诊断工作的关键环节,这一步工作做好了,就代表着流程的识别诊断这一阶段的工作都做好了,否则前功尽弃,因此,企业流程再造一定要给这一步骤相当的重视。

某制造企业的业务流程如图6-7所示。

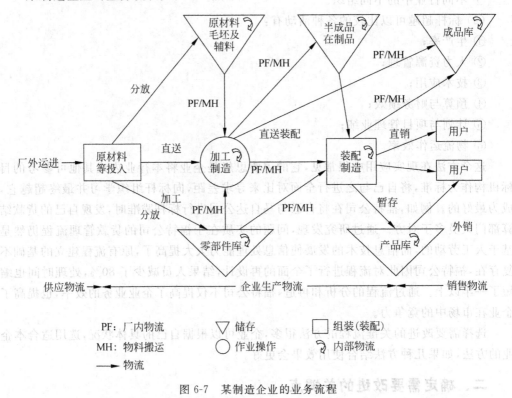

图6-7 某制造企业的业务流程

从生产企业内部原材料和协作件的采购、供应开始,经过生产制造过程中的半成品存放、搬运、装卸、成品包装及运送到流通领域,进入仓库验收、分类、存储、保管、配送、运输,最后到消费者手中的全过程。

这个流程的关键点需要根据各关键流程的实际实施情况来进行分析。流程中的很多工序,应该说都可能成为关键点。

图中物料在加工点之间的运动就是物流活动。其中的装卸搬运过程就是流程的关键流程,搬运装卸作业如堆放拆垛作业、配货作业、搬送、移送作业就是流程的关键点。确定了关键流程和关键点后就可以对流程进行改造,比如,在未进行流程优化之前,该制造企业机械化程度低,多采用人力,并且由于物流作业规划和管理的忽视,倒搬次数多,货物损坏程度高,这不仅浪费人力、物力,还降低企业效率。因此,要首先考虑企业物流活动的机械化,减少装卸搬运次数,从而达到降低物流作业费用,保证持续生产的目的。

(二) 新流程的再设计

在找到流程再造的关键点之后,就进入了新流程的再设计阶段。在这之前我们要分析如何来处置流程的关键点。一般应遵循以下步骤。

1. 分析原有流程对关键点的处置

原有流程的形成是建立在当时的环境状态之下,现在环境发生了变化,原有流程的关键点也随之发生了变化。比如市场已经由卖方市场变成了买方市场,许多企业已将企业运作的核心变成了为客户提供满意的服务,以前职能性的管理方式显然已不能适应现代企业发展的需求。

对原有流程的关键点,我们可以通过分解其技术、人员、组织关联、外部影响的办法来分析。分析原有流程关键点所使用的技术、涉及人员、组织部门,以及它是基于何种外部环境建立起来的。

2. 使用主次活动分析法分解原有流程

主次活动分析法是基于这样一种认识,即我们在任何一个流程当中,有一些活动是最基本的,是完成流程的目的所不可缺少的,而有一些活动是为了适应流程要素状况而产生的,它的存在只是为了提高在当时要素条件下的流程效率。

主次分析法将流程中的活动分为两类,一类是"不得不这么做的活动";一类是"不得已这么做的活动",我们将流程中的关键点使用这种方法进行分解。另外,我们还要对流程的活动承担者和活动实现方式做类似的分析。通过对流程的主次分析,所找到的次活动就是我们要进行再造的基础。

处置流程的关键点是为进一步的再设计做准备,它使流程再造的目标更为明确。

三、流程分析的内容

流程分析,在找出、定义需要分析的流程后,就要对流程内容展开分析。流程分析的内容如下。

(1) 分析业务流程的客户及客户需求,分析业务流程是否满足其客户需求,分析目前的流程是否是最佳解决方案。

(2) 分析整条流程运行所消耗的资源,包括人力资源、时间资源(流程周期)、财务资源,以及制定流程战略相关的管理资源、技术资源等,分析这些资源是否得到了充分的运用,是否存在压缩的空间。

(3) 分析流程的瓶颈环节,以消除这些瓶颈的消极影响。

(4) 分析流程的内部控制以及控制风险,分析整条流程的控制程序是否设置健全并得到遵守。

(5) 分析流程的稳定性,分析流程在执行过程中由于人的因素的影响而产生的流程变动风险。

以上物流流程分析的内容是相互关联而非相互独立的,在实物中结合使用,往往能揭示出流程管理中的深层问题,使流程得到更好的调整和改良。

(一) 客户需求分析

通过下面的一系列问题来对企业流程的顾客需求进行分析:第一,谁从流程得到产出。这个问题能够使流程分析人员了解企业流程所面对的所有顾客,只要是从流程得到了产出,无论他是直接得到流程的产出,还是间接得到流程的产出,无论他得到的产出是多与少,他都是流程的顾客。例如,对于物流企业而言,企业内系统流程的产出是物流服务,只要是从物流企业得到一定的服务的都是物流企业的客户。第二,他们对流程的期望是什么。通过这个问题我们可以对顾客进行分类,然后就可以按照顾客的类型提供特定的产品或服务。例如,物流企业可以根据不同客户的需要提供功能性的物流服务,如运输、配送、流通加工等。第三,他们将如何使用流程的产出。这个问题有助于我们确定自己的产品或服务将被使用的状况及要求,从而设计出能够满足顾客的流程。第四,如果产出有问题,对他们会有什么影响。产出有问题对顾客的影响越大,顾客对流程的依赖性就越弱,流程对顾客的控制力就越小,企业就处于被动的地位。反之,企业就处于主动的地位。流程的产出对于顾客的重要性决定了顾客对企业流程的依赖程度。第五,如果出现问题,他们怎样向你提供反馈意见。一个流程只有不断地得到顾客的反馈,才能不断地自我完善。这样的流程才能满足顾客的需求,永远立于不败之地。例如,物流系统流程的输出结果不一定符合理想,可能偏离预期的目标,因此,要将输出结果的信息返回给输入,以便调整和修正系统流程的活动。

以一个制造型企业供应链流程为例。供应链是企业的一条主流程,它是由采购管理流程、制造管理流程、物流管理流程、销售管理流程、客户服务流程组成。除此之外,整条供应链的运行过程实际上是企业的人力资源、财务资源等不断转换,并最终为客户提供产品和服务,以使企业通过经营活动得到增值的过程。

流程管理是以客户需求为导向。通常,我们都把企业的客户划分为内部客户和外部客户。所谓外部客户,就是那些正在、已经、潜在的购买企业产品和服务的组织或个人,他们是企业赖以生存的根本所在,满足他们的需求是企业生产经营的目标,即执行流程的目的。直接与外部客户接触并为其提供服务的部门应是企业最重要的内部客户,如市场策划部门、销售部门、客户服务部门、产品的工程安装部门。这些部门可以统称为营销类部门,处于供应链的末端,只有使它们很好地得到企业内其他组织的服务和支持才能更好地服务于外部客户,使外部客户满意。

不论是内部客户还是外部客户,流程管理的最终目的都是能更好地为外部客户提供产品和服务,以满足其不断变化的需求。满足客户需求,首先要知道客户的需求信息。获取这些信息主要有两个途径:外部获取和内部获取。

1. 从外部获取客户需求信息

从外部获取客户信息有两个途径:一是从社会宏观环境的变化中发掘客户需求信息;二是从客户那里直接获取需求信息。

(1) 从社会宏观环境的变化中发掘客户需求信息

社会宏观环境的变化往往蕴含着客户需求的发展趋势。比如,随着家庭轿车售价的不断降低及普及率的不断提高,可能以为客户对物美价廉的汽车修理、装潢服务的需求将大力提升;对学费低廉、学习时间灵活的驾驶培训班的需求的提升;对传播汽车知识、信息的杂志、书籍的需求的提升等。

(2) 从客户那里直接获取需求信息

对客户进行满意度调查或需求调查是从客户身上获取需求信息的最直接途径。人以群分,不同的客户群体对企业所提供的产品或服务的需求也是不同的。所以,这样的调查应建立在对客户或市场进行细分的基础之上。

2. 从企业内部获取客户需求信息

从企业内部挖掘客户需求信息,指的不仅是外部客户的需求信息,还包括内部客户的需求信息。

(1) 外部客户需求信息的挖掘

在企业内部,最容易捕获这些信息的是直接与客户接触的部门和职员,如销售部门、市场部门、客户服务部门等。由于部门间的隔离或其他因素,这些信息往往难以得到有效的整合与验证。另外,许多企业都建立客户关系管理(Customer Relationship Management,CRM),系统蕴含着丰富的客户数据,将这些数据进行充分的统计、分析后能提炼出可靠的客户需求信息,但是,这种信息的提炼工作往往被企业忽视。由于以上原因,使企业的决策者们难以从企业内部获得有效的、足以支持其决策的客户需求信息。

存在于企业内部的客户需求信息是企业重要的资源,应该得到充分的挖掘和利用。

我们可以将企业内部的客户需求信息做以下分类。

A 类:管理者所掌握的信息。这些信息可能是管理者从客户那里或通过特殊渠道了解和掌握的信息,也可能是其通过对社会宏观环境变化的分析、判断所得到的信息。

这类信息的优点是通过提炼且信息集成度高,容易得到其他信息的佐证,缺点是少且不容易得到。

B 类:企业营销部门内有影响力的员工所掌控的信息。所谓的营销部门有影响力的员工是指那些资深的或业绩优秀的营销人员、资深的市场策划、分析人员、资深的客户服务人员。这些员工或者有着丰富的工作经验,对市场信息有着超出普通员工的敏感性;或者与客户建立了长期的良好的合作关系,拥有自己的特殊信息渠道。这类信息的优点是信息集成程度高,可靠性强,也容易被管理者所理解和接受,缺点是这些有影响力的员工为了保证自身的利益,往往不会轻易将这些信息进行"分享"。

C 类:营销类部门中普通员工所掌握的信息。由于能直接和客户接触,使营销类部门中的普通员工在日常工作中也能积累一定的客户需求信息。这类信息的优点是量多、原始、及时且容易取得,缺点是比较分散,信息的集成度不高,容易被企业的管理者忽视。

D类:其他非营销类部门了解和掌握的信息。这类信息的特点是集成度差,可靠性一般,一般得不到管理者的重视。

理智的决策依赖可靠的信息。由于决策者通常是自上而下地以管理者为主导,而管理者在决策时需要寻找其认为最可靠的信息作为依据。A类信息是管理者最有可能重视的,B类居其次,C、D类信息往往不被重视。管理者在进行决策时如果缺少C、D类信息的支持而仅依赖A、B类信息显然是不充分的。所以,必须对以上四类信息进行充分的挖掘和整合。

建立从上而下贯穿多个部门、岗位的信息沟通渠道,并辅以相应的激励措施是挖掘和整合散落在企业内部的市场信息的有效方法。

(2) 内部客户需求信息的挖掘

企业中营销类部门只有得到整条供应链流程强有力的支持才能决胜于市场竞争。供应链上各个子流程分别由企业内部的不同部门主导执行,要使整条供应链高效运行,就必须提高企业内部客户满意度。企业的管理者可以通过"内部客户满意度调查"发现、诊断企业内部的部门间合作问题,并据此来提高部门间合作满意度,提升整条供应链的运行效率,并最终满足企业外部客户不断变化的需求。

Wilson Art 公司是生产家具与装修用装饰板的企业,该公司面对强大的竞争对手,采取了满足顾客需求的战略。从顾客需求分析中发现购买其产品的顾客有三类,并且都在交货时间和品种选择上比较挑剔。为此,该公司从制造生产、按订单加工、提供服务等各个方面满足顾客的需求:①在公司各分销中心备有现货,以保证在 24 小时内将货物运送到零售商手中;②每种产品生产 12 种以上色调,公司能按订单在 10 日内完成制作并送货到顾客手中;③建立顾客索要资料速递和计算机管理系统,对要求了解更多产品与商务信息的顾客服务代理亲自处理;④公司可按顾客提出的色调,包括竞争对手出售的产品色调制成样品,保证 10 日内送达顾客。

在采取这种竞争战略后,Wilson Art 公司大大提高了对顾客需求的响应时间,并与原材料供应商合作生产,保证双方获利,同时,压缩了公司生产的运行时间,迅速扩大了市场份额,取得了骄人的业绩。

(二) 流程的资源状况分析

流程是企业内部不同部门、岗位共同完成一项工作以输出流程结果的先后顺序。但是为了输出这个结果也相应会消耗一些人力、物力、财力以及时间。所消耗的这些资源都是所输出流程结果的成本。如果输出结果的价值小于成本,那显然是不合理的。所以,需要对完成一个流程所需要消耗的资源进行分析。

我们可以将完成一个流程所需要消耗的资源划分为三种:人力资源、财务资源和时间资源。其中人力资源和财务资源是构成流程资源消耗的基础。

1. 流程的人力资源成本分析

人是执行业务流程的主体。由不同岗位的人共同参与才能执行完一个流程，这就需要消耗人力资源。分析人力资源应当从企业高层领导者、企业管理人员、企业技术人员和企业员工四类人员入手。分析各类人员的年龄、文化程度、招聘渠道、工作效率、健康状况、人际关系等，找出企业人力资源开发与管理上存在的问题。

2. 流程的财务成本消耗分析

财务资源是流程成本的主要组成部分。可以分为财力资源和物资资源。财力资源通常是指货币资金，因为执行一个流程需要发生一些费用、消耗一些货币资金。分析财力资源应当从企业长期的净收入趋势及总资产利用状况入手，并计算出企业为保持发展战略所要求的增长率而必须进行再投资的数量。另外，还要分析企业资金来源、资金使用结构状况、企业获利能力及经济效益、企业利润分配状况和成本结构等。物资资源是执行流程所需消耗的非货币性资产。分析企业物质资源要分析企业的原材料、辅助材料，企业对原材料的消耗定额，企业设备的新旧程度、先进程度、利用程度，企业生产所需煤、气、电等其他能源的供应状况，企业生产产生废物的排放等。

任何企业流程战略的实施，除了应当有以上三种资源的消耗外，还需要有另一些重要的资源相配合，因此，就能够保证企业制定的流程战略可以更好地与企业资源状况相结合。这些资源有管理资源和技术资源等。管理资源的好坏直接影响企业的运作效率。分析管理资源应从分析企业组织结构状况、管理制度建立、管理职能设置、管理人员素质状况等入手；技术资源在企业生产中扮演着极为重要的角色，企业只有拥有先进的技术，才能与竞争对手相抗衡，因此，企业在制定流程战略时应当充分考虑企业的技术水平，采取相应的流程战略。分析技术资源应当从企业研究与开发能力、R&D占总销售收入的比重、企业对信息技术的采用程度和产品质量水平等入手。

企业在制定流程战略前，一定要了解企业现有资源。只有企业具有充足的资源，才能保证企业流程战略的顺利实施。

（三）流程的瓶颈分析

执行流程所输出的结果需要保证效率和质量。流程的结构基本可以划分为串联、并联和混合三种。如果流程中的某一个环节出现问题，就可能影响整个流程输出结果的效率和质量，我们将这些出现问题、影响流程执行结果的环节称为流程瓶颈。流程瓶颈的形成原因主要有以下几种。

1. 流程在执行过程中资源分配不均衡

流程执行过程中需要投入人力资源和财务资源。

流程中某个环节由于人员数量投入不足，会使其操作速率低于其他流程环节的速率；由于操作人员素质或熟练程度等原因，使其操作质量水平低于其他环节的质量水平；由于财务资源投入不足，而使该环节的质量和速率低于平均水平。

解决由于资源分配不均衡所造成的流程瓶颈的唯一办法就是综观整个流程，重新划分、分配对整个流程的资源投入。

2. 流程的执行者没有尽责

虽然通过 IT 手段可以将某些流程从人工执行转为自动操作，但是从企业的整体而言，人还是流程的主要执行者。有时候，我们会发现某些流程环节中的人员数量充足、人员素质和操作熟练程度也较高，但是仍然成为整个流程的瓶颈。这是因为，作为流程执行主体的"人"，并没有完全尽职。人是复杂的动物，导致人或者组织不能尽职尽责地执行其工作的原因有很多，比如激励不足、赏罚不明、组织文化散漫等。

面对这种原因造成的流程瓶颈，可以通过加强激励、加强组织与个人之间的沟通，以及调整组织内的人员构成等手段予以改善和解决。

3. 由于流程之间资源抢占冲突而产生的瓶颈

如果一个流程为下游若干个流程提供输出结果，下游流程之间就容易为抢占上游流程输出结果而产生冲突，并形成瓶颈。

（四）流程的内部控制分析

流程是分析企业内部控制特别是控制程序的有效工具。流程是以客户需求为导向变动的，所以控制程序所作用的控制点也是随着流程的变动而变动。充分的控制程序能在事前为企业有效规避经营风险。但是，"充分"并不意味着控制越多越好，只有当控制程序恰好能平衡、控制企业经营者所能承受的控制风险时，且设置控制程序所消耗的成本不超出执行流程所产生的效益时，才能认为这种控制程序是充分的。

企业的主要资源，特别是财务资源，绝大部分是通过供应链来进行转化和变动，所以，企业主要的关键控制程序应位于企业的主流程——供应链上。这并不表明财务部门、人力资源部门的控制程序就不重要，恰恰相反，这些支持流程也是供应链上不可或缺的组成部分。

供应链上的采购、制造、物流、销售等流程都是"端对端"的闭环流程。这个供应链正是由这些闭环的流程环环相扣连接而成。比如采购管理流程，它一般是自采购需求开始，经过采购计划、供应商选择、询价定价、合同签署、采购订单下达等环节，最后货到付款，整个流程结束。我们也可以把这整个过程称为"采购付款循环"。有趣的是，如果供应链上某个环节的流程没有封闭，也就相当于没有执行完毕，那么，其下一环节就无法顺利执行。比如，采购管理流程没有执行完毕，相当于货未到或款未付，无法顺利进入制造管理流程也就理所当然了。

利用流程对内部控制进行分析，首先，需要确定一个控制目标；其次，根据内部控制目标来确定关键的内部控制（或者控制程序）；最后，分析这些关键的控制程序，确定是否有重复、优化的可能。

流程的内部控制分析必须注意以下两点：

（1）充分考虑企业的内部控制环境。不同企业对内部控制程序的要求也不同，这是因为不同企业其内部控制环境也是有差异的。好的内部控制环境风险相对小，适当减少控制程序也不会影响控制目标的实现，并可以降低控制成本；如果控制环境较差，可以适当增加控制程序以保证控制目标的实现，但那样会提高控制成本。

（2）必须测试流程的实际执行情况。比如，像"职责分离"这样的控制程序只有通过实地观察才能确定是否得到贯彻。

（五）流程的稳定性分析

流程在实际执行过程中，特别是在跨部门执行过程中，如果遇到部门间壁垒或沟通不畅等原因，就容易发生变动。这是流程的"流动"属性所致。这些变动很多情况下体现在"职责"的偏移。

流程在执行过程中发生职责偏移会给整个企业带来风险和损失。可以通过运用一些合理的手段和方法来钳制这种情况的产生和恶化。比如，让公司高层亲自介入领导并调节部门间的矛盾和配合问题，使企业能够持续高效地运行。

流程的稳定性是相对的，业务流程并不是越稳定不变越好，特别是销售流程，由于要直接面对外部客户，时刻需要满足外部客户不断变化的需求，如果销售流程稳定不变，反而会带来风险。所以流程应该具备灵活性，不断变化以满足客户的需求。问题是，这样的流程变动将会带来一定的风险，而这些风险应该得到控制。建立流程变动监控体系来随时监控这些流程变动，是控制这些流程变动风险的有效方法。

物流企业的配送系统是物流系统的一个重要组成部分，同时也是可以改造的关键流程。我们考察这一流程的合理性、有效性和与其他流程的配合程度，就可以分析得出这一流程进行再造的内容和效益。

首先，进行配送运输基本作业流程包括：①划分基本配送区域；②货物分类配载；③暂定配送先后顺序；④安排配送车辆；⑤选择配送路线；⑥确定最终的配送顺序；⑦完成车辆积载；通过对这些流程的分析就可以基本掌握企业配送运输流程情况和所存在的缺陷。其次，可以对运输配送流程的关键点进行分析，如运输控制管理流程。在对运输控制系统的分析和评价中，除了要考虑以上基本作业流程外以外，还需要综合考虑物流系统中的其他环节。运输的速度和可靠性会影响托运人和买方的库存水平（订货库存和安全库存），以及他们之间的货物在途水平。如果为了降低运输成本，企业选择速度慢、可靠性差的运输服务，这样物流渠道中就需要有更多的库存；而此时就有必要考虑库存持有成本可能性升高，而抵消运输服务成本降低的情况。反过来，如果单纯追求运输的速度和可靠性，则可能导致运输成本的大幅度上升，这也不是托运人和买方所希望的。最合理的就要在既能满足客户需求，又能在总成本最低的基础上规划和设计运输流程。在确定了运输（关键点）的方案后，就可以确定该流程关键点的内容，包括：①运输方式的选择；②运输批量和运输时间的确定；③自营运输和外包运输；④运输路线的规划和选择；⑤运输流量的分析；⑥运输车辆的配载问题；⑦多种物资的运输问题。最后，对流程的弱势环节进行改造，如为了尽可能地发挥各种运输方式的运输潜力，实行多式联运；对物流各环节的功能和费用进行合理安排，建立协调的比例关系，以增强企业的运输能力；充分运用企业所能运用的运力资源，根据企业采购、生产、销售计划的安排与预测，搞好企业的运力调配，使企业能在即时的期间内，将需要的原材料配件等装运到库，将销售的产品及时配送到关键市场。

四、诊断确定流程的弊端

流程最为常见的弊端是阻碍或分离有效工作流程的活动如业务政策、官僚习气、缺乏沟通,以及非增值活动增加的结果。因此,分析业务流程是应侧重于确认不需要的活动、活动中的瓶颈以及不必要的官僚步骤等方面。

在对业务流程进行诊断时应做好以下几项工作:①对文件、提案以及报告的必要性逐个进行审查,并确认所有不需要的文件或活动;②确认正式和非正式的导致不增值活动的政策和规则等;③确认分离的职能信息系统并整合成为一个单一的全流程系统。

对于现有流程中每一个活动的描述,都应该与在战略阶段设置的目标有关。例如,物流业务流程的目标是为了减少成本和时间,流程中的每一项活动要完成以下工作:①必须将分散时间、延迟瓶颈、需要的人工、每一个活动的成本等每一项都详细记录在案;②把对各种流程行为的具体描述情况列表分析,以便在重新设计流程时,通过现有流程与内外部用户的要求进行比较,分析并确定流程中偏离的部分,追查其原因;③根据其对流程作用的重要性以及它们对于偏离正确行动的影响来确认流程重点存在的问题,按照顺序进行排列,并在随后产生的新流程中消除这些现有病症,以达到整体的行为目标。

此外,流程诊断过程中,要进一步分析了解对企业流程整体效率产生消极影响的授权体制、企业原则、工作流程、人工劳务和工作项目等问题。另外,制造型企业的整体目标是缩短人工时间和成本,因此就必须要深入分析延误时间的原因、影响生产流程的环节、对人力的需求,以及每项工作增长的费用等方面的因素。

第三节　业务流程优化

一、流程优化的基本概念

业务流程一般是由一系列将输入转化为输出的活动组成。由于设计不完善、需求变化、技术过时、官僚主义的滋生等原因,企业中的许多流程变得臃肿且效率低下,使企业的竞争力大为降低。流程优化正是为了解决这些问题。

在企业业务流程的评价与分析过程中,若发现以下三类现象,那么,企业就可以考虑有选择地开展流程优化工作。

(1) 流程所占用的时间或成本存在改进的可能。

(2) 标杆瞄准的结果表明,与竞争企业在产品或服务的配送成本或表现(包括服务或技术支持的响应速度)上存在明显劣势。

(3) 在分析评价流程质量的过程中,发现了对满足顾客需要贡献甚微或几乎无贡献的活动。

二、流程优化的作用

优化业务流程的最终目标是为了提高企业的整体绩效。通过流程优化工作,企业可以获得以下几个方面的改善。

（1）使不同的部门之间或不同的地域之间的障碍极小化，鼓励知识流动。

（2）进行激励创新，优化企业资源使用效率，提高员工技术水平。

（3）改善绩效评估体系，增强组织灵活性和绩效。

（4）提高响应能力，这主要表现在为顾客提供支持性服务的产品发送环节。由于每个子环节的周转速度加快了，就促使紧随其后的环节跟进性地改进动态，并最终提高了顾客的满意度。

（5）从注重内部、注重职能、注重部门的观点转向注重外部、注重整体性、注重顾客价值导向的观点。

（6）降低次/废品率，随着那些容易导致次/废品出现的无效低能环节的减少，次/废品率也将出现明显的下降。

（7）降低成本，彻底消除无效预算，增加收入和赢利。

（8）提高员工满意度。降低流程的无效复杂性意味着员工将被授予更多的权利来对自身工作进行具体决策，这必然会加大加强员工的参与热情与工作干劲。

三、流程优化的方法

流程优化要从整体出发，优化的结果是使流程的全过程都得到改进，流程运行流畅、高效。在改进过程中最忌讳的是次优化行为，即流程中的部分优化。这种优化尽管花费巨大，但效果不明显。因此，我们要为彻底改革流程寻找创造性的方法。下面列出了流程优化的四种主要方法。

1. 时间导向的流程优化

这种流程优化法在降低产品周转期方面运用的越来越广泛。其特点是注重对整个流程中各环节占用时间以及各环节间的协同时间进行深入的量化分析。

2. 成本导向的流程优化

作为最基本的流程优化方法，目的在于通过对特定流程进行的成本分析来识别并减少那些导致资源投入增加或成本上升的因素。该方法适用于对产品的价格或成本影响较大的那些活动，其操作前提是不能以损坏那些必要的或关键的确保顾客需要满足的流程或活动为代价。

3. 系统化流程优化

该方法的特点是以现有流程为基础，通过对现有流程的消除浪费、简化、整合，以及自动化等活动来完成重新设计的工作。一般来说，外部经营环境相对稳定时，企业趋向于采取系统化改造法，以短期改进为主。从多数单位的具体情况来说，比较适宜的方式是采取系统化改造法。

4. 再造性流程优化

该方法的显著特点是立足长期流程能力的大幅改进，而对整个业务流程进行根本性的再设计。该方法强调在企业组织的现有业务流程、绩效及战略发展需要之间寻找差距与改进空间。其实施要求组织自上而下，制订跨部门的执行计划，资源投入相对其他流程优化方式要大得多。在企业外部经营环境处于剧烈波动状况时，企业趋向于采取再造性流程优化,着眼于长远发展而进行比较大幅度的改进工作。

四、流程优化的策略

流程优化的基本原则是:负责执行流程的人越少越好;在流程服务对象(顾客)看来,越简便越好。根据这一原则的要求,我们可以采取下面一些流程优化策略。

(一)消除多余的工作,合并生产工序由一人完成

去除不必要的行政工作、审批和文书工作,去除在流程不同阶段进行的相同活动。凭借信息技术的支持,把被分割成许多工序或工作的流程按其自然形态组装,使其结构趋于简单。但这并不是说所有的流程经过改造后都可以把工作人员减少到一人。为了实现这一构想就需要判断企业中的哪些工序可以删除,哪些工序可以合并,哪些可以委托给企业外的人来做。

美国最大的国内电话服务公司(GTE 公司)就运用"一人包办"的思路,对其维修流程进行改造。该公司的原流程是:用户报修——承修员通知——线路检查员检测、反馈——公司总机技术员汇总——调度员查索、分配——服务技术员(最后完成修理任务)。

经过对一些流程进行删除或合并,新的维修流程是:用户报修——用户维护员(检查线路、查找问题、进行修理),如果无法马上解决,上报公司——服务技术员(进行特殊修理)。

通过对比新旧流程可以看出,原来的程序需要多道转手,时间耗费在交接上,占用人力多,也给用户带来了不方便。而新的流程删除了不必要的部门设置,直接依靠具备综合知识的用户维护员,在计算机网络支持和专业知识指导下就可以完成旧的流程中的大部分工作,只有在用户维护员无法马上解决问题的情况下,才求助于服务技术员,这样便可以大大减少交接时间。在原流程中可以立即解决的问题仅占 0.5%,进行流程优化后就上升到 40%。该公司认为通过增强技术培训后,用户维护员可以立即解决 70%的报修问题。这样,原来需要几个小时才能完成的工作,现在只需几分钟就够了。因此,流程优化以后,流程效率提高了,顾客也更满意了。

(二)将几道不同工序的人员重新组合构造新流程

通过这种策略,可以减少交接手续,实现信息共享,从而大幅度提高了效率。以团队方式开展流程中的工作将是多数企业改造流程的重要策略。

美国联模汽车配件公司主要生产汽车配件,其生存的关键是在众多的竞争者中抢到订单,在制造商提出要求后尽快设计出合适的样品,其原来的工作流程是:①销售代表了解顾客对部件的详细要求;②销售代表将要求告诉设计部;③设计部通过美国邮政部门将设计稿寄到某个车间进行制造;④制造之前需要先在"工具室"制出特需工具,等"工具室"将工具送到制造车间后才开始生产。

这一流程,原来需要用 20 周的时间,而公司的竞争对手完成所有业务流程却只需要 6~10 周的时间。因此,该公司的竞争力很差。为了提高竞争水平,该公司对原流程进行了优化:①由销售代表和工程师组成团队,一同去了解顾客的要求;②在设计配件时,考

虑到很多部件是对原有设计的部分改进,所以先检索微机系统,直接利用已有的部件设计方案,稍加修改即可;③设计稿由邮政部门传递,改为直接从联网的微机系统存取,使销售代表、工程师和制造车间共享信息;④所需工具不限于在固定的制造车间制作,哪里有方便的制作条件便在哪里制作。对业务流程进行优化以后,联模公司的设计时间从20周减到18天,取得订单的竞争力是原来的4倍,利润也达到原来的两倍多。

(三) 强化增值服务,消除流程内无用的非增值活动

对业务流程中的每一项活动进行评估,用以判断其对满足顾客需求的贡献。真正的增值活动就是那些为顾客提供所期望的产品或服务的活动。要做到优化业务增值活动并使非增值活动降到最少或从根本上剔除。一个好的流程就是它的每项活动都要为流程贡献价值。

一般来说,流程中存在两类非增值活动:一类是由于流程设计得不合理而存在的活动。如移送或等待活动,储存和搬运产品活动等。这些活动对于流程产出并不是必需的,而是因流程设计产生的。另一类是由于组织的需要而产生的。

消除无用非增值的活动的方法有:①采用JIT生产方式消除过量的产出;②使用矩阵式时间表流程图找出等待时间,并消除等待时间;③分析流动的原因,消除不必要的移动;④分析作业对于产出的作用,消除不必要的加工作业;⑤使用ABC分类法分析库存,消除不必要的库存等。

(四) 将连续或平行流程改为同步工程,减少流程周期时间

同步工程是指多道工序在互动的情况下同时进行。连续式流程则是指流程中的某一工序只有在前一道工序完成的情况下才能进行,即所有的工序都必须一次按照先后顺序进行。平行式流程就是将流程中的所有工序分开,同时,独立地进行,最后,将各工序的半成品或部件进行汇总和组装。平行式流程的弊端表现在:虽然各工序按标准进行,但偏差总是难免且所有的偏差只有在汇总或组装时才明显地暴露出来。出现这种情况时就要对有些半成品或部件进行修改,有时需要全部返工。连续式流程和平行式流程的共同特点是慢,即流程周期长。传统的产品开发流程都是连续或平行式流程。

思 考 题

1. 运用本章所学的知识来描述一个物流企业的仓储部门的一般作业流程。
2. 对文本描述流程法与流程图描述法进行比较。
3. 试对一家你所了解的物流企业的业务流程进行分析,并判断其是否有优化的空间。如果有,该如何对其进行业务流程重组。
4. 在进行业务流程重组的过程中是不是所有的不带来增值的活动都可以删除?为什么?

第七章

物流系统网络结构

学习导航

- 物流网络的构成要素及其几种典型结构
- 物流节点类型及选址模型研究
- 物流设施规模定位
- 物流设施平面布局

由于物质的生产集中于生产部门,而物质的需求却是多方的,也就是说生产具有集中性,消费具有分散性,正是因为生产具有集中性与消费具有分散性,物流系统就具有了网络化结构。物流业正在逐步形成一个网络化的综合服务体系。全球网络资源的可用性及网络技术的普及,为物流的网络化提供了良好的外部环境,物流网络化的趋势不可阻挡。从社会化分工的角度看,物流业的发展只有在规模经营和网络化运作的基础上才能产生预期的效益。鉴于经济发展对物流业快速发展的需要,我国必须加快物流资源的整合速度,通过网络化经营发挥资源优势,实现规模效应。通过物流网络理论与实践的研究,将使物流产业的资源整合得到理论上的支持和实践上的指导。本章将从实用的角度出发,重点介绍物流网络、物流节点选址、物流规模定位、物流设施平面布局等方面的内容。

第一节 物流系统网络概述

一、物流系统网络概念与内涵

(一)物流网络系统的定义

从系统论的整体观念来看,物流系统呈网络结构形态。网络中有多条支路,各支路的交点称为网络节点(如输油线上的阀门,计算机系统中的门电路等),每一对收发点间都有许多带方向的动态连线,以表示两点间的运动路线。相对静止的节点和动态的连线,构成一个系统网络。

物流系统网络就是把物流系统抽象为由节点与链连成的网络。任意一对节点之间可能有很多条链相连,代表不同的运输形式、不同的路线。节点也代表那些库存流动过程中的临时经停点,如货物运达零售店和最终消费者之间短暂停留的中转仓库。

(二)物流系统网络化原理

物流系统网络化是指根据供应链的要求,将物流经营管理机构、物流业务运作机构、物流设施设备和物流信息处理等物流系统要素,通过统一规划设计,以网络形式组织起来,以实现供应链物流系统目标的过程。由此可见,物流系统网络化的出发点是供应链的要求。物流系统是供应链系统的一部分,供应链是一种高度组织化的资源组合体,本身就是网络,供应链上的所有要素都必须形成网络,所以物流系统要素也必须以网络方式存在,否则,无法与商流系统、信息流系统、资金流系统等配合起来形成供应链。物流网络化有两层含义。

一是物流系统的计算机通信与管理系统的网络化,即包括物流配送中心与供应商或制造商的联系要通过计算机网络,另外,与下游顾客之间的联系也要通过计算机网络进行信息交换。二是物流节点的网络化,即要在业务范围内,按物流服务半径的大小,设立配送中心或配送站点,以满足大范围物流的需求。

我们可以从以下五方面来理解物流网络化的原理。

(1)物流系统网络化的出发点是供应链的要求。供应链是一种高度组织化的资源组合体,本身就是网络,供应链上的所有要素都必须形成网络,所以,物流系统要素也必须以网络方式存在,否则,无法与商流系统、信息流系统、资金流系统等配合起来形成供应链。

(2)物流系统化的对象包括所有物流系统要素。供应链物流系统网络由经营网络、管理网络、业务运作网络、设施设备网络、物流信息网络共同组成,所有物流要素都要以网络方式存在并发挥功能。

(3)物流系统要素要组成网络。系统的要素必须根据物流系统的要求以网络的形式存在,一个仓库如果不与运输车辆等相关要素结合起来发挥功能,它就只是一个仓库,而不可能成为一个物流系统网络中的配送中心,因此,物流系统的系统要素要以网络要素的身份发挥作用。

(4)物流系统网络需要统一规划。集成就是根据供应链物流需求、市场可用物流资源状况、物流系统优化和重组的要求,利用运筹学、系统工程等的理论和工具,对物流经营管理网络、物流资源网络、物流业务网络、物流信息网络进行规划和设计,所以,物流系统网络是规划出来的。

(5)物流系统网络化的目的是实现供应链物流系统的目标。供应链物流系统最主要的目标有:降低供应链物流总成本、满足供应链物流需求、提高供应链物流系统资产使用效率、为公司战略目标的实现提供物流支持等。物流系统的要素必须协同、集成、整合,供应链物流系统要素只有形成网络才能达到这一揽子目标,任何要素之间的冲突和不协同都会阻碍目标的实现。

(三)物流网络化的功能

将企业的物流要素组织成网络有诸多好处。物流网络支持生产和销售网络,能尽可能扩大企业的市场覆盖范围;网络的乘数效应使物流系统效率和要素收益都大大提高;

企业的物流要素组成网络之后,物流系统的竞争能力和抵抗风险的能力也明显增强。总体来说,物流网络化的好处如下。

(1) 扩大市场覆盖范围。通过物流系统网络化过程,将物流系统要素都组织成网络,就可满足这一要求,物流网络支持生产和营销网络,并成为生产和营销网络的一部分。

(2) 提高网络效率。以点状存在的要素组成网络后,每个要素的功能都得以放大,整个网络的功能大大强于各个孤立要素功能的总和。

(3) 提高要素的收益。同样的要素组成网络以后的功能更加强大,提高了要素的劳动生产率,因而整个网络的收益更大,这同时也就提高了要素的收益。

(4) 抵御要素的风险。企业的物流要素形成网络以后,就像组成了一条供应链,供应链的竞争能力和抵抗风险的能力比独立的企业要强得多。

二、物流网络的构成要素

物流系统的网络主要是由两个基本要素构成的:点、线。

(一) 点

点是在物流系统中供流动的商品储存、停留的,以进行相关后续作业的场所,如工厂、商店、仓库、配送中心、车站、码头等,也称节点,点是物流基础设施比较集中的地方。根据点所具备的功能可以将点分为下面三类。

(1) 单一功能节点。这类节点的主要特点是:只具有某一种功能,或者以某种功能为主,比如专门进行储存、运输、装卸、包装、加工等单一作业,或者以其中一项为主,以其他为辅,需要的基础设施比较单一和简单,但规模不一定小;在物流过程中处于终点或起点的工厂的原材料仓库、不具备商品发运条件的储存型仓库,仅承担货物中转、拼箱、组配的铁路站台、仅提供停泊船只的码头等就是这样的点。

(2) 复合节点。这类节点的特点是:具有两种以上主要的物流功能;具备配套的基础设施;一般处于物流过程的中间。这类节点多以周转型仓库、港口、车站、集装箱堆场等形式存在。规模可能较小,比如,商店后面的一个小周转仓库,在那里要储存商品、处理发货、粘贴商品条码、重新包装商品,从那里向购买大宗商品的顾客发货等;规模也可能较大,例如,一年处理80万个大型集装箱的堆场,除了储存集装箱外,还有集装箱掏箱、商品检查、装箱,同时,一般的集装箱堆场都与码头或者港口在一起,在那里有大规模的集装箱吊车、大型集装箱专用运输车辆等。在一个点上具有储存、运输、装卸、搬运、包装、流通加工、信息处理等功能的大部分或全部,它们都是这种复合功能的点。

(3) 枢纽点。这类节点的特点是:物流功能齐全;具备庞大配套的基础设施以及附属设施;庞大的吞吐能力;对整个物流网络起着决定性和战略性的控制作用,一旦该点形成难以改变;一般处于物流过程的中间。比如,全国或区域铁路枢纽、辐射全国市场的配送中心、一个物流的基地等。这类点的设施一般具有公共设施性质,因而一般采用第三方的方式进行专业化经营。它的主要优势是辐射范围大,通过这个点连接的物流网络非常庞大,但是这类节点面临着非常复杂的协调和管理问题,信息的沟通、设施设备的运转效率也是这类节点值得注意的主要问题。

（二）线

连接物流网络中的节点的路线称为线,或者称连线。物流网络中的线是通过一定的资源投入而形成的。物流网络中的线主要具有如下特点。

(1) 方向性。一般在同一条线路上有两个方向的物流同时存在。

(2) 有限性。点是靠线连接起来的,一条线总有起点和终点。

(3) 多样性。线是一种抽象的表述,公路、铁路、水路、航空路线、管道等都是线的具体存在形式。

(4) 连通性。不同类型的线必须通过载体的转换才能连通,并且任何不同的线之间都是可以连通的,线间转换一般在点上进行。

(5) 选择性。两点间具有多种线路可以选择,既可以在不同的载体之间进行选择,又可在同一载体的不同具体路径之间进行选择。

(6) 层次性。物流网络的线包括干线和支线。不同类型的线都有自己的干线和支线,各自的干线和支线又分为不同的等级。

总之,物流系统网络不是靠孤立的点和线组成,各线之间通过有机的联系形成了物流系统网络。

三、物流系统网络结构类型

物流系统的组成要素——节点和线之间的联系构成了物流系统的网络结构,由节点和路径组成的网络叫网络图,根据结构复杂程度,物流系统的网络结构包括单核心节点物流网络结构、双核心节点物流网络结构和多核心节点物流网络结构。

（一）单核心节点结构

它是指在该物流网络体系中只有一个核心节点存在,该节点同时承担物流中心与配送中心的职能。在该物流网络覆盖的区域,绝大多数的物流活动都是通过该核心节点实现的。物流活动的完成大致经过如下过程：供应商→核心节点→客户。这种网络结构模式存在于一些小的经济区域或小规模的企业中,但随着物流客户导向意识的发展,这种物流网络结构模式将会越来越不适应。单核心节点物流网络结构如图7-1所示。

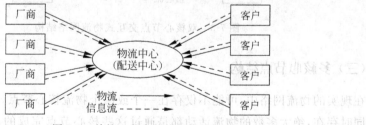

图 7-1　单核心节点物流网络结构

（二）双核心节点结构

1. 双核心节点单向结构

双核心节点单向结构是指物流网络体系中存在两个核心节点,即物流中心和配送中心,物流中心更多地侧重于为供应链上游厂商方面提供服务,而配送中心则更多地侧重于为供应链下游客户方面提供服务。在该物流网络结构模式中,主体物流活动发生在两个核心节点之间,物流活动通过如下过程实现:厂商→物流中心→配送中心→客户。这种网络结构模式广泛存在于一些范围较大的经济区域内。一些大型企业的物流活动往往也通过这种模式实现。双核心节点单向物流网络结构如图 7-2 所示。

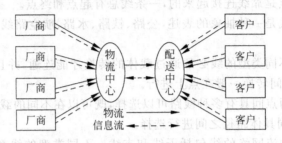

图 7-2 双核心节点单向物流网络结构

2. 双核心节点交互式结构

双核心节点交互式结构与双核心节点单向物流网络结构非常相近,但两者又存在明显的区别。在双核心节点交互式模式下,无论是物流还是信息流都是双向的。在该结构模式下,物流活动的实现过程如下:厂商→物流中心→配送中心→客户。在该模式下,交互式体现为随着环境与厂商和客户需求的变化,物流中心与配送中心功能会对调,或者说,物流中心和配送中心都同时具备双重功能。双核心节点交互式物流网络结构如图 7-3 所示。

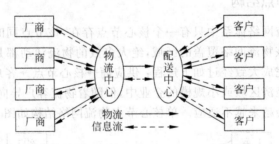

图 7-3 双核心节点交互式物流网络结构

(三)多核心节点结构

在现实的物流网络中,可能不仅存在一个或两个物流核心节点,也可能二十多个核心节点同时存在,绝大多数的物流活动都是通过这些核心节点完成的。多核心节点物流网络结构的原理和上述几种模式没有本质区别,只是上面几种物流网络模式的放大或叠加。在范围比较大的经济区域或大型企业内,一般采用多核心节点的物流网络模式。物流网络中的信息流是物流相关信息的流动,为了提高物流网络系统的效率,往往是把物流与信息流分离开来,形成信息流——物流双平台的物流网络系统,如图 7-4 所示。

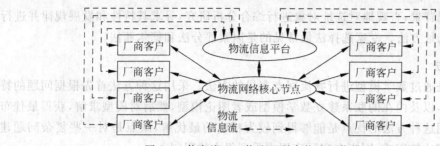

图 7-4 信息流——物流双平台物流网络模式

第二节 物流节点选址

物流网络的设计的内容以四个主要规划项目为基础,即:顾客服务水平、选址决策、库存规划、运输管理。选址决策就是确定所要分配的设施数量、位置以及分配方案。物流网络规划的主要任务是确定货物从供应地到需求地整个流通渠道的结构。包括:①决定物流节点的类型;②确定物流节点的数量;③确定物流节点的位置;④分配各物流节点服务的客户群体;⑤确定各物流节点间的运输方式等。对于任何一个企业来说,物流节点的选址在物流系统的网络结构的设计中有着重要的作用。

一、物流节点选址的分类以及约束条件

(一)物流节点选址的分类

按设施对象划分,不同的物流设施其功能不同,选址时考虑的因素也不同,在决定设施定位的因素中,通常某一个因素会比其他因素更重要,在工厂和仓库选址中,最重要的因素通常是经济因素;按设施数量划分,可分为单一设施选址和多设施选址;按选址离散程度划分,可以分为连续选址和离散选址两类。

(二)物流节点选址的约束条件

(1) 需求条件;
(2) 运输条件;
(3) 配送服务的条件;
(4) 用地条件;
(5) 法规制度;
(6) 流通职能条件;
(7) 其他。

二、物流网络单点选址

(一)物流网络单点选址的方法

1. 专家选择法

专家选择法是以专家为索取信息的对象,运用专家的知识和经验,考虑选址对象的社

会环境和客观背景,直观地对选址对象进行综合分析研究,寻求其特性和发展规律并进行选择的一类选址方法。专家选择法最常见的是因素评分法和德尔菲法。

2. 解析法

解析法是通过数学模型进行物流网点布局的方法。采用这种方法首先根据问题的特征、已知条件,以及内在的联系建立数学模型或者图论模型,然后对模型求解,获得最佳布局方案。采用这种方法的优点是能够得到较为精确的最优解,缺点是对一些复杂问题建立恰当的模型比较困难,因而在实际应用中受到很大的限制。

解析法中最常用的有重心法和线性规划法两种。

3. 模拟计算法

模拟计算法是将实际问题用数学方法和逻辑关系表示出来,然后通过模拟计算及逻辑推理确定最佳布局方案。这种方法的优点是比较简单,缺点就是选用这种方法进行选址,分析者必须提供预定的各种网点组合方案以供分析评价,从中找出最佳组合。因此,决策效果依赖于分析者预定的组合方案。

(二) 物流网络单点选址模型

1. Floyd 算法

用运筹学中网络技术求解最小数的方法,求出最短的路径,从而确定出物流节点的地址。

【例 7-1】

如图 7-5 所示,已知 A 村每年产粮食 50 吨,B 村 40 吨,C 村 60 吨,D 村 20 吨,E 村 70 吨,F 村 90 吨。问该粮库应建在哪一个村子,使各村送粮食最方便?

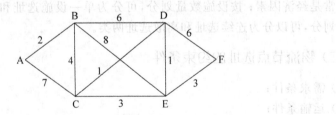

图 7-5 多个村庄建粮库

解:

(1) 考察两点之间的各种路径,保留其中最小权的路径,如 A、C 之间,可以由 A 直达 C,其权为 7,也可经 B 再到 C,其权为 2+4=6,显然,边 AC 是冗余的,可以删除。循序进行,重复上面的步骤直到不能再简化为止。最后我们可以得到如图 7-6 所示的结果。

(2) 再根据每村产量算出运输的成本,最后取成本最小的作为仓库。

一般情况下,我们先选取中间位置的点进行计算。以这道题为例,我们选取 C、D 两点进行运输成本的计算。

假设仓库建在 C 点,此时运输成本=$50 \times 6 + 40 \times 4 + 20 \times 1 + 70 \times 2 + 90 \times 5 = 1070$。

假设仓库建在 D 点,此时运输成本=$50 \times 7 + 40 \times 5 + 60 \times 1 + 70 \times 1 + 90 \times 4 = 1040$。

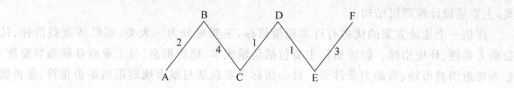

图 7-6 简化后的网络

通过计算我们得出,当仓库建在 D 点时,运输成本更小。我们选取 E 点进行计算:
$$运输成本 = 50 \times 8 + 40 \times 6 + 60 \times 2 + 20 \times 1 + 90 \times 3 = 1050$$
由以上的计算我们可以看出,仓库建在 D 点运输成本小于 C 点和 E 点。所以,最后我们就选择 D 点作为建立仓库的地址。

2. 重心法配合层次分析法

(1) 物流节点间距离的计算

① 直线距离

区域内两点 (x_i, y_i) 和 (x_j, y_j) 间的直线距离
$$d_{ij} = w_{ij} \sqrt{(x_i - x_j)^2 + (y_i - y_j)^2}$$

② 折线距离

当选址区域的范围较小而且区域内道路较规则时,可用折线距离代替两点间的距离。如城市内的配送问题、具有直线通道的配送中心、工厂及仓库内的布置、物料搬运设备的顺序移动等问题。

公式:
$$d_{ij} = w_{ij}(|x_i - x_j| + |y_i - y_j|)$$

(2) 重心法模型的建立及求解方法

设有 n 个客户(收货单位),$P_1, P_2, \cdots, P_n$ 分布在平面上,其坐标分别为 (x_i, y_i),客户的需求量为 w_i,费用函数为设施(配送中心)与客户之间的直线距离乘以需求量。确定设施 P_0 的位置 (x_0, y_0),使总运输费用最小。

建立总运费 H 模型如下。
$$H = \sum_{j=1}^{n} a_j w_j d_j = \sum_{j=1}^{n} a_j w_j \sqrt{(x_0 - x_j)^2 + (y_0 - y_j)^2}$$

式中:a_j——配送中心到送货点 P_j 每单位量、单位距离所需运费。

w_j——P_j 的需货量。

d_j——P_0 到 P_j 的直线距离。

(3) 层次分析法

物流网络布局问题不仅仅是总运输费用最小的优化问题,它也涉及经济、社会、环境、货运通道网等多个层面,需要进行综合评估。当筛选若干个备选方案后,可以采用层次分析法来选择最优方案。

层次分析法的基本步骤可分为:提出总目标、建立层次结构、求组合权系数、评价、一致性检验。层次分析结构一般可分为三层,即目标层、准则层和方案层。对于物流网络详细的选址问题,目标层就是选择最优的园区位置,方案层就是已被筛选出的若干备选方

案,主要是设计准则层结构。

评估一个选址方案的优劣有许多质量指标,主要可分为三大类,即经济效益指标、社会动力条件、环境指标。经济指标主要包括运输成本、地价租金、与工业商业联系紧密度、是否接近消费市场、劳动力条件等。社会指标主要包括与城市规划用地是否相符、是否缓解当地交通压力、对城市居民影响大小等。环境指标主要包括环境污染的影响程度、与货运通道网是否衔接,以及地理位置是否合适等。

我们可以将准则扩展成两层结构,甚至扩展成更多层结构。

层次分析法的具体步骤为:①建立层次结构模型;②对各层元素两两比较,构造判断矩阵;③求解判断矩阵的特征向量,并对判断矩阵的一致性进行检验;④一致性检验通过后,确定各层排序加权值,若检验不能通过,需要重新调整判断矩阵;⑤得出层次总排序。

运用层次分析法选址的最大优点就在于可以将定性分析与定量分析结合起来,由定性到定量,这样做出的选址更加具有说服力。

下面通过例题我们了解一下重心法配合层次分析法的具体应用。

【例 7-2】

某集团计划修建一家小型工厂,为三个重型机器厂提供零部件。表 7-1 所列出的是各厂位置的坐标和产品需求量。根据该集团的实地考察,决定在 $D_1(378,352)$,$D_2(370,361)$,$D_3(375,359)$ 三个点中选取一个地点作为厂址,如表 7-1 所示。根据专家的评价,我们得出三个点在地理因素(A_1),价格优势(A_2),劳动条件(A_3)的评分,如表 7-2 所示。请为新厂选择一个最佳位置。

表 7-1 候选地址坐标

工 厂 位 置	坐标(x,y)	需求量(件/每年)
A	(300,320)	4 000
B	(375,470)	6 000
C	(470,180)	3 000

表 7-2 评价矩阵

最佳地点	A_1	A_2	A_3
A_1	1	3	3
A_2	$\frac{1}{3}$	1	$\frac{1}{5}$
A_3	$\frac{1}{3}$	5	1

A_1	D_1	D_2	D_3
D_1	1	$\frac{1}{3}$	$\frac{1}{2}$
D_2	3	1	3
D_3	2	$\frac{1}{3}$	1

A_2	D_1	D_2	D_3
D_1	1	5	1
D_2	$\frac{1}{5}$	1	$\frac{1}{5}$
D_3	1	5	1

A_3	D_1	D_2	D_3
D_1	1	$\frac{1}{2}$	1
D_2	2	1	2
D_3	3	$\frac{1}{2}$	1

解：根据表7-2中 A、B、C 三点的坐标和需求量求得初始坐标 (x_0, y_0)：

$$x_0 = \frac{300 \times 4\,000 + 375 \times 6\,000 + 470 \times 3\,000}{13\,000} = 373.8$$

$$y_0 = \frac{320 \times 4\,000 + 470 \times 6\,000 + 180 \times 3\,000}{13\,000} = 356.9$$

初始坐标 (x_0, y_0) 为 $(373.8, 356.9)$，由于已知点 D_1, D_2, D_3 的坐标与初始坐标相近，根据已知条件我们可以用AHP法选出最优地点。

最佳地点：

$$\begin{bmatrix} 1 & 3 & 3 \\ 1/3 & 1 & 1/5 \\ 1/3 & 5 & 1 \end{bmatrix} \Rightarrow \begin{bmatrix} 0.60 & 0.33 & 0.71 \\ 0.20 & 0.11 & 0.05 \\ 0.20 & 0.56 & 0.24 \end{bmatrix} \Rightarrow \begin{bmatrix} 1.64 \\ 0.36 \\ 1 \end{bmatrix} \Rightarrow \begin{bmatrix} 0.55 \\ 0.12 \\ 0.33 \end{bmatrix}$$

D_1：

$$\begin{bmatrix} 1 & 1/3 & 1/2 \\ 3 & 1 & 3 \\ 2 & 1/3 & 1 \end{bmatrix} \Rightarrow \begin{bmatrix} 0.17 & 0.20 & 0.11 \\ 0.50 & 0.60 & 0.67 \\ 0.33 & 0.20 & 0.22 \end{bmatrix} \Rightarrow \begin{bmatrix} 0.48 \\ 1.77 \\ 0.75 \end{bmatrix} \Rightarrow \begin{bmatrix} 0.16 \\ 0.59 \\ 0.25 \end{bmatrix}$$

D_2：

$$\begin{bmatrix} 1 & 5 & 1 \\ 1/5 & 1 & 1/5 \\ 1 & 5 & 1 \end{bmatrix} \Rightarrow \begin{bmatrix} 0.45 & 0.45 & 0.45 \\ 0.10 & 0.10 & 0.10 \\ 0.45 & 0.45 & 0.45 \end{bmatrix} \Rightarrow \begin{bmatrix} 1.35 \\ 0.30 \\ 1.35 \end{bmatrix} \Rightarrow \begin{bmatrix} 0.45 \\ 0.10 \\ 0.45 \end{bmatrix}$$

D_3：

$$\begin{bmatrix} 1 & 1/2 & 1 \\ 2 & 1 & 2 \\ 1 & 1/2 & 1 \end{bmatrix} \Rightarrow \begin{bmatrix} 0.25 & 0.25 & 0.25 \\ 0.50 & 0.50 & 0.50 \\ 0.25 & 0.25 & 0.25 \end{bmatrix} \Rightarrow \begin{bmatrix} 0.75 \\ 1.50 \\ 0.75 \end{bmatrix} \Rightarrow \begin{bmatrix} 0.25 \\ 0.50 \\ 0.25 \end{bmatrix}$$

得各方案的总排序：

$$D_1 = 0.16 \times 0.55 + 0.45 \times 0.12 + 0.25 \times 0.33 = 0.225$$
$$D_2 = 0.59 \times 0.55 + 0.10 \times 0.12 + 0.50 \times 0.33 = 0.502$$
$$D_3 = 0.25 \times 0.55 + 0.45 \times 0.12 + 0.25 \times 0.33 = 0.274$$

最后，我们选择 D_2 作为新厂的建造地址。

运用重心结合层次分析法解决选址问题，我们可以结合实际情况合理地为物流节点选出合适的地址。在解决实际问题方面，两个方法各取所长，简单而又有效地解决了选址问题，同时，结合了定性和定量的方法，使选出的地址更加合理。

在具体的实际运用过程中，候选点也许与我们的初始解不会十分相近，我们应该排除那些距离初始解较远的点，选择那些较近的点，并通过专家的评分，以及运用层次分析法解决问题。

三、物流网络的多点选址

（一）问题的提出

我们从一组候选的地点中选出若干个位置作为物流设施网点（如配送中心），使从已知若干个资源点（如工厂），经过这几个设施网点（配送中心），向若干个客户运送同一种产品时，总的物流布局成本（或运输成本）为最小，如图7-7所示。

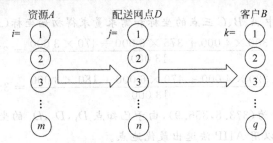

图 7-7 资源、配送网点和客户

(二) 0-1 整数规划方法选址问题的提出

设 c_{ij} 表示从 A_i 到 D_j 的每单位运输量的运输成本;d_{jk} 表示从 D_j 到 B_k 的每单位运输量的运输成本。引进变量:$X=(x_1,x_2,\cdots,x_s)$。其中

$$x_j = \begin{cases} 0, & D_j \text{ 不建库} \\ 1, & D_j \text{ 建库} \end{cases}$$

$$\min f(x) = \sum_{j=1}^{s}\left(\sum_{t=1}^{m}c_{ij}p_i + \sum_{k=1}^{n}d_{jk}Q_k\right) \cdot x_j$$

(三) 0-1 变量的实际问题

【例 7-3】

某公司拟在地区的东、西、南三区建立存储点,拟议中有 7 个位置 $A_i(i=1,2,\cdots,7)$ 可供选择。规定:

(1) 在东区,由 A_1、A_2、A_3 三个点中至多选两个;

(2) 在西区,由 A_4、A_5 两个点中至少选一个;

(3) 在南区,由 A_6、A_7 两个点中至少选一个。

如选用 A_i 点,设备投资估计为 b_i 元,每年可获利润估计为 c_i 元,但投资总额不能超过 B 元。问选择哪几个点可使年利润为最大?

解: 我们首先引入 0-1 变量 $x_i(i=1,2,\cdots,7)$,即

$$x_i = \begin{cases} 0, & \text{当 } A_i \text{ 点未被选用时} \\ 1, & \text{当 } A_i \text{ 点被选用时} \end{cases}$$

令 $\max Z = \sum_{i=1}^{7} c_i x_i$ 由约束条件得

$$\begin{cases} \sum_{i=1}^{7} b_i x_i \leqslant B \\ x_1 + x_2 + x_3 \leqslant 2 \\ x_4 + x_5 \geqslant 1 \\ x_6 + x_7 \geqslant 1 \\ x_i = 0 \text{ 或 } 1 \end{cases}$$

通过运筹学中的相应知识,求得最优解,得出选中的点。

(四) 用 0-1 变量建模的思路和技巧

(1) 在一组（J 个）相互排斥的事件中，至多只能选择一个事件；
(2) 如果只是在选择事件 l 的情况下，才考虑是否选择事件 k；
(3) 问题只要满足两个约束之一即可；
(4) 在 p 个约束条件中至少要满足 k 个约束条件；
(5) 有界变量的整数规划与 0-1 规划的等价性问题。

第三节 物流设施规模定位

物流基础设施规模定位问题是物流系统规划的一个重要问题，包括确定物流设施的数量、规模及位置等。合理规划和建设物流设施网络将会有效地促进我国国民经济和现代物流业的健康发展，如何确定物流设施网络的合理规模是进行物流设施网络规划和建设需要解决的首要问题，它将直接影响物流设施网络的运作，也将关系到现代物流业的发展。

一、区域内适当物流园区数问题

1．问题的提出

在做出某区域物流总需求的预测分析后，需进一步确定在该区域应规划多少个物流园区（或中心），在满足该区域总物流需求的条件下，使总成本最少。

2．理论假设

(1) 设所规划区域的总面积是 A，物流总需求量为 G。
(2) 设区域的物流需求量是平均分布的，各物流园区的规模相同，而且位于服务区域的中心。
(3) 设相同规模的物流园区在区域内的各处建设费用相同，即物流园区的建设费与位置无关。

3．成本分析模型

设该区域的物流园区的区数为 n，区域性物流总配送成本为 $C_z(n)$，$C_z(n)$ 又由物流配送成本 C_d 和物流园区建设成本 C_s 两项组成。

由假设(1)和假设(2)有：
每个物流园区的服务面积 a 相等，即
$$a = A/n$$
每个物流园区的物流处理量 g 相等，即
$$g = G/n$$
园区配送的平均距离 d 与服务面积 a 的平方根成正比：
$$d = \theta f \sqrt{a}$$
式中：θ——平均距离配送参数，与配送区域的形状有关，如当配送区域为圆形时，θ 可取

为 0.376；当配送区域为正方形时，θ 可取为 0.383；当配送区域为长、宽比为 1∶2 的长方形时，θ 可取为 0.42，f 为非直线系数，一般可取 1.2。

物流配送的主要内容是配货、运送、卸载、返回等几项工作，这些工作中的费用有一类是与运输距离无关的，只与物流量成正比，如配货、装载、卸载。另一类则与运输距离成正比，如物流的运输车辆的返回等。

因此，物流配送的成本可表示为

$$C_d = (b + kd)g \tag{7-1}$$

因此总成本为

$$C_t(n) = (C_d + C_s)n \tag{7-2}$$

综上分析，可得到区域性物流配送总成本 C_z 与物流园区数量 n 之间的关系为

$$C_z(n) = G(b+r) + Gkf\theta\sqrt{\frac{A}{n}} + C_0 n \tag{7-3}$$

确定区域最佳物流园区数的问题就是要求整数 n，使上式最小。

分析上式知道，物流总成本由三项组成；第一项是固定成本 $G(b+r)$，它仅与物流处理总量相关，而与物流园区个数无关；第二项是运输成本 $Gkf\theta\sqrt{A/n}$，随着物流园区数量的增加，平均配送的距离缩短，因此，运输成本降低。但随着物流园区数量的增加，运输成本降低的幅度逐渐减小；第三项是基础建设成本 $C_0 n$，它随物流园区数量的增加而线性增加，总成本曲线随 n 的逐步变大是先降后升。

当 $n = (Gkf\theta\sqrt{A}/2C_0)^{\frac{2}{3}}$ 的时候，总成本达到最小。

二、车辆的适当拥有台数模型

问题：运输企业的日发货量是个波动数、随机数，难免出现车辆不足和闲置的现象，当发货量大于车辆数时需要从别处租车；当发货量小于车辆数时，造成车辆和司机的空闲。试根据统计资料确定企业最佳的车辆拥有台数。

（一）成本最小模型

1. 建立模型

从成本角度看，企业追求的目标是在满足客户运输需求的情况下使总成本最小。

设 X 为企业拥有车辆台数，x 为日需用车辆台数，x 为随机变量，及分布密度为 $p(x)$，$p(x)$ 可由长期需求的统计资料确定，也可由频率或相对比率代替。

设已知用于车辆的费用有：自备车使用费 C_1（元/天、台）；自备车闲置费 C_2（元/天、台）；租用车费用 C_3（元/天、台）设 $C_1 < C_3$。

则当 $x \leqslant X$ 时，即需用车的车辆台数比实际拥有的台数少的情况下，所需费用为：

$$xC_1 + (X-x)C_2$$

当 $x \geqslant X$ 时候，即需要车辆台数比实际拥有的台数多的情况下，所需费用为：

$$XC_1 + (x-X)C_3$$

因此总成本期望值为：

$$C(X) = \sum_{X=1}^{X} p(x)[xC_1 + (X-x)C_2] + \sum_{x=X+1}^{\infty} p(x)[XC_1 + (x-X)C_3]$$

求企业最佳车辆拥有的台数的问题就是确定 X 的值，使上式最小。

2. 模型的求解

$$C(X+1) - C(X) = \sum_{x=0}^{X+1} p(x)[xC_1 + (X+1-x)C_2]$$

$$+ \sum_{x=X+2}^{\infty} p(x)[(X+1)C_1 + (x+X-1)C_3]$$

$$- \sum_{x=1}^{X} p(x)[xC_1 + (X-x)C_2] + \sum_{x=X+1}^{\infty} p(x)[XC_1 + (x-X)C_3]$$

$$= \sum_{x=1}^{X} p(x)C_2 + \sum_{x=X+1}^{\infty} p(x)C_1 - \sum_{x=X+1}^{\infty} p(x)C_3$$

因为 $\sum_{x=1}^{\infty} p(x) = 1$，所以

$$C(X+1) - C(X) = \sum_{x=1}^{X} p(x)C_2 + \left[1 - \sum_{x=1}^{X} p(x)\right]C_1 - \left[1 - \sum_{x=1}^{X} p(x)\right]C_3$$

$$= C_1 - C_3 + (C_2 + C_3 - C_1)\sum_{x=1}^{X} p(x)$$

当 $C(X+1) - C(X) \leqslant 0$，即 $\sum_{x=1}^{X} p(x) \leqslant \dfrac{C_3 - C_1}{C_2 + C_3 - C_1}$ 时，$C(X) \geqslant C(X+1)$，即函数 $C(X)$ 此时是单调递减的。

当 $\sum_{x=1}^{X} p(x) \geqslant \dfrac{C_3 - C_1}{C_2 + C_3 - C_1}$ 时，$C(X) \leqslant C(X+1)$，函数 $C(X)$ 此时是单调递增的。

因此，当 $\sum_{x=1}^{X} p(x) = \dfrac{C_3 - C_1}{C_2 + C_3 - C_1}$ 时，函数 $C(X)$ 达到最小值，故当取这样的 X，使 $\sum_{x=1}^{X} p(x)$ 的值与 $\dfrac{C_3 - C_1}{C_2 + C_3 - C_1}$ 最接近。可以通过求累计概率的方法来确定 X 的值。

【例 7-4】

某第三方物流企业的配送中心根据以往的经验统计的车辆使用数如表 7-3 所示。

表 7-3 某企业车辆历史使用概率

必要台数	相对比率	累计比率
10	0.07	0.07
12	0.06	0.13
14	0.14	0.27

续表

必要台数	相对比率	累计比率
16	0.10	0.37
18	0.13	0.50
20	0.17	0.67
22	0.13	0.80
24	0.07	0.87
26	0.05	0.92
28	0.04	0.96
30	0.04	1.00

而且已知自备车的使用费 $C_1=170$ 元/天·台，自备车闲置费 $C_2=130$ 元/天·台，租用车费用 $C_3=285$ 元/天·台，试求配送中心最佳的车辆配置台数。

解：因为

$$\frac{C_3-C_1}{C_2+C_3-C_1}=\frac{285-170}{130+285-170}=0.469$$

而 $\sum_{x=1}^{18}p(x)=0.50$，所以该配送中心的最佳配置车辆数 $X\approx 18$（台）。

（二）利润最大模型

在实际生产中，企业追求的目标往往不是成本最小，而是利润最大，即有可能愿意提高成本而获取更大的利润。实际上，利润包含了成本，因此，我们进一步讨论当企业追求的目标是使总利润获得最大时的车辆最佳拥有台数问题。

仍设 X 为企业拥有车数量（待求），ξ 为日需要车辆数，且为随机变量，及分布密度为 $p(\xi)$，$p(\xi)$ 可由长期需求的统计资料确定，也可由频率或相对比率代替。

设已知自备车的使用利润为 K_1（元/天·台），自备车闲置利润为 K_2（元/天·台），租用车使用利润为 K_3（元/天·台）（设 $k_1>k_3$）。

则当 $\xi\leqslant X$ 时，即需用车的车辆数比实际拥有的台数少的情况下，所得利润为

$$\xi K_1+(X-\xi)K_2$$

当 $\xi\geqslant X$ 时，即需要车辆台数比实际拥有的台数多的情况下，所得利润为

$$XK_1+(\xi-X)K_3$$

故总利润期望值为

$$k(X)=\sum_{x=1}^{X}p(\xi)[\xi K_1+(X-\xi)K_2]+\sum_{\xi=X+1}^{\infty}p(\xi)[XK_1+(\xi-X)K_3]$$

$$k(X+1)-k(X)=K_1-K_3+(K_2+K_3-K_1)\sum_{\xi=1}^{X}p(\xi)$$

故当 $k(X+1)-k(X)\geqslant 0$，即 $\sum_{\xi=0}^{X}p(\xi)\leqslant \frac{K_1-K_3}{K_2+K_3-K_1}$ 时，$K(X)$ 为递增函数。

当 $\sum_{\xi=0}^{X}p(\xi)\geqslant \frac{K_1-K_3}{K_2+K_3-K_1}$ 时，$k(X+1)\leqslant k(X)$，此时 $K(X)$ 为递减函数。

所以当 $\sum_{\xi=0}^{X} p(\xi) = \dfrac{K_1 - K_3}{K_2 + K_3 - K_1}$ 时，$K(X)$ 取得最大值，可使 $\sum_{\xi=0}^{X} p(\xi)$ 与 $\dfrac{K_1 - K_3}{K_2 + K_3 - K_1}$ 最接近的 X 为最优解。

【例 7-5】

设某运输公司统计了过去一年(365 天)中各车辆运用数的天数如表 7-4 所示。已知该公司的自备车使用利润为 $K_1 = 400$ 元/日·台，而自备车闲置利润为 $K_2 = -160$ 元/日·台，租用车利润 $K_3 = 50$ 元/日·台。试确定该公司的最佳车辆保有台数。

表 7-4　各车辆运用数的天数

车辆运用数	10	12	14	16	18	20	22	24	26	28	30	32
天数	25	30	36	42	46	49	48	38	24	13	8	6

解：根据表 7-4 可以得出保有台数的累积概率分布，如表 7-5 所示。

表 7-5　保有台数的累积概率

天数	25	30	36	42	46	49	48	38	24	13	8	6
概率分布	0.068	0.15	0.245	0.36	0.45	0.624	0.756	0.86	0.926	0.962	0.984	1.00

由上述公式可得最佳保有台数的概率为

$$\sum_{x=1}^{X} p(x) = \frac{K_1 - K_3}{K_1 + K_2 - K_3} = \frac{400 - 50}{400 + 160 - 50} = 0.686$$

因为 $\sum_{x=1}^{20} p(x) = 0.624$，$\sum_{x=1}^{22} p(x) = 0.756$，所以最佳拥有台数为 21 台。用本模型还可以求适当员工(装卸工、办公人员)数、适当停车场泊位数等问题。

第四节　物流设施平面布局

设施的平面布局模型也称为二维选址模型，主要研究在一个给定的区域内确定具有一定面积要求的各个设施的最佳位置问题。一个物流节点(物流园区或物流中心等)一般由若干个物流设施组成，如：停车场、验货场、仓库等，当不同类别的货物运到节点后，根据物流作业流程要求，需在不同的设施中进行处理。对于不同性质及不同功能的节点，货物在其设施上处理时间(或数量)和处理次序是不相同的，因此，布置各种设施在节点内的相对位置是否合理，将直接影响物流节点的工作效率，从而影响物流成本。

一、设施布置的基本步骤

无论是一个新建企业的设施平面布局，还是扩建企业的设施布局调整，其主要步骤都是相同的，都要经过以下几个基本步骤。

(1) 收集有关的信息、数据和资料，这些信息、数据和资料主要包括：①生产运作单位及相关设施的数量、规模、所需面积大小;②可以利用的空间面积大小;③各个生产运作单位及相关设施之间的关系;④其他限制条件。

(2) 按照设施布置的基本原则,做出初步的平面布局方案,对方案进行分析和评价。

(3) 根据一些特殊的要求和限制条件,对初步方案进行调整,直到满意为止。

(4) 最终确定布局方案,画出详细的布局图。

二、设施布局方法

(一) 设施布置计划(SLP)

设施布置计划(Systematic Layout Planning),又称系统布置计划,是一种从生产运作单位之间的关系出发,根据设施的种类、数量、形状及要求进行系统布置的科学方法。由于这种方法在实际应用中能够帮助确定最优设施布置方案,所以受到普遍重视和广泛应用。

1. 系统布置计划考虑的主要因素

(1) 货物类别 P:作业单位属于什么类别货物?

(2) 货物数量 Q:作业单位的量是多少?

(3) 货物处理次序 R:每种作业单位进行的次序是什么?

(4) 辅助设施(服务设施) S:靠什么来保证作业进行?

(5) 时间 T:每种作业将用多长的时间完成?

(6) 单位数 N:有多少生产运作单位直接或间接地参与了作业的生产或服务?

SLP 法的工作流程如图 7-8 所示。

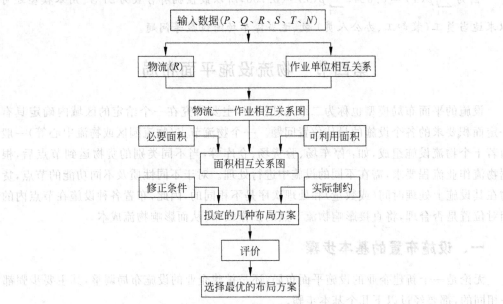

图 7-8 SLP 法工作程序

2. SLP 法的具体工作程序

（1）输入数据。即输入 P、Q、R、S、T 和 N，并分析它们之间的相互关系。

（2）物流流程分析。物流的流向一般取决于生产加工过程和工艺加工过程。因此，确定了最优的工艺路线，就相应地确定了物流流向。一个优化的设施布局应当使物流的运输距离最短、费用最低。

（3）活动关系分析。对物流的流向及流量分析后，还要进一步对生产运作单位之间的相互关系进行分析，以确定它们之间活动的相对重要性和密切程度，进而确定相应设施的位置和接近程度。活动关系分析常用活动关系图进行。在图中，一般用 6 个大写英文字母表示部门活动的关系密切程度，用数字表示关系密切程度的原因。

（4）物料流和活动关系图。在进行物料流向流量分析和活动关系密切程度分析后，将两者绘制成流量与活动相关图。

（5）面积确定。计算所需要的空间和面积，合并可以利用的面积进行平衡。

（6）绘制面积关系图。将各生产运作单位及其相应的设施允许占用的面积画在流量与活动关系图上，就成为面积关系图。

（7）调整面积关系图。面积关系图只是一个理想的方案，一般不能直接采用。必须结合一些具体条件加以修正和调整。

（8）优化分析。根据已确定的设施布局评价标准，进行优化分析，以使各个生产运作单位及相关设施的位置安排是最合理的。

（9）布局方案的评价和确定。经过优化分析，可以将那些没有多大价值的方案删除，剩下的方案都具有一点优、缺点，要选出最佳方案，就必须进行评价。

3. 相互关系图

从 SLP 流程图中我们可以发现，信息采集分析、物流分析及作业关系分析是物流系统设施布局的基础，关系图是分析作业设施间相互关系的一种有效工具。关系图方法中，可将设施间所有的关系分为六个等级，分别用 A～F 六个字母表示。如表 7-6 所示。

表 7-6 关系等级代码所占比例

相互关系	绝对重要	特别重要	重要	一般	不重要	禁止
等级代码	A 级	B 级	C 级	D 级	E 级	F 级
所占比例（%）	2～5	3～10	5～15	10～25	25～60	不定

一般来说，一个区域的设施布局，A、B、C 级的关系所占比例在 10%～30% 之间，其余为 D、E 级关系，而 F 级关系需根据具体情况而定。

配送中心内货物作业流程及比例。

空间关系图是将各实施按相互之间关系的亲疏程度和所需面积比例布置它们的相对位置，并用不同的线形和距离表示它们之间的关系，如图 7-9 所示。

说明：其中 4 条平行线表示 A 级，以下以此类推。

试错法：首先将 A、B 级关系的设施放进布置图中，同级别的关系用相同的长度线段

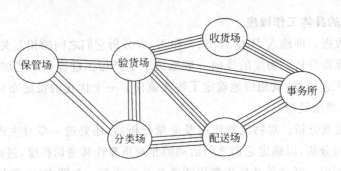

图 7-9　A、B 级空间关系

表示。通过调整,使 B 级关系的线段长度约为 A 级关系的 2 倍,随后,按同样的规则布置 C 级关系。若设施较多,线段混乱,可以不必画出 D 级关系,但 F 级关系必须画出。调整各设施的位置,以满足关系的亲疏程度。最后,将各个设施的面积表示在布置图中,生成空间关系。经过评价、修改,便获得最终布置。

【例 7-6】

典型的配送中心的作业场所主要由八大设施组成:收货场所、验收场所、分类场所、流通加工场所、保管场所、特殊产品存放场所、发送场所和事务场所。各场所间的物流作业流程和作业量比例如图 7-10 所示,事务场所主要与收货场所、验收场所和发送场所的票证管理发生关系。试建立物流配送中心各主要场所的相互关系图。

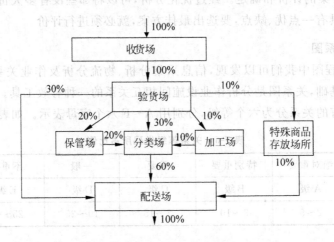

图 7-10　各场所间的物流作业流程和作业量比例

解:第一步:首先将 AB 级关系的设施放进布置图中,将收货场、验收场、分类场、事务所和配送场放入图中(见上图 7-9)。

第二步:将 C 级关系的场所添加至图 7-9 中,即添加加工场所和特殊商品存放场,D 级未表示,如图 7-11 所示。

第三步:适当位置调整,得空间关系图,如图 7-12 所示。

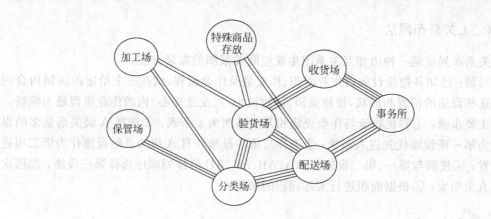

图 7-11 添加 C、D 级关系

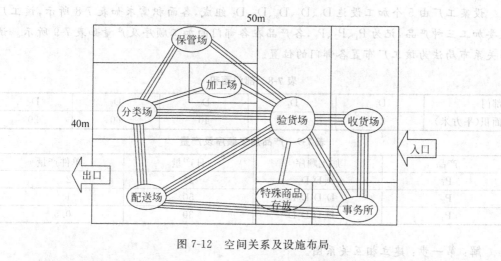

图 7-12 空间关系及设施布局

第四步：计算各场所需要的面积。可根据各设施货物作业量以及该设施处理单位重量货物所需要的面积确定。设已知配送中心日货物处理流量为 100 吨，除保管设施每平方米可存放 1 吨货物外，其他设施的单位面积物流处理量为 0.2 吨/平方米，事务所占地 110 平方米，保管场所需存放 7 天的需要量，则各设施面积可以确定，如表 7-7 所示。

表 7-7 设施需要面积计算

设施名	收货场	验货场	分类场	保管场	加工场	特殊商品	配送场	事务所	合计
作业量 t(吨)	100	100	30	207	10	10	100		
单位面积作业量(吨/平方米)	0.2	0.2	0.2	1	0.2	0.2	0.2		
设施面积(平方米)	500	500	150	140	50	50	500	110	2 000

最后，将表 7-7 中各设施面积加到空间关系图中，设计出布局方案，如图 7-12 所示。

事实上，由相互关系图可生成多个空间关系图，因此一般可得到多个不同方案，最后，需对每个布局计算其质量指标，通过比较质量指标，最终确定选择结果。

(二)关系布局法

关系布局法是一种由相互关系图生成空间关系图的布局方法。

问题：已知各物流设施的作业面积、作业量及作业流程，试在一个给定的区域内合理布局这些设施的位置和形状，使物流园区（物流中心、配送中心）内的作业流程最为顺畅。

主要步骤：①转化物流与作业设施相互关系图为关系表；②选择 A 级关系最多的设施作为第一项设施优先进入布置；③选择与第一设施具有 A 级关系的设施作为第二项进入布置；④按照与第一、第二设施位 AA、AB、AC、AD 的排列顺序选择第三设施；⑤依次选择直至结束；⑥根据面积进行实际面积的布置。

【例 7-7】

设某工厂由 5 个加工设施 D_1、D_2、D_3、D_4、D_5 组成，各面积需求如表 7-8 所示，该工厂主要加工三种产品，记为 P_1、P_2、P_3，各产品在各部门的加工顺序及产量如表 7-9 所示。试用关系布局法为该工厂布置各部门的位置。

表 7-8　部门面积

部门	D_1	D_2	D_3	D_4	D_5
面积（平方米）	20	40	40	60	20

表 7-9　产品加工顺序及产量

产品	加工顺序	日产量	单件产量
P_1	$D_1 D_2 D_5$	20	2
P_2	$D_1 D_2 D_4 D_5$	50	1
P_3	$D_1 D_3 D_2 D_5$	30	0.5

解： 第一步：建立相互关系图。

设 Q_{ij} 为由 D_i 至 D_j 的货物流量，由表 7-9，可以求出各部门间的货物流量矩阵 Q。

$$Q = \begin{bmatrix} 0 & 20\times2+50\times1 & 30\times0.5 & 0 & 0 \\ 0 & 0 & 0 & 50\times1 & 20\times2+30\times0.5 \\ 0 & 30\times0.5 & 0 & 0 & 0 \\ 0 & 0 & 0 & 0 & 50\times1 \\ 0 & 0 & 0 & 0 & 0 \end{bmatrix} = \begin{bmatrix} 0 & 90 & 15 & 0 & 0 \\ 0 & 0 & 0 & 50 & 55 \\ 0 & 15 & 0 & 0 & 0 \\ 0 & 0 & 0 & 0 & 50 \\ 0 & 0 & 0 & 0 & 0 \end{bmatrix}$$

若按表 7-10 物流量划分相互关系等级，则可得相互关系如图 7-13 所示。

表 7-10　物流量与相互关系

物流量	关系等级
80～100	A
60～80	B
30～60	C
10～30	D
0～10	E

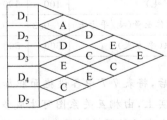

图 7-13　相互关系

第二步：生成关系表，可得关系表 7-11。

表 7-11 关系表

关系等级＼部门	D_1	D_2	D_3	D_4	D_5
A	D_2	D_1			
B					
C			D_4,D_5	D_2,D_5	D_2,D_4
D	D_3	D_3	D_1,D_2		
E	D_4,D_5	D_4,D_5	D_4,D_5	D_1,D_3	D_1,D_3

第三步：用逐步添加法确定各部门空间大致位置。

首先由表 7-11 可知部门 D_2 具有 1 个 A 级关系，2 个 C 级关系，所以选择部门 D_2 作为首选部门；其次选择与部门 D_2 具有 A 关系的部门，就是部门 D_1。分析其他部门与部门 D_2、部门 D_1 的关系组合，部门 D_4 和部门 D_5 均为 C 级关系，任选部门 D_4，分析其他部门与部门 D_2、部门 D_1、部门 D_4 的关系组合，部门 D_5 被选中，然后是部门 D_3。这样确定布置顺序为 2、1、4、5、3，其空间关系如图 7-14 所示。

第四步：加入面积比例并调整，形成布局方案。

选择单位面积，确定各部门的单位面积数目，按照各单位的面积数目确定初步位置并调整生成最后布置，在本例中选择 20 平方米作为单位面积。确定初步布置如图 7-14(A)到图 7-14(C)，最后才是最终方案。

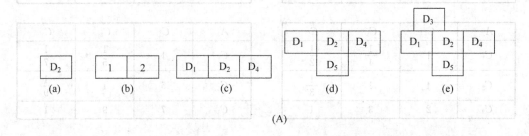

图 7-14 方案的空间关系

思 考 题

1. 物流网络的构成要素有哪些？
2. 请你谈谈物流系统网络化的意义有哪些？

3. 假设物流设施选址范围内有 5 个需求点,其坐标、需求量如下表所示。要设置一个物流设施,备选点有 $C_1(5.3,5.5)$,$C_2(5.7,5.2)$,$C_3(5.6,5.0)$,其具体评分矩阵如下所示。

需 求 点	坐 标	需 求 量
A	(3,8)	2 000
B	(8,2)	3 000
C	(2,5)	2 500
D	(6,4)	1 000
E	(8,8)	1 500

A_1:地理因素;
A_2:价格优势(如租金等);
A_3:劳动力条件。

最佳地点	A_1	A_2	A_3
A_1	1	$\frac{1}{5}$	$\frac{1}{7}$
A_2	5	1	$\frac{1}{4}$
A_3	7	4	1

A_1	C_1	C_2	C_3
C_1	1	$\frac{1}{3}$	$\frac{1}{5}$
C_2	3	1	$\frac{1}{4}$
C_3	5	4	1

A_2	C_1	C_2	C_3
C_1	1	$\frac{1}{4}$	$\frac{1}{2}$
C_2	4	1	$\frac{1}{3}$
C_3	2	3	1

A_3	C_1	C_2	C_3
C_1	1	$\frac{1}{5}$	$\frac{1}{7}$
C_2	5	1	$\frac{1}{9}$
C_3	7	9	1

第八章

物流系统控制

> **学习导航**
> - 了解控制基本原理
> - 了解物流系统的成本控制、质量控制和库存控制

> **导入案例**

吉利金刚的看板管理

金刚公司为吉利集团所属子公司。所运用的看板分为两种:一种是条形码电子看板,即针对外部的配套供货厂家所使用的一次性看板。第二种是条形码卡片式看板,主要协调冲压分厂和焊装分厂的生产和物料运送,是可以循环使用的一种看板。金刚公司看板管理主要分为以下四个的步骤实施。

1. 分厂内部看板

先从总装分厂内部开始推行看板。每天核对总装线旁仓库材料的库存量,对出现的差异进行即时分析;组织清线、盘点,对盘点结果进行综合分析,确保看板管理与账目管理保持一致。看板控制着生产(或货)的品种、数量,以及运输的时间,有力地控制着生产,不见看板不准生产,不准提前生产,不准超量生产,不准提前或超量取货。看板是在生产过程中流动的,一旦看板停滞或者周转过快,说明生产上有异常,可以及时发现及时处理;看板周转张数中有保险系数,若生产储存正常,可以减少看板张数,以压缩库存和在制品数量。

2. 条形码看板

公司最初实施看板管理采取的是纯手工操作,导致相关数据不能及时登记,账目核对烦琐。为此,公司成立信息化看板管理项目组,建立条形码看板,形成了冲压分厂—物流仓库—焊装分厂—冲压分厂的物流生产模式。焊装分厂生产线工人在适当的时候将看板投入看板收集箱,冲压件仓库送料人员定时收取看板,凭看板备料、送料。冲压件仓库保管员定时将回收的看板交给冲压分厂,冲压分厂根据看板返回的时间和数量安排生产,以看板指导生产。

3. 外部供应商看板

在公司的采购环节进一步推广看板管理。金刚公司选定一家物流服务商提供拣货服务。其车辆在主机厂与各供应商之间循环周转，同时还要起到信息传递作用。详细计算定量定时集货的循环周期时间，即车辆运行路线、运行时间、在各供应商停车装货停留的时间、在主机厂停留的时间。通过采用周转箱、专用器具、专用车辆实现物流标准化作业，以缩短循环周期时间。每日向各供应商提供两天至三天后主机厂所需要的详细物料品种、数量等信息。一旦出现产品质量问题，供应商必须采取特快加急的方式，用专车紧急送货到主机厂。

4. 三方物流电子看板

内部看板仅仅服务于生产线—物流仓库；外部看板仅仅服务于供应商—物流仓库，需要集成。为此，金刚公司引进了三方物流的电子看板：三方物流电子看板通过ERP系统将生产线的拉动生产指令直接传递到物流仓库，物流仓库通过SCM系统将物料需求信息传递到各供应商，拉动供应商的生产，达到准时化供货体系，进而形成采购供应链管理。台州本地的14家供应商和租用三方仓库自行管理的9家供应商通过SCM系统打印出看板，并凭看板备料、送料；由金刚公司代为保管的供应商的物料，由三方仓库的扫描员代为打印看板，然后交给相应的保管员，保管员再根据看板上的信息备料、送料。如此，金刚公司建立起联系供应商—物流仓库—生产线的桥梁，将三方形成一个有机的整体。

案例解析

从这个例子中可以看到金刚公司是怎样具体使用看板控制生产和物流的。同时，我们还应该看到，公司是通过逐步推进看板管理以防范风险的。

案例思考

看板管理是如何控制在制品质量的？

案例涉及主要知识点

看板管理、生产进度控制、产品数量控制、质量控制、风险控制

第一节 物流系统控制的概述

一、物流系统控制的基本概念

控制是指按照给定的条件和预定目标，对一个过程或一系列事件施加影响的一种行为。

控制一词最初运用于技术工程系统中，表示按照给定的条件和预定的目标使系统处于预先规定的最佳运行状态中。自从控制论问世以来，控制的概念便更加广泛，它同样用于有生命机体、人类社会、经济管理类的系统之中。从广义上说，控制也是一种决策。因为控制（或控制规律）是在给定的条件和预定的目标的情况下得到的，它是做出的一种选择，只要把这种选择施加于系统，应当可以达到预定目标。

控制的任务在于保持、维护和改进系统职能活动的合理规范。当系统进入运行后,由于各种原因(内部、外部干扰),系统的发展往往会偏离计划轨道。控制正是控制干扰的影响,尽可能地消除偏离和保证系统按预期的进程发展。

系统控制理论认为不同系的控制调节过程都存在着目标、信息的传递和反馈、控制作用等要素,其中信息的传递和反馈是系统控制的基础,目标则是系统控制所要参照的对象,控制作用则是控制主体与控制客体之间的一种相互作用,实际上就是控制主体对控制客体施加的一系列调整过程。

根据控制方式的不同,系统控制可以分为开环系统和反馈系统两种,其中开环系统的特征是:系统的输入决定系统的输出,而系统的输出对系统的输入不存在反馈控制作用。在开环系统中,系统过去的活动不能调节将来的活动,系统不监测其本身的活动,也不对本身的活动产生反应。反馈系统的特征是:有一个闭合的回路结构,这个回路结构使系统过去的活动结果返回调节系统将来的活动,即系统的输出对系统的输入有影响。

所谓物流系统控制其实就是系统控制理论在物流系统中的具体应用,所以物流系统控制具有控制系统的一般特征,不过除此之外,物流系统控制还有自身特点。

物流系统存在的目的是为了实现特定的目标,但物流系统目标的实现并不容易,因为物流系统在实际运营当中所面临的内外部环境是不断变化的,这会导致物流系统实际产出偏离物流系统目标。这时我们就要对物流系统的运转进行一定程度上的控制。也就是说,物流系统控制是为了调整物流系统实际运营结果与物流系统目标之间的差距。

二、物流系统控制的内容

物流系统控制所涉及的具体内容一般情况下会随系统的大小而发生相应变化,但基本上都会涉及以下几个方面。

成本控制。它主要指的是物流系统整个运营过程中要尽可能地降低成本,只有将成本控制在最低限度,整个物流系统才有可能实现效益方面的目标,否则如果成本过高而导致整个物流系统亏损,那么其他目标的实现似乎也就没有多大的意义。这里成本控制可以说贯穿了整个物流系统,涉及采购、生产、库存以及配送等流程。

质量控制。这是针对物流系统所要实现的服务而言的。物流系统所提供的服务若想要达到很高的水平,则必然要对物流系统各个流程进行严格的质量控制,这里主要涉及物流系统的生产过程,因为物流系统所提供的物品质量高低在很大程度上取决于其生产过程的质量控制。

流程控制。一个比较完整的物流系统会涉及原材料的采购、物品的生产制造,以及物品的配送等各个流程。通常情况下,整个流程在时间、空间上都会有很大的跨度,流程控制就是尽可能缩小这种跨度,因为如果流程在时间、空间上的跨度过大,一方面它会导致物流成本过大;另一方面也会导致物流系统服务水平下降。所以从这个角度来看,流程控制似乎在一定程度上同时完成了上述成本控制和质量控制两者所要完成的任务。

三、物流系统控制的原则

物流系统控制着重依赖于技术及其在具体情况下运用的诀窍,因此,一般认为物流系统控制是一个技术问题。但是,广泛的经验证明,在物流系统控制过程中还必须坚持以下几个原则。

标准的原则。有效的物流系统控制需要客观的、精神的和合适的标准。物流系统控制是通过人来实现的,甚至最好的领导者或管理人员也不可能不受到自身个性或其他主观因素的影响,比如一时的迟钝或采纳了下级的片面意见等。因此,应当用一个简单的、专门的、可以检验的方法来衡量计划或目标执行的情况。这就是建立物流系统控制标准的原因。

控制物流系统关键点的原则。有效的控制,特别是对于一个控制大物流系统的主管人员来说,面面俱到是不可能的,而应该注意那些关键点,即将重点关注物流系统过程中的一些突出因素。关键点的选择是一种艺术管理,领导者可以通过对这些关键点的了解和控制,掌握执行的情况。

例外情况的原则。经验证明,领导者越是把精力集中于对例外情况的控制,那么他们的控制效果也就越好。例外情况是指执行过程中出现了特别好或特别坏的重要偏差。例外情况原则与关键点控制原则有某些近似之处,但也有区别。后者要求控制者确定并注意物流系统中被控制对象的关键因素,前者则是要求控制者实时观察这些点上发生偏差的大小。

灵活控制的原则。如果要使控制工作在执行中产生不测情况时依然能够保持有效,那么在设计物流控制系统和实时控制时,就要具有灵活性。按照这一原则,要求我们绝不能把物流控制工作死板地同某个无用的计划联系在一起,以免在整个计划失策和发生突然变故时,控制也跟着失效。同时,还要求物流系统控制人员的思想不应当僵化。

行动的原则。物流系统中的控制工作必须坚持对已发现的偏差采取措施纠正。如果控制不采取纠正行动,那么控制就毫无意义。一般来说,在任何发现偏差的前情况下,就要有纠正的行动。

四、物流系统控制的分类

物流系统控制在实际操作中种类很多,但仔细进行划分归类,基本上属于三类,即事前控制、事中控制和事后控制。

事前控制。事前控制也可以叫做超前控制或者前馈控制,它主要通过对物流系统各投入要素进行严格的监视,确保它们符合特定的标准,如此经过物流系统的运转,使最终的物流系统产出尽可能与物流系统目标相符,如图 8-1 所示。

图 8-1　事前控制

事前控制是一种比较复杂的控制方法,因为在确定物流系统的投入要素是否符合特定标准时,这个尺度很难把握,这需要制定出详细的标准参照体系,而标准参照体系的确定来源于物流系统本身的不断调整。尽管事前控制很复杂,但如果应用恰当,则可以使物流决策者提前采取相应措施来纠正偏差,这样可以大大降低物流系统运营成本,同时也在一定程度上提高了物流系统服务水平。

事中控制。事中控制也叫实时控制,指的是在物流系统运营过程中临时采用的一种控制方法,如图 8-2 所示。通常是参照现有的理论或者比较实用的经验而采取的矫正行为,例如,物流批量控制、赢利平衡控制、专家控制等。

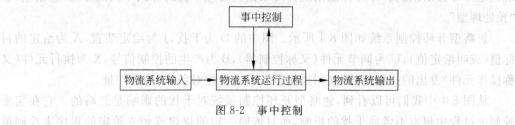

图 8-2　事中控制

事后控制。事后控制也叫反馈控制,这是一种常见的控制模式,如图 8-3 所示。它主要通过监测物流系统实际运营结果,比较该结果与物流系统目标之间是否存在偏差,如果存在一定程度上的偏差,则采取相关措施来纠正物流系统的相关运营流程,从而调整物流系统实际运营结果与物流系统目标之间的偏差。

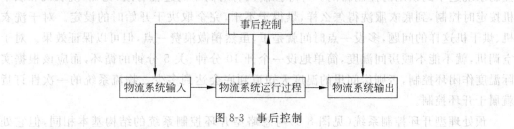

图 8-3　事后控制

五、物流系统控制的作用

成本的控制作用。物流成本组成:企业的物流成本由供应物流子系统、生产物流子系统、销售物流子系统和废弃物物流子系统中的显性成本和隐性成本构成,显性成本存在于运输、仓储、装卸、搬运、配送、流通加工和信息传递等工具的基础设施、设备资源和运作过程中;隐性成本存在于由于物流运作不畅导致的库存费用增加所形成的资金利息成本、库存资金占用的机会成本和市场反应慢的损失,以及管理不善造成的货物损失和损坏的成本。通过物流系统控制,物流成本略微下降,可带来利润的较大增长。

质量的改善作用。质量改善是针对物流系统所要实现的产品服务而言的。物流系统所提供的服务若想达到很高水平,则必然要对物流系统各个流程进行严格的质量控制,这里主要涉及物流系统的生产过程。物流系统所提供的物品质量高低在很大程度上取决于其生产过程的质量控制。通过控制,可以使产品服务的质量不断得到改善。

提高效率的作用。通过对物流系统的控制工作,使生产所需的物料得到及时供应,可以有效地杜绝停工待料的现象,使生产得以顺利进行,从而更大地提高生产效率。

第二节　物流系统的开环控制

一、开环控制的概述

如果一个控制系统中，不存在反馈回路，其输入不受输出状况的影响，那么，此控制系统就是开环控制系统。开环控制系统又可根据其处理干扰的方式不同而分为"忽略型"和"预处理型"。

忽略型开环控制系统如图 8-4 所示。图中的 D 为干扰，J 为给定装置，A 为给定的目标值（或叫给定值），U 为调节元件（又称控制器），B 为产生的控制信号，X 为执行元件（又称操作元件）发出的执行信号（又叫操作量），O 为被控对象，Y 为被控量。

从图 8-4 中我们可以看到，忽略型开环控制系统对干扰的影响是忽略的。它在实施控制的过程中根本不考虑干扰的影响，而只依照一定的规律或预先给定的程序来控制被控量。如由定时装置控制的交通路口的红绿灯转换，就是一种忽略型开环控制系统，它不考虑路口各侧的车辆流量及行人流量的不平衡这种干扰。显然，这种控制系统没有抗干扰的能力，只适应于那些干扰很小且控制精度要求不高的情况。当干扰变化很大时，这种控制系统达不到预期的控制目的。开环控制只对简单的过程有效，比如，洗衣机和烘干机按定时控制，到底衣服洗得怎么样，烘得干不干，完全取决于开始时的设定。对于洗衣机、烘干机这样的问题，多设一点时间就是了，虽然稍微浪费一点，但可以保证效果。对于空调机，就不能不顾房间温度，简单地设一个开 10 分钟、关 5 分钟的循环，而应该根据实际温度作闭环控制，否则房间里的温度天知道到底会达到多少。物流系统的一次性订货就属于开环控制。

预处理型开环控制系统（见图 8-5）与忽略型开环控制系统的结构基本相同，但它处理干扰的方式是预处理，即事先处理。

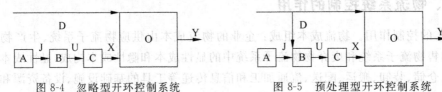

图 8-4　忽略型开环控制系统　　　　图 8-5　预处理型开环控制系统

这种开环控制系统在实施控制的过程中，一旦出现干扰信号，就必须把它精确测量出来，并把它输入调节元件。调节元件以测得的干扰信号为依据，并发出相应的控制信号，使执行元件选定一个输入值 X，以补偿干扰 D 对被控量 Y 的作用。预处理开环控制系统的特征就是按照扰动来实施控制，在扰动因素还没有影响被控量之前就把它克服掉。因此，它具有防患于未然的优点，但是，这种控制的抗干扰的能力是有限的。因为它的抗干扰能力来自事前对干扰的精确测量和预测，而大多数控制过程中的干扰是很难测量的。所以，预处理型开环控制系统也只适应于那些扰动有规律地出现且能精确预测的场合。预处理开环控制系统也叫做前馈控制，它往往和反馈控制一起组成互补的组合系统。

二、物流系统开环控制的步骤

物流系统开环控制中，无论控制的内容是什么，基本的控制过程都包括三个步骤：确定标准；根据标准衡量执行情况；纠正执行中偏离标准与计划的误差。

确定控制标准。标准无非就是物流系统工作成果的规范。它们是在一个完整的物流计划程序中所选的对工作成果进行衡量的一些关键点。确立控制标准是以物流系统的计划或目标为依据的，同时，它又能使人们在执行中不必去照顾物流系统计划执行中的每一个步骤，就能够了解有关工作的情况。确立物流系统控制标准既是有效控制的必要条件，又是实行控制的依据。物流系统标准可以是定性的和定量的，但是最理想的标准应当是能够考核的。

依据标准衡量执行情况。按照物流系统标准来衡量实际成效的最好办法应当建立在向前看的基础上，从而可使差错在其实际发生之前被发现，并采取适当措施加以避免。富有远见的领导常常能预见可能出现的偏差。但是，在缺乏这种预见能力的情况下，如果有了恰如其分的控制标准和准确测定工作成效情况的手段，就是很容易对实际的或预期的执行情况进行评价，并能及早发现已经出现的偏差。

采取有效措施，纠正物流系统中的偏差。纠正偏差既可以看作是物流系统控制工作的一部分或物流系统控制过程的一步骤，也可以理解为是物流系统控制工作与其他工作的结合点。正是因为纠正偏差才能实现物流系统控制的目的；同时，纠正偏差又需要其他工作配合，才能采取适当措施得到纠正。纠正偏差的措施很多，可以通过最新制订计划或修订目标，重新委派得力人员，改善或加强指导以及许多技术措施等。如果制定的物流系统标准反映了组织结构的实际情况，如果实际成效情况是按此物流系统标准来衡量的，那么，一般来说是领导就能够根据对个人或小组委派的任务，而准确地知道必须在什么地方采取纠正措施，从而使偏差得到迅速纠正。

三、物流系统开环控制中的问题

由物流系统开环控制的特点：它是单向的控制过程；输入量与输出量往往是不同性质的量，可知物流系统开环控制具有简单、响应速度快、系统比较稳定等优点。但由于缺乏反馈信息，物流系统会出现很多问题。如物料控制部门采取开环控制就有可能因缺乏信息反馈造成停工待料、物料积压、供应不畅等问题，如表8-6所示。

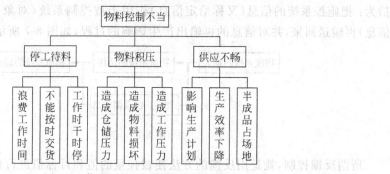

图 8-6　物流系统开环控制中的问题

小案例 降落伞的真实故事

这是一个发生在第二次世界大战中期,美国空军和降落伞制造商之间的真实故事。在当时,降落伞的安全度不够完美,即使经过厂商努力的改善,使降落伞制造商生产的降落伞的良品率已经达到了 99.9%,应该说这个良品率即使现在许多企业也很难达到。但是美国空军却对此公司说 No,他们要求所交降落伞的良品率必须达到 100%。于是降落伞制造商的总经理便专程去飞行大队商讨此事,看是否能够降低这个水准。因为厂商认为,能够达到这个程度已接近完美了,没有什么必要再改。当然美国空军一口回绝,因为品质没有折扣。

后来,军方要求改变了检查品质的方法。那就是从厂商前一周交货的降落伞中,随机挑出一个,让厂商负责人装备上身后,亲自从飞行中的机身跳下。这个方法实施后,不良率立刻变成零。

从此故事您得出什么结论?

第三节 物流系统的反馈控制

一、物流系统的反馈控制概述

反馈方法是经济管理和社会管理的重要工具。早在控制论的开创时期,冯·诺依曼与经济学家摩根斯特恩在《博弈论和经济行为》中就已经提出一些经济控制的概念。20 世纪 60 年代以前是经济控制论的开创时期。20 世纪 70 年代初人们预见控制理论在经济学中的广泛应用的前景十分远大,很多控制理论专家开始发觉经济领域对他们来说是个广阔的领域,大有用武之地,于是大批控制论专家转入经济控制论的研究和应用,其中最重要的就是反馈概念和反馈方法的运用。主要有以下几个方面:①运用反馈方法保证经济系统的稳定,促进经济的发展;②用反馈方式可以检查计划执行情况和计划是否制订得当;③用反馈方法可以检查政策的制定和执行是否符合实际。

反馈是指把系统输出量的一部分或全部,经过一定的转换后返送回到输入端,以增强或减弱系统输入信号效益的一个过程或连接方式。对于系统的控制,正是通过反馈信息才能比较、纠正和调整所发出的控制信息,从而实现控制的。反馈原理的基本内容可以概括为:把施控系统的信息(又称给定信息)作用于被控制系统(对象)后产生的结果(真实信息)再输送回来,并对信息的再输出产生影响的过程,如图 8-7 所示。

图 8-7 反馈

所谓反馈控制,就是用反馈的方法使被控量的值和目标值进行比较,然后根据比较的结果对输入值进行修正,以达到被控量的值与目标值一致的目的控制。反馈可以分为两类：①若从输出端反馈到输入端去的反馈信息是增强系统输入效应的，称为正反馈；②若反馈信息是减弱系统输入效应的，称为负反馈；③正反馈作用的结果，将使系统的输出量越变越大，从而导致系统不稳定，产生严重的周期波动。但正反馈常常被用来提高系统的灵敏度，或作为达到某种经济目的的手段。负反馈的作用与正反馈相反，能使系统的稳定性增加，补偿系统内部的某些因素变化而产生的影响。在控制系统中，常常利用负反馈来实现偏差控制，也常常利用负反馈构成局部反馈连接，以改善系统的品质。

显而易见，反馈控制利用的是负反馈，指把系统输出端的一部分或全部，经过一定的转换，反送到系统的输入端，并与它进行比较，利用比较得到偏差施加于系统，以减少两者之间的偏差而进行的控制。要实现反馈控制，必须具备三个条件：①制定标准，就是制定出衡量实际成果的准则，此准则被通常称为预期量；②有表示实际结果与标准结果间偏差的信息，说明实际情况偏差标准多少；③偏差的校正，是最终结果与标准吻合。

在一个反馈控制系统中，存在反馈闭合回路，使其输入受到输出状况的影响，所以反馈控制系统又叫闭环控制系统。有这种结构的控制体系之所以叫做"闭"的，原因就是在系统的信号传递过程中存在一个闭环。从这个闭环的任意一点出发，沿控制力传递方向移动还回到出发点。如在物流系统的库存控制中，其目的就是使货物的库存量控制在一定的合适的水平上，即控制合理的库存量，如图8-8所示。

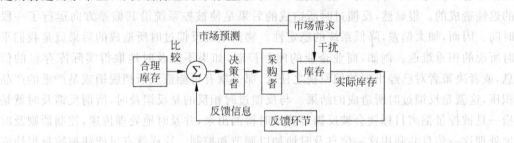

图8-8　企业库存控制系统

从图8-8可知，企业的决策者必须根据给定的合理库存量和市场预测信息，初步制订采购计划，并把采购计划交由采购人员执行。通过实际库存量的变化反应，可以判断采购计划是否符合市场需求。实际库存量的增加或减少对决策者都是重要信息，决策者根据实际库存量的信息可以进一步地调整采购计划，使实际库存量稳定在比较合理的库存水平上。

相比开环控制，反馈控制具有的优点是很明显的。第一，适应面较广，因为反馈控制不必事先测量和预测干扰的大小，只凭反馈信息来实施控制，所以，它特别适用于那些事先难于测得干扰的过程。而大多数控制过程是很难事先精确预测其干扰的。第二，控制原理简单，易于把握。第三，既能应付有规律性的干扰，也能应付无规律性的随机干扰。所以反馈控制的应用要比开环控制的应用广泛得多。但反馈控制也有一个明显的不足之处，那就是它不能防患于未然。因为它总是要等到干扰因素明显地影响被控量，使之偏离目标值，产生偏差之后才去实施调节控制，这就不可避免地使调节控制带有滞后性。

二、物流系统的反馈控制作用及局限性

物流系统的稳定控制，需要使被控制量稳定于目标值附近一个容许的偏差范围内。

前面所举的企业库存控制的例子就是属于这方面的应用。总之，物流系统要建立起某方面的稳定性，必须借助反馈控制。

用于程序控制中，使被控量按预先给定的程序来变化，保证物流系统完成某种程序的任务。例如，在物流系统实施 MRPⅡ，物料需求过程就可以与提前设定的订货点对比，如果发现库存量低于订货点，便自动发出订货，使库存量恢复正常水平。

用于随机控制中，使被控量对应于随机输入量，确保系统对运动目标的跟踪。如物流系统中企业的产品随市场需求的变化而变化等。

用于最优控制中，使系统运动效果最佳。如物流系统产生的成本控制等。

反馈控制之所以应用那么广，其中一个突出的优点是它只依据施控结果与给定目标的偏差信息来进行调节和控制，而不必事先考察可能出现的干扰因素是什么，不必测量这些干扰的强弱和大小。这无疑给控制带来了很大的方便。但是，我们也应看到反馈控制具有很多局限性，而且这些局限中有些是反馈控制系统本身无法克服的。归纳起来，物流系统反馈控制具有如下几个局限性。

反馈过时。反馈过时一方面使检测装置没有及时地检测出被控量的值的变化信息并及时地传递，造成调节和控制过时；另一方面是控制装置对偏差信息视之任之，没有及时地依据它来实施调节与控制。前者是由于反馈装置的迟钝造成的；而后者则是由控制器的迟钝造成的。很显然，反馈过时所造成的后果是使被控系统沿其偏差方向运行了一段时间。因而，加大偏差，降低系统的稳定性。物流系统反馈过时所造成的后果就是我们平时所说的积重难返。例如，商业企业的库存控制，如果不能及时地取得实际库存量的信息，或者决策者对已经出现的偏差视之任之，那么就有可能造成断档脱销或是严重的产品积压，这就是反馈过时所造成的结果。与反馈过时相反的是反馈及时，所谓反馈及时就是指一旦被控量偏离目标就会被反馈装置及时检测出来，并及时地处理传递，控制器则及时地处理这一信息并利用这一信息及时地加以调节和控制。这样就有可能使被控量很快恢复到给定的目标状态。

正反馈效应。利用反馈控制的目的就是要获得负反馈效应，增强物流系统的稳定性。而负反馈效应的获得取决于施控主体对偏差的性质和方向的判断的准确与否，以及调节措施得当与否。如果把负向偏差判断为正向的；或者虽然对偏差的判断准确，但采取了不得当的调节措施，反其道而行之，都会强化或扩大偏差，加剧物流系统的不稳定，即产生正反馈效应。造成正反馈效应的原因有三个：第一，反馈信息失真；第二，比较器不可靠；第三，调节装置变质。

反馈过度与反馈不足。所谓反馈过度是指调节装置获得偏差信息后，每次都做出了过头的调节。这样虽则消除了原来的偏差，却又在另一个方向上偏离了目标值，产生了新的偏差。由于反馈过度，使被控物流系统的状态有一个振荡不定的过程，降低了物流系统的稳定性。在实际工作中，反馈过度就是矫枉过正。例如，企业生产产品，当国际市场行情看好时，无限制地发展生产，很快造成供过于求，造成库存积压、资源浪费；当国际市场行情不景气时，又一味地限制生产，结果又造成供不应求，错过绝好机会，形成一种周期性振荡。反馈不足则恰恰相反，它是指调节装置获得偏差信息后，每次做出的调节都太弱了。这样虽然对偏差有所克服，但不足以完全消除偏差。反馈过度与反馈不足都会削弱物流系统的稳定性,在控制中必须加以克服。

偏差运行惯性。偏差运行惯性是指施控物流系统及时地实施适度的反馈调节措施后,被控物流系统具有沿着偏差方向继续运行一段时间和距离而不马上恢复给定状态的性质。任何动态系统都具有保持其原来运动状态不变的惯性,只不过这种惯性有大有小。偏差运行惯性的存在相对加大了偏差,延长了被控系统在偏差状态的运行过程和时间。如物料控制过程中,如果物料控制不当就会由于偏差运行惯性引起一系列的停工待料、物料积压、供应不畅等问题。

控制滞后性。简单地说,反馈控制的原理就是发现偏差,纠正偏差。但是我们知道,任何偏差都有一个发展过程,都会经过一个潜行阶段。在偏差运行的潜行阶段,偏差只是潜在地存在,还没有明显地使被控物流系统的运行状态偏离目标值。既然还没有出现明显的可检测到的偏差,那就谈不上依据偏差实施反馈控制了。也就是说只有当物流系统实际运营结果与物流系统目标出现偏差时,物流系统决策者才会采取相应的纠正措施,这显然会导致额外的资源浪费,同时也会在一定程度上影响物流系统的服务水平。这就不可避免地带来控制的滞后性,也就是说反馈控制不能防患于未然,把偏差消除在萌芽状态。它在偏差产生的过程中不论多么及时,都存在一个时间间隔。此时间间隔的存在也使控制的滞后性表现得更加明显。

反馈控制的滞后性是客观存在的,这要求我们在物流系统的工作实践中要及时地发现问题,解决问题,使由于控制滞后所造成的损失最小。但是我们要讲,反馈控制的滞后性是其本身所无法克服的,必须借助于前馈控制才能克服这种滞后性。

三、物流系统实施反馈控制应遵循的原则

由于物流系统反馈控制具有以上局限性,所以,我们在物流系统实施反馈控制时要遵守下列原则。

及时性原则。遵守这一原则的目的就是为了防止反馈过时。因此,这一原则要求我们在实施反馈控制过程中,及时检测被控量的值的变化信息并及时地回输;及时地依据反馈信息做出相应的调节。所以,物流系统中应杜绝那种年初定规划、发指令,到年中或年底才去检查和总结的算总账的官僚主义作风。

适度性原则。遵守这一原则的目的是为了防止反馈过度与不足。这一原则要求反馈控制物流系统的控制装置在准确判断偏差信息的基础上,做出适度的调节,既不对较弱的偏差实施强反馈调节;也不对较强的偏差实施弱反馈调节。有经验的经营者有句俗语,叫做"逢俏莫赶,遇滞莫丢"。这句俗语实际上是适度性原则在经济工作中的应用,"赶俏"和"丢滞"往往造成反馈过度。

准确性原则。遵守这一原则是为了防止发生有害的正反馈效应。这一原则一方面要求检测装置准确地检测出被控量值的变化的信息;另一方面要求控制器准确地判断偏差的方向。对于物流系统来说,一方面要保持信息反馈渠道不受干扰,尽可能地传递真实信息;另一方面,决策者不能盲目地对反馈信息不加分析地利用,而要对原始反馈信息进行去伪存真,去粗取精的滤波处理。用此方法剔除原始反馈信息中的虚假成分,提取真实信息。

随机性原则。遵守这一原则的目的是为了提高反馈控制系统的随机应变能力。这一

原则要求施控系统采取随机反馈措施,随机地进行调节和控制。因为被控物流系统受到干扰的影响,被控量是随机变化的,所以偏差也是随机产生和变化的。这就要求反馈控制系统具有随机应变的能力。

在物流系统的控制中,这一原则的意义特别重要。湖南某烟厂在1980年的时候,通过一个市场信息收集点收集到一条信息,即一部分青年人要求制造一种廉价带咀烟。烟厂的智囊机构对此信息进行了分析,认为这是一条真实有用的信息,它反映了一部分低工资的青年人的一种虚荣心理。根据这条信息,厂务会上决定调整原生产采购计划,用质次的烟叶和下脚料生产这种廉价带咀烟,投放市场,结果受到这部分低工资青年吸烟者的欢迎。但是到了1983年,市场行情变了。随着改革的深入,人民生活水平的提高,这种烟滞销,而高档烟走俏。这一信息及时反馈上来后,烟厂决策机构根据这一信息马上做出决策,停止这种廉价带咀烟生产与采购计划,转向更多地生产高档带咀烟,较好地满足了市场需要。此烟厂成功的秘诀在于它在实施反馈控制过程中遵守了随机性原则,能随时跟踪市场行情的变化,并根据变化的市场行情实施随机的反馈调节。因而具有较强的随机应变能力。

前馈—反馈互补原则。遵守这一原则的目的是为了克服反馈控制的滞后性。这一原则要求把反馈控制与前馈控制相结合,组成前馈—反馈互补系统,以增强物流系统抗干扰的能力,提高物流系统的稳定性。所谓前馈控制,就是不等到扰动影响到被控量时,只要这种扰动是可以测量出来的,就要把它预先测量出来,通过前馈装置送到控制器中去进行调节,使被控量变化之前就尽可能地克服或减少扰动的影响。因此,简单地说,前馈控制就是尽力获得充足时间提取预测信息,使系统在偏差即将发生之前就注意纠正偏差的控制方法。很显然,前馈控制弥补了反馈控制的不足,解决了控制滞后性这一问题,具有防患于未然的优点。但我们说,前馈控制不是对反馈控制的否定,而只是一种补充。况且,前馈控制本身不具有应付未能预测到的扰动的能力。组成前馈—反馈互补系统就是我们平常所说的既要心中有数,又要随机应变。物流系统中,企业的商品库存控制如果单纯采取反馈控制,就会因为反馈控制的滞后性而造成被动。这是因为当你发现实际库存偏离合理库存时,即使你及时采取了调解措施,但从订货到进货补充库存;或是从停止订货到停止进货减少库存都需要时间。这个时间的存在导致控制滞后,偏差加大。因此,企业的商品库存控制必须是前馈—反馈互补控制。即一方面根据偏差对进货量实施反馈调节;另一方面又根据预测到的扰动因素实施前馈调节。如根据预测到的季节性变化扰动因素来调整下个月的进货量等。

四、物流统计与分析

要想成功地对物流系统进行反馈控制,我们需要详细了解下述几个方面的相关信息。

目标(目标值):这里的目标指的就是物流系统目标,物流系统的系列活动最终都是为了使物流系统所处状态尽可能趋向物流系统目标值。

观测值:为了对物流系统进行控制,就要不断监测物流系统所处状态,同时获得相关的实时数据,这些实时数据就是观测值。

预测值:这里指的是在受控物流系统实际运营结果与目标值发生偏差之前,通过相关预测装置或者手段得到的有关受控物流系统的运行状态和运行数据。

偏差：实际值与目标值之间的差额就是偏差。事后控制就是通过比较实际值与目标值之间的差额的大小来发出相关控制指令，从而相应改变受控物流系统的运行状态，进而使受控物流系统的实际值趋向于目标值。这里最为典型的就是仓储管理系统，如果实际库存量偏大，则相应延迟订货；如果实际库存偏小，则提前订货。

为了能够全面掌握这些信息资料，监督物流系统的运行情况，我们就需要统计实践、做调查研究、搜集有价值的统计资料，并根据统计调查和分析对物流系统进行全面、系统的定量检查、检测和预警，以促进物流系统按照要求持续、稳定、协调的发展。

在物流系统反馈控制中，通常通过全面调查、抽样调查、重点调查等统计方法来测定物流系统的真实值，通过对比分析实际值与目标值的偏差来调整物流系统运行状态。其控制过程可以通过简单的数学模型表示：

$$y_{t+k} = f(\varepsilon_t) = f(x_t - \varphi_t)$$

式中：x_t——监测过程对受控物流系统相关变量在时刻 t 所测定的实际值；

φ_t——受控物流系统相关变量在时刻 t 的目标值；

ε_t——x_t 与 φ_t 之间的偏差；

y_{t+k}——物流系统控制人员采取的纠正措施；

t——监测时间；

k——控制措施的时间延误。

思 考 题

1. 什么是物流系统控制？
2. 物流系统控制的内容是什么？
3. 物流系统控制的原则是什么？
4. 物流系统开环控制的步骤是什么？
5. 物流系统反馈控制的作业及局限是什么？
6. 物流系统反馈控制实施的原则是什么？
7. 物流系统中各控制内容比较适用哪种控制？

第九章

物流系统组织结构

学习导航

- 了解组织结构原理
- 了解物流组织结构的发展史
- 理解物流组织结构开发方法

导入案例

联想集团的组织结构适应性发展

联想集团是一家以研究、开发和销售计算机设备及其相关产品为主，贸工技一体，多元化发展的大型信息产业集团，在国内外共拥有40多家分公司及分支机构，近千个经销服务网点，净资产16亿元人民币。联想目前已形成了六大支柱产业，构造了在信息产业领域内多元化发展的新格局。联想之所以能在激烈且不断变化的环境中高速发展，主要原因是采取了不断调整的组织结构和适时而动的企业战略，从而使企业在环境、组织、战略及其互动关系中一直保持着较高的水平。

1987年以前，联想采用的是"平底快船"的管理模式，强调快速反应、快速决策。这种模式的实质是在公司人员少、部门少的情况下，人员和部门一专多能，权利高度集中。

1988年联想集团提出和实施海外发展战略，他们提出了新的组织结构——"大船结构"管理模式，其特点是"集中智慧、分工协作"。根据市场竞争规律，企业内部实行目标管理和指令性工作方式，统一思想，统一指令。

20世纪90年代初，中国计算机产业被迫参加到世界计算机工业在中国市场的激烈竞争中。联想历史上第三种管理模式——"舰队结构"应运而生，即采用事业部制，采用集权与分权相结合，事业部对产供销各环节统一管理，享有经营决策权、财务支配和人事管理权。

1997年开始，北京联想和中国香港联想整合，成立联想集团有限公司，原来的十几种业务并成联想电脑公司、联想科技发展公司等六大子公司。

案例解析

结构与战略上的不断调整，使联想实力逐步增强。他们奉行从市场出发、服务至上的原则,逐步进军制造业,不断以技术赢得未来,具备理论出色的整机设计能力,巩固了在计算机领域的多元化发展。因此,企业的组织结构需要随着外部市场环境和企业战略而调整。

案例思考

案例中,企业的组织结构是如何适应外部环境和战略的?

案例涉及主要知识点

组织原理、组织结构、管理幅度

第一节 组织结构原理

一、概述

组织是一切经营活动的载体,也是规范和协调物流业务活动及相关参与主体利益冲突进行规制安排的一种形式,有效的和有效率的物流组织是物流系统管理中至关重要的因素。

物流组织一般是指以物流经营和管理活动为核心内容的实体性组织,从广义上讲,它可以是企业内部的物流管理和运作部门、企业间的物流联盟组织,也可以是从事物流及其中介服务的部门、企业,以及政府物流管理机构。随着经济全球化、网络化和信息化的不断发展以及社会分工的不断细化,物流在社会经济中的地位不断提高,无论是生产企业还是流通企业对物流价值的认识都在不断加强,以物流活动的过程为基础,以降低物流成本为目的,一些企业将物流作为核心竞争力来培养,而另一些企业则将物流外包出去,为提高企业适应市场和开拓市场的能力,物流组织需要不断地变化和创新。

组织文化是一个组织多年形成的成果,它对组织的管理和经营起到很重要的影响作用。在组织的上升期,组织文化会具有一种凝聚作用、导向作用和激励作用。组织文化会对组织的积极创新、团结向上起到积极作用;但在组织衰退期,组织文化会变成禁锢组织发展变化的主要阻力。外部环境是变化的,一成不变的经营方式或者传统守旧的组织文化不能适应环境变化的要求,如1918年《幸福》杂志中的500强企业有不到10%存活50年以上;美国50%的新建私人组织5年之间经营失败。这些组织为什么会失败?主要原因是不能适应环境的快速变化,其中标准工作程序的惯性、潜在的政治冲突及其企业的文化都是组织变迁的抵制因素。

二、组织机构存在的必要性

物流是一项重要的活动,事实上任何类型的企业或机构都会进行物流活动。这就意味着已经有某些机构,无论是正式的还是非正式的,都在处理货物和服务的流动。那么,在组织结构上要特别注意些什么呢?

(一)调和矛盾

图9-1是典型的制造企业的组织结构及其物流相关职责,许多公司都采用了这种传

统的组织形式,即围绕着财务、运作和营销这三个基本职能部门来组织公司的活动。从物流的角度来看,由于这三个职能部门的基本目标和物流不同,这种组织形式会导致物流活动的不连续,即运输可能由运作部门负责,库存由三个部门分管,而订单处理则由营销部门或财务部门负责。但是,营销部门的首要职责是使利润最大化;运作部门的职责是使单位成本最小化;而财务部门的职责是运用最少的资金,为企业获取最多的投资回报。这些目标相互矛盾,以至于数年前某高级管理人员曾经明智地评论道:如果允许自由经营,销售人员和销售经理可能向客户凭空承诺提供从工厂或分拨中心开始的配送服务;另一方面,只要有可能,生产经理就会要求将很长一段时间的订单累积起来,降低生产启动成本,以有更多的时间来计划原材料的经济采购量。

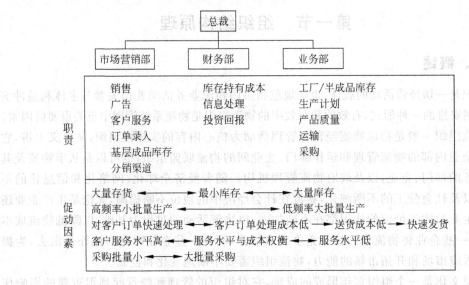

图 9-1　典型制造企业物流活动组织形式

这些目标的冲突会导致物流运作系统的次优,甚至会影响到整个企业的运作效率。例如,市场营销部门会希望迅速送货以支持销售,而生产部门如果负责运输则会希望送货成本最小。如果不采取措施来协调各部门,就不可能实现物流成本与服务之间的最佳权衡。因此,设置某个机构来协调不同物流活动的决策是很有必要的。

例如,围绕物流问题,某纸品制造商遇到了营销部门与生产部门之间的冲突。该公司生产和销售各种纸制品,如购物袋、商业包装纸、卫生纸和餐巾纸。销售量一般都很大,有的客户一次订 30 个车皮。公司的组织机构围绕营销和生产目标设置。由于营销和生产部门之间缺乏协调,销售人员单方面向客户承诺在他们需要的时候送货,而极少考虑生产计划安排。如果在重要的交货日不能交货,销售部门就会为订单向生产部门施加压力。其中的哲理很简单:"使劲挤葡萄,籽就会出来"。另一方面,有些订单到达生产部门手中时,已经超过了交货日期;生产计划经常性的调整,导致机器启动费用居高不下,催得不急的订单就会拖得更久等。这些往往会使生产部门承受巨大压力。由于供求之间缺乏协调,越来越多的客户表示不满,某些客户甚至威胁要去寻找其他的货源。

（二）管理

如上所述，传统企业中物流管理的一些重要环节，如运输和库存管理等是作为主要职能部门如市场部、生产部和财务部下面的分部门来单独运作的，这意味着物流活动的各管理人员分别负责部门活动，如运输经理负责运输方式选择、承运人选择及协商价格等，而不负责库存活动，在直线组织中，这些经理通常的上司是负责某一地区的经理；相类似，库存管理通常是作为工厂层次的运营管理的一部分或作为一个销售区域内市场管理的一部分来独自进行的。因此，库存投资要么是用来提高制造的效率，要么是用来支撑客户服务。这种安排下，各物流活动分别作为成本中心进行管理，主要目标就是控制支出，很难从系统的角度预计和成功地进行职能间的权衡。这样一来，尽管每一主要活动都达到最低的成本，整个企业的运营效率却难以达到最优化。

为使产品按计划生产运输并且在必要的时候便于重新计划，物流活动的组织结构也应该合理定义必要的权利和责任限度。当企业的目标开始集中在高水平的客户服务和客户满意度方面，物流管理的职责分配就越加必要。实现一定的顾客服务水平以及所需的服务成本之间的均衡对一个企业的运作十分必要，必须有人总体负责整个产品生产和流通的过程，管理者需要对整个供应链——从原材料到最终的消费者有全面认识的能力，这是一项很复杂的任务。在实际的操作中，为了控制与管理的方便，订货处理、运输和存储等职能往往都有专人负责，而协调他们之间的关系，也需要有专门的经理来负责，只有当物流经理有权来平衡这些职能的运作时，企业才能达到最高的效率。

三、物流组织的发展演化过程

早期的物流管理方式以职能划分为中心进行管理，传统的组织方式在人们的思维中形成了定势以后，把物流活动集中起来、建立统一的物流组织这一思想曾面临着相当大的抵制。但潜在的巨大利益推动着组织革新的厂商日益增加，从而带来了物流组织方式的不断进化。功能集合的进化过程可以分为三个阶段，重点都是把与物流有关的职能进行组织划分，只是划分重组的程度不同。

（一）物流活动初步归类（20世纪50年代晚期至20世纪60年代早期）

早期的企业中，物流管理呈现完全分散化的状态，物流活动分散在各个职能管理中，分别从属于传统的职能部门如市场部、制造部和财务部等。最初将物流活动归类出现在20世纪50年代末和20世纪60年代初，这时，人们意识到那些与物料分配和物料供应有关的活动需要密切合作。起初，许多企业靠一些非正式的组织形式来平衡各个领域的活动，这些非正式的组织形式有建议协作及员工的内部合作等。通常的进化模式只是将两个或更多的物流功能在运作上进行归组，而对总体上的组织层次不做重大改变。这样，最初的集合就只能发生在职能部门和组织的直线管理层。在这个最初的发展阶段，很少涉及采购和物流分销一体化的组织单位。

图9-2是一个有代表性的第一阶段的物流组织。尽管物资配送和原料管理单位已完全分离出去，他们仍分别用来集合其相关的功能。当一体化物流的潜力在一个企业中得

到确认时,一个或两个统一的运作集中点就出现了。在市场营销领域,集中点通常围绕在客户服务的周围。在制造领域,集中通常发生在原料或零件采购阶段。然而,大多数组织结构中,第一阶段组织的改变只包括了对市场营销和制造传统领域的功能进行分组。

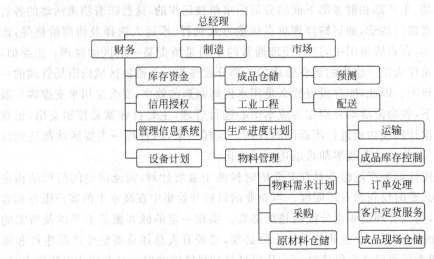

图 9-2　第一阶段物流组织

(二) 物流职能独立期(20 世纪 60 年代晚期至 20 世纪 70 年代早期)

随着物流管理带来的好处渐渐被企业所认识,物流的组织变革渐进发展,当整个企业赢得统一的物流运作经验和成本利益时,就开始向第二个组织阶段进化了。这一阶段的企业中,由经理专门负责与物流有关的活动,但通常原材料供应或成品分销分别由专人负责,这使物流活动之间的协调可以直接控制。

第二阶段的重要性在于物流开始具备更高的组织权力和责任,逐渐拥有了独立的地位,开始被作为一种核心能力处理。这样做的动机是将物流定位到一个更高的组织水平上去,增加战略影响。为了建立第二阶段的组织,在总的企业结构中,必须重新分派功能,并从高层次上给予新的组织定位。这一阶段组织的一个重要点在于物资配送和物料管理的一体化开始被金融界、制造商和市场营销等企业认可,而其他部门的管理者仅将这些整合组织视为为了减少成本而做出的努力而已。第二阶段的组织在今天的工业中可看到,它仍能很好地保持作为最能被采纳的促进物流的方法,如图 9-3 所示。

这一阶段,物质配送或是物流管理可以集中管理,但由于企业全神贯注于特定功能的绩效上,客观上缺少功能的物流信息系统,所以没有形成完全的一体化物流管理系统的概念。

(三) 职能一体化(20 世纪 80 年代物流的复兴)

20 世纪 80 年代初,作为物流复兴的第三阶段组织开始出现了。最初的信念是,如果传统物流组织内的物流职能能够归并,受统一的管理和控制,一体化的绩效应该会更便利。如果所有的物流工作被整合进一个组织中去,通常的感觉是这些功能将会管理得更好,利益互换会分得更清楚,并更便于确认最小总成本方案,所以,这个组织结构试图在一

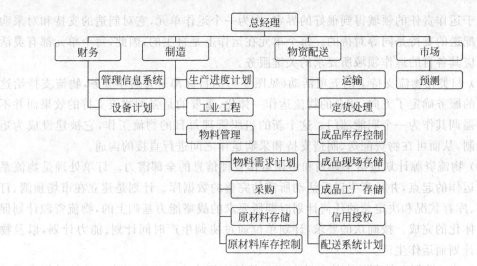

图 9-3 第二阶段物流组织

个高层经理的领导下,统一所有的物流功能和运作。第三阶段组织结构层次的趋势是清楚的,它是物流活动的一体化,包括了原材料的供应及成品分销,将实际上可操作的许多物流计划和运作功能归类于一个权利和责任下,目的是对所有原料和制成品的运输和储存进行战略管理,以使其对企业产生最大的利益。图 9-4 是一个有代表性的第三阶段组织。

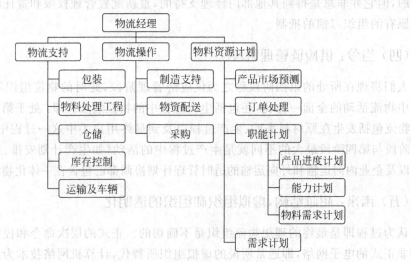

图 9-4 第三阶段物流组织

促进这一变革的是 JIT、快速反应及时间竞争等经营哲学的出现,因为它们要求整个企业所有活动的合作,而且原材料的供应和成品的分销可以共享企业资源,例如,车队或仓库等,为了使资源利用最大化,也要求各部门间的密切协作。

物流信息系统的快速发展,促进了第三阶段组织的形成。信息技术可用来计划和运作一体化物流运作系统。第三阶段组织有几方面需要进一步的讨论。

(1) 物流的每一个领域(采购、制造支持和物资配送)被组合构建成一个独立的直线运作单元。直线领导的权利和责任可使每一项支持服务在总的一体化物流独立框架内完成。由于运作责任的领域得到很好的界定,作为一个运作单元,它对制造的支持和对采购及物资配送的支持是同等对待的。每个单元在运作上是自主的,因此,每个单元都有灵活性来适应其各自的运作领域所要求的关键服务。

(2) 归类在物流支持下的五项活动(见图9-4)的目标都是为运作服务,物流支持给这些共同的服务确定了方向,使总的物流运作一体化,重要的是强调物流支持的效果而并不是着重强调其作为一个职能部门。这个新的组织管理每日的物流工作,它被建设成为矩阵负责制,从而可在物资配送、制造支持和采购运作之间进行直接的沟通。

(3) 物流资源计划包括了计划和协调运作管理信息的全部潜力。订单处理是物流系统进行运作的起点,并且产生以后活动所需的完整的数据库。计划是建立在市场预测、订货程序、库存状况和决定总的任何计划时期所要求的战略能力基础上的,物流资源计划促进了一体化的完成。按确认的要求,计划单位通过协调生产时间计划、能力计划,以及物料需求计划而运作生产。

(4) 总的计划和控制处在第三阶段组织的最高层次上。这两项独立的结果促进了一体化。计划组关注的是长期的战略定位,并对物流系统质量改进和重组负责。

第三阶段物流组织形式为指导从原料采购到客户发送,从财务到人力资源的有效应用提供了一个条理分明的体制结构。这样,第三阶段的物流组织将厂商定位在可以处理采购、制造支持和物资配送之间的利益互换方面。尽管功能一体化的理念是合理且符合常识的,但它并非总是得到其他部门经理支持的,重新配置管理权限和责任的企图一般会受到原有的组织习惯的抵制。

(四) 当今:供应链管理阶段

人们将现在所处的第四阶段称之为供应链管理阶段,此时的物流组织不仅包括第三阶段中物流活动的全面一体化,还包括生产过程中的物流活动。即:处于第四阶段的企业认为物流包括发生在原材料采购、生产过程以及到最终用户手中这一过程中的所有活动。第三阶段与第四阶段最大的不同就是生产过程中的活动(如生产计划安排、半成品库存管理),以及企业内向运输和外向运输的适时管理计划协调都已包含在一体化物流的范围内。

(五) 未来:超越结构,虚拟组织和组织的透明化

认为过程即是最终的理想物流组织是不确切的。正式的层次命令和控制组织结构可以被非正式的电子网络,即通常所说的虚拟组织所替代,计算机网络技术为组织在未来的发展提供了广阔的空间。关键的工作队伍会用电子链接、用整合的方式完成至关重要的活动。这些工作队伍就他们成员的正式组织结构而言应该是透明的,换句话说,正式的组织图可以与实际的工作流无关。事实上,物流的未来组织应该是在组织中实行功能分隔,将注意力集中于工作流而不是结构。如果以功能分隔信息的协调网络作为限时的物流组织解决方案,那么,就会使物流组织更为紧凑和有效。当前已经存在的信息技术,已使电子化结构和协调行为成为现实。

为了完全利用信息技术带来的好处,组织结构和哲学将发生巨大的变化。完全分解原先的组织却是实现虚拟组织的前提,但是从另一方面来说,经过这么多年组织的发展,

命令和控制型的结构在人们心底已经根深蒂固,很难接受改变。所以,从这个角度来说,虚拟组织遇到的最大障碍是如何转变人的观念。

第二节 企业的物流组织——物流部

小案例 IBM再造以重新赢得竞争优势

IBM为我们提供了一个很好的例子:IBM曾经是计算机行业的领头羊,但它的PC事业部在1994年大约损失了10亿美元。原因是什么?主要还应归咎于其自身经营结构的不完善。

起初,IBM将其主要的职能分布在美国9个不同的地点。这就使新产品进入市场的周期非常长,至少两年以上。在一个产品寿命周期只有9个月的工业社会中,这是不可想象的。

自1994年以来,IBM在战略上重新调整了它的PC事业部的结构。公司积极研制新产品取代旧产品,将权利下放给各个小组。这些小组包括采购、物流、研究、设计和制造,集中在北卡罗来纳的罗利。这种策略使蝴蝶牌笔记本从研制到生产出产品总共只用了18个月。这对于IBM来说已经是最高纪录了,但仍要提高。

以前,IBM的新产品进入市场经常受阻,因为产品开发小组经常超过期限才将产品设计交给制造部门。在新的结构下,物流、采购、制造紧密地联系在一起。这就使一个零部件一旦被选中(设计),货源、可获得性、价格就是可知的(采购),同样多长时间到也可确定下来(物流),使用的难易程度也可想而知(制造部门)。

竞争使IBM必须注重采购和物流的细节情况。制造几百万PC需要成百上千个供应商供应成千上万个元件,其间的关系必须协调好。然而,IBM的旧体系不能使这些高效运转。

IBM的新组织结构还有以下几方面的成绩:①产成品库存下降了65%;②采购和配送成本下降了50%;③由于改善了供应管理,所以PC事业部关闭了13个欧洲仓库;④库存周期从80天变为60天。

一、独立的物流组织的重要性

20世纪50年代前,通常只把物流的功能局限在便利和支持工作方面,因而物流的组织责任不是由单独的一个部门或经理负责,而是分散在公司中(见图9-5)。这种部门分割的现象意味着物流方面的工作缺乏跨职能的协调,从而导致重复和浪费,信息常常被扭曲或延迟,权利界线和责任常常是模糊的。只有在经理们认识到对总成本需要控制,机构需要重新组织,并将物流功能结合进单一的管理团体中去之后,物流结构才得以作为一体化的组织首次出现。

驱动功能集合的动机在于深信将物流功能归集于一个组织,可增加一体化的可能性。成立物流部,将物流定位到一个更高的组织水平上去可增加战略影响。独立的地位可将物流作为一种核心能力处理。作为示例,显示出功能上的近似,有助于理解一个地区的决

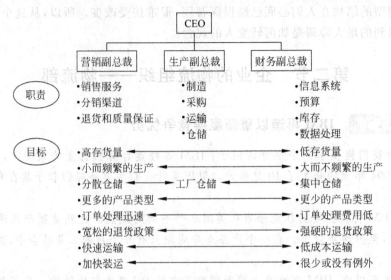

图 9-5　企业内部各部门的职责和目标对比

策和程序是如何影响其他地区的绩效的。而作为信念，则认为所有的功能最终将作为一个单一组织，致力于整个系统的绩效方面的工作。

并且，绝大多数的传统组织都是按照职能工作划分为权利结构和责任结构的，这种结构的优点是：①工作职责明确和工作结构稳定；②能集中专家力量，取得劳动分工效益；③能将专业领域的最新思想引入组织；④专业化发展，促进各专门领域，如市场营销、生产制造、信息技术、人力资源管理等取得最佳运作的途径。

自 20 世纪 60 年代以来，物流管理的发展趋势就是在公司的一名高层经理的领导下整合众多物流功能。总体来说，物流经理的控制范围有扩大趋势，包括运输、仓储、库存、订单处理、包装、物料搬运、预测和规划、采购。

实质上，这种组织结构和预算都紧密地伴随着所履行的工作而变动。因此，到 20 世纪 80 年代中期，通过最终的分析，人们日益明确地认识到功能集中的示例可能不是物流一体化最好的方法。传统的惯例是把所有承担具体工作的人组合成诸如存货控制、仓储作业或运输之类的职能部门。每一个这类组织都逐渐把注意力集中在如何取得自己的职能优势上。比如，运输及库存是由分隔的组织单位所管理，它们很少甚至不注意相互之间的关系。管理运输及管理库存的各自目标可能是相互抵触的：运输目标可能要求有更大的平均库存，以取得集装运输的经济利益；另外，财务方面的目标可能试图减少平均库存，为的是取得高速度的资金周转。在这两个对立目标之间期望有一个能综合各方面绩效的最佳实践，孤立工作将对取得综合物流的运作目标产生严重障碍。在最终分析中，一个公司在个体活动(比如运输)中花费多少是无关紧要的，只要总体物流绩效目标能以最低总成本实现就可以了。

除此以外，传统的职能管理的缺点总结起来如下。

(1) 组织建立在命令和控制基础上，指令自上而下传达，却不能自下而上反馈。但现代社会快速变化的环境要求企业建立一种根据实际情况可以随时修订计划的、灵活的、具有反馈能力的组织结构。

（2）组织中的每个人，包括高层的职能管理人员，很难理解整体的任务并把它同自己的工作联系起来。各部门强调自己工作的重要性，不断产生摩擦、误会、派系等不良现象，只有为数极少的高层管理者在从事信息联系和协调等组织整体运转的工作。

（3）这种组织目光是"向内"而不是"向外"的。因为组织内部的原因建立起了工作岗位和工作流程，内部的体系比顾客需求更加重要，这使组织结构更加不灵活。

（4）传统职能管理思想是基于劳动分工，员工及管理人员往往只会注重职能活动，而忽视职能活动的结果，这样经常会产生大量的职能活动相互牵制，从而需要大量的协调活动，造成管理人员的增多和管理成本的上升。

于是，有不少厂商在为物流组织制定的、似乎完美无缺的规章墨迹未干的情况下，就已开始对什么是理想的结构组成进行新的和更深广的思考了。

此后不久，厂商们就把组织的重点从功能上转移到过程上了。组织要想实现以顾客为中心的宗旨，在变革的环境中成长，在激烈的竞争中获胜，必须开展组织形态的创新，跳出狭隘的对单个业务、产品、部门的思路，不再仅仅从职能的角度去看待组织，而是从过程角度去分析作为一个投入—产出系统的组织。依据主要业务程序而建立的组织结构已经得到了重视。实际上，注重过程有助于避免以有关职能和活动为基础的组织缺乏远见。另外，注重过程很容易把物流组织真正推向综合物流和综合供应链管理。正像物流服务部门有助于提高物流的地位和作用一样，注重物流过程能大大促进物流活动的整合和协调。在这种新的管理模式下，人们将工作在团队中，而非原来的职能部门中，他们将向最终的结果负责，而非向上司或活动负责。管理人员更像是导师，而非原来的类似监工的角色。慢慢地，进行过程管理的企业最终将转变成过程型组织，这种组织将更好地围绕过程进行管理并更好地以客户为中心进行服务。传统职能管理与过程管理的区别如表9-1所示。

表 9-1 传统职能管理与过程管理的区别

对比项	职能管理	过程管理
关注重点	内部体系	过程及输出
问题产生的原因	员工	过程
对员工的态度	成本	资源
员工对工作的态度	做自己的工作	知道对过程的贡献
衡量对象	个人	过程
改进对象	人	过程
上级对下级的态度	控制	激励
企业文化	不信任任何人	所有人都休戚相关
发现问题后的态度	谁犯了错	是什么使得错误发生的
工作目的	为老板工作	为顾客工作

此时，厂商们开始检验物流能力在产生客户价值总的程序中所扮演的角色。这预示着一种怎样才能最好地取得一体化物流绩效的新思想的产生。过程定位的趋势要求重新考虑和组建传统的组织。大多数专家觉得传统的命令和控制系统已没有多大用处，而逐

渐被扁平的、倾向于过程的结构所代替。传统的组织系统在以信息为基础的竞争环境中不是最好的操作方法。将焦点集中在过程上,在很大程度上减轻了将功能积聚到无所不包的组织单元中去的压力。至关重要的问题不是如何去组织个别的功能,而是如何最好地管理整个物流过程。于是将功能分离而以信息拉动一体化的努力和机会开始出现。

二、物流组织结构的选择

企业决定了某种模式的组织结构后,还可能有一些基本的选择,这些选择可以分为:非正式的组织形式、半正式的组织形式和正式的组织形式。在这些形式中没有哪一种在企业中是占据主导地位的,也没有哪一种在类似企业中会比其他形式更受欢迎。任一企业所选择的管理机构通常是企业内部经营管理演化发展的结果,也就是说,物流管理组织形式常常取决于企业内部人员的个人喜好、企业组织的传统,以及物流活动在企业中的重要性。

(一)非正式的组织形式

物流组织的主要目标就是对各项物流活动的规划和控制加以协调,而随企业内部氛围的不同,这种协调活动可以通过几种非正式的方式进行。此时,往往不需要变革现有的组织结构,而是依赖强制或劝说手段来协调各项物流活动,实现物流管理人员之间的合作。

有些企业设有独立的部门负责一些关键性的物流活动(如运输、库存管理和订单处理),这些企业往往需要建立激励机制来协调这些部门的运作。虽然在很多企业中预算是一种重要的控制手段,但它常常会阻碍协调工作的进行。例如,运输部门的经理也许会觉得为了降低库存成本而增加运输成本是不可接受的,因为库存成本并不在他的预算责任范围内,他的业绩是通过将运输成本和预算做比较来衡量的。

还有一种鼓励各项活动进行合作的、可行的激励方法是不同部门之间互相收费或转移成本。考虑一下,如果运输方式的选择间接影响库存,但是对于运输部门的决策者来说除了需求尽可能低的运输成本外别无所求,那么应如何进行决策呢?

例如,假设为了适应更大批量运输带来的速度更慢、费用更低的运输方式,某公司库存管理部门经理允许库存水平比期望的高。只要库存成本超过了期望的水平(可以根据库存目标精确计算出来),高的成本就被计入运输部门的账户。运输部门的经理就可以实际估算出运输决策对库存成本的影响,并按其预算目标,平衡整个企业的成本,进行最终选择。

另一种激励方式是建立某种形式的成本节约分享机制。成本互相冲突的各部门将各自节约的费用集中在一起,按预先确定的计算表制作一个清单,对节约的成本重新分配。这种方法也是在鼓励合作,因为成本互相冲突的部门利益达到均衡时,可节约的成本最大。在企业界,这种所谓的利润共享计划作用有限,但在有些公司里却成效显著。

协调委员会也是一种非正式的物流管理组织形式。委员会的成员来自各个重要的物流管理部门。委员会通过提供经验交流的方法来协调管理。对于那些历史上有内部协调委员会的公司来讲,这种方式非常令人满意。杜邦公司就以其委员会的有效管理而闻名,成为这方面的典范。尽管利用委员会进行协调似乎是比较简单、直接的解决方法,但它也有缺点,如委员会无权实施议案。

总裁亲自考察物流决策和物流运作是一种特别有效的鼓励协调方法。在组织结构中,高层管理者所处的地位使其容易发现机构内部次优的决策。由于各物流部门的下属经理对高层管理人员负责,在一个没有正式组织机构的企业里,高层管理人员对跨部门间协调、合作的鼓励和支持对实现企业目标也仅仅是起间接作用。

(二) 半正式的组织形式

采用半正式组织形式的企业认为物流规划和运作常常涉及企业组织结构中的不同部门。因此,企业会委派物流管理者协调那些既与物流有关,又涉及其他不同职能部门的项目。该种组织形式通常被称为矩阵型组织,在航天工业中尤其盛行。这个概念在引入到物流管理系统时作了一定改动,其形式如图9-6所示。

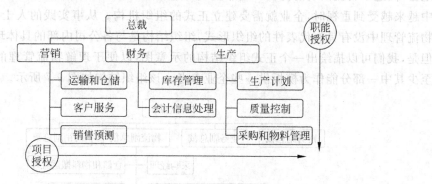

图9-6 物流管理中的矩阵组织形式

在一个矩阵型组织中,物流经理对整个物流系统负责,但它并无对每一个环节的直接授权。企业传统的组织结构保持不变,但是物流经理与其他部门经理共有决策的权利与义务。无论是各职能部门还是物流项目都应合理地支出费用,这是合作和协调的基础。

例如,联合设备公司生产管道装置和设备,其销售额约为8 000万美元。这家公司目前设立了一个分拨部门以解决物流问题。新上任的分拨部经理对销售和市场副总裁负责,其部门目标是确定客户服务标准,并协调该服务标准与配送计划、生产计划之间的关系。以前,销售部门为了取悦大客户,直接将企业生产的产品从工厂运出,但生产管理人员却常常跟不上进度。新部门成立以来,很快就发现了企业的这一瓶颈,并着手建立一套系统以更好地协调订单录入、生产计划、基层仓储和运输之间关系,满足客户的需求。与此同时,为了迎合客户的口味,销售人员又制订出了新方案,从而打乱了生产计划,采购人员则不停地抱怨新的生产计划对原材料需求的波动太大,情况进一步复杂化。尽管新部门的成立给运输成本和准时送货带来了积极影响,但是仍有不少问题存在。比如,公司里大多数与物料流动有关或参与物料流动系统的职能部门认为分拨部门只对改善产成品的分拨系统有兴趣。而分拨经理也因无权控制成品库存心存不满。企业的生产副总裁负责企业库存管理,而且并不打算放弃产成品库存的控制权。经人提议,公司同意采用矩阵型组织形式,该做法已取得了实质性的进展,但在权利共享问题上遇到了一些障碍。公司已任命了一名负责原材料管理的执行副总裁来帮助协调各职能部门的关系。在这个职位上,他手下没有大量的员工,也不要求各部门向他汇报。由于他显赫的头衔和得体的处事方式,他和他的两个助手成功地实施了其他职能部门未能实现的全方位协调管理。

尽管矩阵结构是一种有效的组织形式,但我们必须认识到它也会造成权利、责任、界定不清,由此引发的冲突也难以解决。但是,对于某些公司来说,这种介于完全非正式组织和严格正规化组织之间的形式,仍不失为一个不错的选择。

(三) 正式的组织形式

正式的组织形式就是建立一个权责分明的物流部门,主要包括:①设置经理管理各项物流活动;②在组织结构中,给予该经理一定级别的权限使之能更好地与公司其他主要的职能部门(财务、操作和营销部门)合作。这种结构在形式上提高了物流管理人员的地位,促进了物流活动的协调。当非正式的组织形式导致效率低下,或者物流活动在企业中越来越受到重视时,企业就需要建立正式的组织机构。从事实践的人士常常提醒我们物流管理中没有具有代表性的组织形式,组织结构是与各公司内部的具体环境相适应的。但是,我们可以描绘出一个正式组织结构的示意图,以便于理解物流管理的基本原理,且至少其中一部分能作为模板供一些企业参考。该组织结构如图9-7所示。

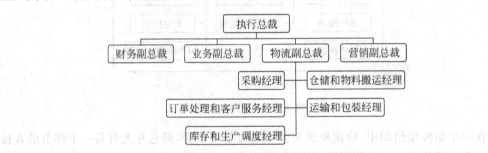

图9-7 物流管理中正式的、集中式组织结构

这种正式的组织形式有如下优点:第一,在组织结构上物流部门被提升到更高的级别,其权限与其他主要职能部门相同,这有助于保证物流管理与营销、运作和财务管理受到同等的重视,也使物流经理在解决利益冲突时有平等的发言权。物流和其他职能部门处于平等地位也有利于权利的平衡和企业的整体经济利益。第二,物流总裁下属有一些次级职能部门,如图9-7所示。这5个部门分别设有经理,并作为独立实体进行管理。从整体上看,这5个部门代表物流活动的5个方面。例如,如果将运输和库存管理合并为一个单独的部门可能更合适,因为这两部分成本常常会冲突,合在一起有利于更好地进行协调。但是,对各部门进行管理所需的技术截然不同,因此将部门合并管理就比较困难。通常可行的办法是分别指派专人负责运输和库存管理,再由物流经理通过正式和非正式的组织形式协调各项活动。其他物流活动也如此。可见,正式的组织结构就是一种平衡的结果,一方面尽量减少管理部门的个数以促进部门间的协调;另一方面将不同物流活动分别进行管理以获得技术上的高效率。

图9-7所示的组织形式是现代工业界中常见的最正式、最集中化的管理形式。该形式将物料管理和实物分拨整合在一起。实际上,只有很少的企业能达到这种一体化程度,

但是从成本和客户服务的发展趋势来看,这种形式将越来越受欢迎。而且无论企业是围绕供应方活动组织物流运作(如许多服务性企业),还是围绕实物分拨组织物流运作(如制造性企业),基本模式都是非常有用的。

例如,几年前,某玉米和大豆产品制造商重新调整其分销管理。由于该企业运输量大,因此他将很大的精力放在运输管理方面,负责运输的副总裁也成为董事会的成员。运输部门的业绩以运费单的金额来核算。在这一组织模式的促动下,企业的分拨系统发展成为覆盖350多个存货点的庞大体系。企业外部咨询人员的研究成果,加上最高管理层的支持,成品服务全由一人负责。整合后的职能部门如图9-8所示,是由散布于公司各部分的各个部门组成。营销组的某成员被选为实物分拨部门的新领导。新机构不仅对成品控制得更好,而且将运输延误的次数减少了88%,市场上现货供应比率在提高,而此时总成本更低了。调整分拨管理组织的效果异常显著,因此供给方的物流活动也都统一由一人负责,称物料管理经理。请注意该组织结构是如何发展为图9-8的组织形式的。

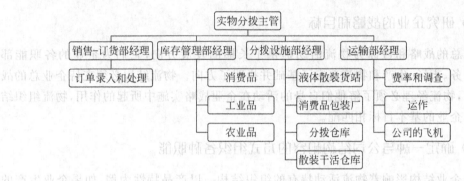

图9-8 玉米、大豆产品生产商分拨系统组织结构

三、企业物流管理组织的职能范围设计

物流管理机构的组织活动要明确物流管理的职能范围。关于职能范围,虽然各个企业各不相同,但基本包括物流业务与系统协调两大部分。

物流业务主要在于物流活动计划和计划的调整实施,执行结果的评价等。具体内容如下。

(1) 编制各种物流计划。

(2) 预测物流量。

(3) 分析、设计和改进物流系统。

(4) 调整与其他部门之间的利害关系。

(5) 研究顾客服务水平。

(6) 编制物流预算方案。

(7) 进行物流成本分析。

(8) 控制和调整实际物流活动。

(9) 在企业内进行物流思想的宣传教育,选择物流人才,并对其进行培养和管理。

根据以上业务内容,可以看出物流管理部门的主要作用在于:评价物流系统现状、发现问题、研究改进办法，对能够改变物流现状的物流系统本身进行设计和改造，并制订新的物流计划，确定出控制标准，以保证合理物流活动的继续。

物流管理部门还额外承担进行系统协调的"非正式职能"。这主要因为物流管理与其他的管理职能紧密相关，且具有交叉性。物流活动把企业的供应商与本企业的采购活动、制造过程、销售活动，以及用户连接在一起，物流活动的范围贯穿企业运行的整条链。从整体上把握企业的目标，从而承担其协调的职能。

四、一种开发物流组织的方法

物流组织总是在不断地变化和发展，对一个企业而言，存在着许多种可能的组织模式，并且随着时间的变化，公司仍需要为适应环境变化和企业自身的变化而不断修正完善自己的模式。在建立一种新型的物流组织结构或者再造一个已有的结构时，一般应遵照以下的步骤。

（一）研究企业的战略和目标

企业总的战略和目标为物流活动提供了长期的发展方向，它们为企业的各职能部门——财务、市场、生产和物流奠定了基础并指明了方向。物流结构必须支持企业总的战略和目标，物流经理必须了解他们自身的活动在企业战略实施中所起的作用，物流组织结构必须与企业的基本目标相匹配。

（二）确定一种与公司结构相容的方式组织各种职能

整个企业结构影响着物流活动特有的组织结构。以产品特性为例，如果企业生产的是消费品，物流一般是由市场部负责的；如果企业生产的是工业品，物流一般是由生产部负责的；如果企业既生产消费品，又生产工业品，物流一般是一个独立的职能活动，直接对总经理负责。

（三）定义物流经理职能范围

明确地界定物流组织的职能范围是很困难的，尤其是对原本有着传统的职能划分的组织结构进行重构。对大多数企业而言，重要的是大部分的物流子职能划归到同一个部门下面，该部门有完全的职能责任可以使企业能够实施一体化物流管理及总成本权衡。

对于美国 100 多家企业的调查表明，一般来说，物流包括的职责有：产品分销运输（outbound）、企业内运输、仓储、原材料运输（inbound）、物料处理及库存管理。由于这些都是基本的物流职能，它们应该由物流高级经理统一管理。另外，有些职能对于实现企业物流任务极其重要，包括销售预测和国际分销活动等，但它们一般不属于物流职能部门管理。

（四）了解物流经理的管理风格

高级物流经理的管理风格与组织的正式结构同等重要。许多企业高层管理的变化带来了人力资源、员工士气和生产效率的重大变化。有些情况下，组织结构的重构倒并不一定是必要的。高级物流经理及其下属管理者的管理风格和人格可以极大地影响组织内各层员工的态度、工作道德观和生产率。

管理风格是一种无形因素，可以使有相同组织结构的两个企业的效率、生产率和利润率完全不同。管理风格是成功完成企业物流目标的重要因素，也是许多不同组织结构效率相当的主要原因。

（五）构筑柔性的组织

变化是无时不在的，物流组织应该可以针对变化进行调整。反应慢、适应性差的组织显然会随时间而丧失自身的效率。市场或企业未来的变化是很难预测的，物流组织结构应该可以接受这些变化并以对企业有益的方式做出反应。

（六）识别可行的支持系统

物流活动的性质使支持系统至关重要。物流组织自身并不能存在，必须有各种机制和支持专家来协助进行。管理信息系统就是有效物流网络的一个重要部分。其他的支持机制或系统还包括法律机制、计算机系统、管理机制和财务会计机制。

（七）理解并计划人力资源的分配

理解并计划人力资源的分配，以使它能同时满足个人以及组织的目标。一个有效的物流系统的重要组成要素是人，人最终决定了企业运营的好坏。因此，员工的技术和能力、工资方案、培训项目、招聘和留任程序，以及其他与员工有关的策略对重构物流组织的结构至关重要。

物流经理们有着重要的地位，他们应具备如下几方面的能力和特征：①个性正直并对企业伦理有深刻了解；②善于激励下属；③计划能力；④组织能力；⑤自我激励能力；⑥管理控制能力；⑦有效的口头沟通能力；⑧监控能力；⑨解决问题能力；⑩自信。

成功的组织是组织结构、计划过程、人，以及管理风格的最佳组合。

物流作为一种主要的成功因素，在总的组织结构思想发生了广泛的革命后，人们对未来的工作方式重新做出定义。由于物流工作地理位置上分散的性质，以及通常跨越一个行业运作的事实，可以说没有绝对的对或错的组织结构存在。但是，对于哪一种物流组织方式能同时很好地满足内部过程整合和外部企业延伸的要求这个问题仍然没有答案。教科书不可能提供一种理想的物流组织结构，在组织方式的开发决策中，管理者要能根据不同的情况来设计。

五、物流部与其他职能部门的协调

前面讨论中，多将物流看成是独立的、一体化的职能，以便减少物流活动之间的冲突。然而，当这些活动间的摩擦减少了，组织内部新增设的职能部门又使物流活动与其他部门经营活动之间的摩擦增多了。因为企业里所有的经营活动在经济上都是相关的，所以他们按职能分开，各自管理适当的范围就会造成冲突。每一个单独的职能部门（如采购、财务、营销、会计）的焦点在于内部运作，而不是整个公司的成功，我们把这样的组织形态称为职能孤立(functional silos)。企业的很多经营活动都处于物流和其他职能部门职能交叉的地带,因此会形成共有责任,如物流—营销部门之间的客户服务、订单录入和处理、包装和零售点选址;物流—生产部门之间的厂房选址、采购和生产计划。尽管一个职能部门可能在它的目标中涉及整个公司,但它并不会意识到它的各项活动对其他职能部门乃至整个公司的影响。企业应注意,这些边缘性经营活动需要各职能部门间进行某种形式的联合管理,防止出现次优决策。

例如,采购部门的目标是在满足要求的情况下尽可能地低价购进物资;制造部门只负责提供高质量的产品并尽可能地降低单位成本;配送/物流部门只负责将产品及时、经济地送给客户。在这个例子中,采购部门将注意力主要集中在低价格目标上,因此有可能选择一个交货提前期经常变动的供应商。这个供应商的交货总是过早或过晚。因此,尽管采购达到了其低价格目标,同时,因提供低成本的原材料而对生产成本有所贡献,但它忽略了额外的生产启动成本对总产品成本的影响,而且可能因关键产品缺货而使客户服务水平降低。这反过来可能会产生更大的成本,因为生产线中断要求加快订货,为了在客户要求的时间内将货送到,需要采用昂贵的紧急送达方式。因此,使用低价供应商带来的节约反而可能会增加公司的总成本。因此,尽管采购部门认为自己的目标已实现,但实际上它并没有真正地支持整个组织。并且,职责、权利、经营业绩和奖励的独立自主也不利于职能部门间的利益权衡,且可能造成整个企业经营的次优。

值得注意的是,职能孤立是极难改变的。一个职能组织的每个成员往往会对自己的职责非常忠诚,这时整个组织的利益就放在了第二位。当各职能部门为了稀缺的资源而竞争,以及为了努力实现有可能产生冲突的目标时,在他们之间就有可能产生敌对关系。职能专门化的优势,如专业技术、规模等,可能会被缺少远见和贫乏的沟通所淹没。因此,物流管理者和他的上级就必须准备好处理跨职能管理中出现的问题。

解决方法的重点在于建立起自我学习与更新能力较强的项目驱动的作业团队。

按照物流业务工作流程分解结构进行任务分解,并建立面向纵向流程的物流作业团队,这是企业物流运作系统底层的组织结构。本着"责、权、利"相统一的原则,从各个参与运作的合作组织和各级部门中抽调相关人员参加。底层的合作团队是物流集成运作联盟组织基本的构成"细胞",要求每个成员具有市场意识并了解本职工作与市场竞争的关系,具备反应灵活、自我调整的能力,从而达到组织的精良及柔性。要首先着重对人的素质能力进行教育,消除企业间文化差异的隔阂以及部门等级隔阂,提倡合作和创造性地工作。

在团队的协作运作过程中,以下几点是十分重要的。

建立彼此信任的团队关系,这是整个团队获得协作十分关键的一步。如果没有彼此间充分的信任,团队成员之间的知识交流就很难发生,就会丧失彼此合作的基础,难以发挥集成的效益。

在彼此相互信任的前提下,有效展开相互沟通交流,实现知识的充分交叉融合,促进潜态知识向显性知识的转化,促进在原有知识基础上的新知识体系的产生。

在充分了解掌握团队成员各自不同的知识潜能的基础上,明确每个人的角色分工和工作职责,在有效的分工合作中达到团队技能的充分利用,形成相辅相成的团队知识技能体系。

在信任、沟通、分工的基础上,逐步形成团队成员的共同愿望,培育共有的团队意识与思维模式,并在工作中形成共同的工作语言、协调的工作方式和一致遵守的团队活动规范。

第三节 供应链环境下的物流组织

一、跨企业管理

(一) 超组织(Super-Organization)理论

超组织就是一个企业群组,其中的企业垂直相关,但法律上各自独立,且在各自独立的决策中享有共同的利益。例如,承运人的定价决策会影响用户在服务购买量上的决策;而反过来,用户购买决策又会影响到承运人的定价。通常企业决策时都追求自身的目标,但其最理想的决策可能使别的企业不能最优化。企业间的协调有利于企业的共同利益,从合理分配这些共同利益的角度看,管理重点应放在企业间的控制以及企业责任的分担上。对这种"超组织"进行管理是很困难的,但是能够在不改变当前组织结构的前提下带来效率的改进。

(二) 冲突管理

管理超组织的目标就是创造条件使联盟中的所有成员都能从合作中受益。超组织管理不同于企业内部管理。企业内部的管理有赖于正式的组织结构关系,而超组织管理更多地依靠讨价还价和心照不宣的安排。人们一般对这种管理形式知之甚少,对这一管理问题还需要进行更深入的研究。但超组织管理的方向似乎很明确。首先,应建立一套方法为超组织各成员提供相关信息;其次,必须制订合作受益的分配方案;第三,应该有解决冲突的策略。

1. 相关信息

在超组织中有必要建立完备的信息库,原因有两点:第一,为了使各成员调整其可控变量,以实现渠道整体利益最优,企业必须了解其他成员面临的决策问题所涉及的经济要素投入的情况,获得各方有关利润水平方面的财务信息。第二,完备的信息系统也可以降低各成员独立经营所带来的不确定性,使各方面能够继续自发地合作下去。成员间的信息系统可以建立起来,但是由于经营上彼此很少承担责任,所以很难保证各企业提供完备、准确的信息。超组织经营管理的范围取决于政府反托拉斯部门对垂直一体化做法的态度,也取决于联盟成员将自主权交与联盟的自愿程度。

2. 利润分配

对联盟成员通过合作获得的利润进行公平的再分配也是非常重要的。如表 9-2 所示,在修订后的定价政策下,渠道利润达到最高水平。但是利润的变化在成员中的分配并不平均,即无论买方还是承运人,其收益都要比各自单独进行决策更高,而卖方的收益却减少了。这样，卖方就缺乏合作的动力，因为它独立行动获得的利润更高（见表 9-2 中 QS 和 QCLR 的利润值），于是卖方就会从联盟中退出，各成员也可能回到先前各自为政的状态。如果确定了利润再分配的方案（很可能与各成员单独行动时可能获得的利润水平成比例），所有成员都会满意，因为他们第一次发现自己不仅可以获得单干时就能得到的利润，而且可以分享合作所实现的额外收益。由于所有成员都会从中受益，他们都会留在联盟里面。但是，制订使所有成员通力协作的利润再分配方案是非常困难的，而且方案执行过程中的公正性也常常难以保证，因而成为企业间合作的绊脚石。

表 9-2 现有价格和修订的价格条件下，买方不同的订货量所产生的利润

单位：美元

渠道成员	订货量				
	现有定价政策下				修改后定价政策下
	$QB=2\,320$	$QC=2\,220$	$QS=320$	$QCL=820$	$QCLR=800$
买方	2 969①	2 968	9	2 367	3 652
承运人	310	311②	67	263	368
卖方	8 688	8 873	12 032③	11 409	10 152
渠道总计	11 967	12 152	12 108	14 039④	14 172

注：上述结果从假象的数据计算得出，以说明各成员决策对整个分销渠道利润的影响。
① 买方希望的订货量。
② 承运人希望的运算量（订货量）。
③ 卖方希望的销售量（订货量）。
④ 希望的订货量流通渠道。

事实上，实现利润再分配不仅仅需要适当的财务制度。斯特恩和埃尔安萨利还提出了一些策略，经证明这些策略在对外政策和劳资谈判中是非常有用的，主要包括以下内容。

① 讨价还价。成员之间进行谈判看是否某方愿意放弃某项权利以达到其他的目的。
② 外交手段。利用特派员或代表促成各方的妥协。
③ 人事安排。通过企业间互派工作人员促进相互理解和容忍。
④ 意识形态。利用信息、宣传和教育活动使各成员考虑组织间冲突的管理问题。
⑤ 第三方调解。利用中立的第三方来解决矛盾。

弗雷泽和萨克斯则提出一套略有不同的解决方案：

① 信息交流。力图通过讨论的办法来改变目标企业的行为。
② 提出建议。源企业可以以建议的方式告诉目标企业如果采取某一行动或某一套行动将会有更大的收益。
③ 做出承诺。源企业可向目标企业承诺如果目标企业能达到源企业的特定要求，源企业将给予一定的奖励。
④ 威胁。若目标企业未履行预期行为，源企业将对目标企业采取一定的制裁措施。
⑤ 法律手段。可通过各方之间的法律合同和（或）非正式、但具有约束力的协议来要求或建议目标企业履行某项职责。

⑥ 提出要求。源企业仅仅告知目标企业其希望目标企业采取的行动,但并不指名或直接暗示如果目标企业履行或不履行行动将带来的后果。

当然,上述任何一种方法都不能保证矛盾得到解决,或迫使渠道中个别成员以某种方式履行义务以使整个供应渠道受益。但是,这些方法提出了一些指导方针,使我们认识到企业间物流渠道管理中还潜藏着这样或那样的机会。

(三) 合作方式

1. 基于时间的战略

信息技术的迅速发展为实现基于时间的战略提供了工具。这些战略的重心是消除浪费和重复操作,减少制造和配送系统中的库存。汽车工业、零售业和软件业等行业常采用基于时间的战略来创造竞争优势。

适时生产(JIT)和快速反应(QR)是两种利用信息技术来达到资产利用率最大化的企业间的组织方式。JIT 要求库存精确地满足所需。库存速度最起码以两种方式对参与其中的企业有利。

(1) 生产由顾客订单引发,把生产延迟到订单到达时才进行制造,消除了产品过时的风险。

(2) 通过消除废品和不增值的工作过程,JIT 下的订单处理时间被减至最少。这提高了客户服务水平并创造了一种难以被复制的竞争优势,结果是对所有参与其中的企业都有利。

快速反应在零售业中广泛应用,它是另一种基于信息的系统。与 JIT 相似,快速反应是以更贴近客户购买模式的方式来安排商品零售的配送,通过利用实时的信息交换,零售业主可以与供应商协调合作,改善整个供应链的性能。

2. 边界扩展

供应渠道中的企业扩展并不是一个新概念,但新兴的信息技术使它有了实际应用的价值。外包中最常被关注的一点是如何能实现恰当的控制。通过信息网络,企业能同时共享诸如制造进度计划、原材料可获得性及客户订单等重要的运营信息。这些信息使得过程一体化成为可能。

通过企业间的承诺来共同努力,企业间才能获得无间的物流系统。合作越来越重要,合作伙伴关系作为一种实现整个供应链性能的实际方式不断发展。

3. 合作伙伴关系

信息技术的发展把物流组织推进到内部过程一体化之外。在当今的环境中,企业开始尝试实现跨越整个供应链的物流过程一体化。实现整个供应链的物流过程一体化的一种方式是企业实行纵向兼并,但这种方式需要巨大的人力和资金成本,风险较大。一种替代的方式是纵向的合作伙伴关系,信息技术则是实现合作伙伴关系的关键。合作伙伴关系的目标是降低与物流有关的成本并提高各个运营系统的效率。各成员可以集中精力开发其专门领域的潜力从而取得竞争优势,又通过合作来降低整体的成本。

成功地实施伙伴关系的关键是明确地选择合作伙伴,合作伙伴之间需要有相互融合的企业文化、共同战略视野和相互支持的运营哲学。而长期的合作则需要三个支持条件：互利的战略目标和运营目标，双向的表现评估，正式的及非正式的反馈系统。

二、供应链环境下的物流组织类型

根据外包组织形式中各物流合作组织之间的关系紧密程度因素，物流系统的外包组织形态可以进一步划分为内部外包组织、业务外购组织、战术外包组织和战略外包组织四类物流系统组织形式，具体表述如下。

（一）内部外包组织

内部外包组织是由物流业务委托方独立出资或以控股方式与其他企业合资成立一个具有独立法人资格的物流子公司，由该子公司来承担委托方所需服务。该类组织往往比较适合于在行业内具有较高知名度、物流业务量较大，且其主要物流服务类型相对成熟，具有较好外部推广性的委托企业。

（二）业务外购组织

业务外购组织是在由委托方采取直线职能型、事业部型等自营组织管理部分物流业务的同时，采取临时性采购方式，将自己能力范围以外的、或者自营成本较高的、或者自营与外包在成本或服务质量方面都差异不大的、比较成熟的部分物流业务等，临时性委托给外部专业物流企业，由其提供物流服务的组织，如许多大规模生产企业在销售旺季时常常会临时性的雇佣企业外的车队或者租借仓库等。该组织形式有利于委托方精于主业，适合市场比较成熟，委托方自身经营不具有显著性成本或服务优势的，具有较强的通用性和可替代性，且对委托企业核心竞争力的培育不起关键性作用的物流业务类型。

（三）战术外包组织

战术外包组织是委托方以长期合作（长期契约）的形式将所需物流服务委托给由其选择的第三方物流合作伙伴，由其来负责战略物流职能以外的绝大多数职能。它适用于业务核心尚不具市场成熟性或通用性，绩效在很大程度与执行者或组织者专业技术或经验密切相关的物流业务类型，或者是按照委托企业独特的业务流程要求提供的具有不可替代性的物流服务。

（四）战略外包组织

战略外包组织是委托方将物流业务整体委托给第四方物流企业，由其根据委托方的物流服务目标，整合第三方物流企业资源来提供物流一体化解决方案的组织形式。其中第四方物流的概念是1998年美国埃森哲咨询公司率先提出的。他们对"第四方物流"是这样定义的："第四方物流（4PL）供应商是一个供应链的集成商，它对公司内部和具有互补性的服务供应商所拥有的不同资源、能力和技术进行整合和管理，提供一套供应链解决方案"。第四方物流的主要作用是对制造企业或分销企业的供应链进行监控，在客户和它的物流和信息供应商之间充当唯一的"联系人"的角色。

三、物流联盟的建设

要保证物流系统的正常有效地运行,组织的设计必须科学合理。因此,从供应链环境下物流系统的有效运行出发,其物流系统的组织设计的目标模式应该围绕集权和分权相结合原则、稳定性和适应性相结合原则、合作与专业化分工相结合原则,使物流系统的上述组织重构过程呈现出向职能分工有序、利益分配协调、流程优化高效三大目标递进的理想状态。基于以上的分析,供应链环境下的物流系统组织决策过程可以概括为以下步骤。

(一)物流业务功能分类

考虑到物流系统所涵盖物流业务的复杂性和多样性,以及不同物流业务自身特点的显著性等因素,按照物流活动的构成将物流业务划分为运输、仓储等一系列相对独立的物流业务功能集合,针对集合内的每一物流业务功能进行组织模式的选择决策分析。

(二)基于独特性和用户价值重要性的复合决策过程

根据独特性和用户价值重要性两个维度,综合判断某类物流业务属于以下四类中的哪一类:独特关键、非独特关键、独特一般和非独特一般。其中,非独特一般类业务应采取物流外包组织模式,进入到广义外包决策过程。其他业务类型进入下一阶段的评判过程。独特关键类业务和非独特关键类则进入到设施/能力决策过程。相比前面三类业务,独特一般类业务则首先要判断企业的竞争战略是否会发生改变,若未来物流可能成为企业发展的战略核心业务,则该类业务应进入设施/能力决策过程,否则进入广义外包决策过程。

(三)基于设施和资金能力分析的决策过程

根据企业现有物流设施能力和资金实力,判断其是否具备从事某类特定物流业务的能力,如果企业不具备从事相应分类物流业务的设施或资源;如有特殊性要求的仓储资源,则前一过程中的独特关键类、非独特关键类、独特一般类物流业务应进入广义外包决策过程,否则进入成本与服务竞争力决策过程。如果不具有这种能力,则对于独特关键类、非独特关键类、独特一般类物流业务都应采取外包组织模式;如果具有这种能力,则上述三类业务均进入成本竞争力分析决策阶段。

(四)基于成本竞争力和服务竞争力的复合决策过程

该复合决策过程,可以根据成本竞争力和服务竞争力两个指标,将物流系统组织决策过程划分为四个决策区间:成本和服务都具有竞争力、成本富有竞争力而服务缺乏竞争力、成本缺乏竞争力而服务富有竞争力、服务和成本均缺乏竞争力。所谓成本富有竞争力是指企业在自己经营某类物流业务时,在成本上是否比委托给外部第三方物流企业在成本上更具竞争力。对应进入该阶段的上述三类业务,判断位于四个决策区间的哪一段。如果成本和服务均有竞争力,或者目前来看,尽管其中一个(成本或服务)缺乏竞争力但未来存在改造提升潜力(即有可能在成本和服务水平上达到),则进入广义自营物流组织决策过程。否则,无论是成本不具竞争力,或服务不具竞争力都将进入广义外包组织决策过程。

(五)基于物流外包组织模式内部的具体组织形式选择决策过程

在该阶段,主要考察的决策影响因素主要包括:管理能力维度、业务成熟度维度和业务关联度维度。如果选择物流外包组织模式的企业自身物流管理能力较弱,则应采用战略外包组织模式,以产权纽带或其他方式与具备物流管理能力的第四方物流企业建立全面合作关系;如果物流管理能力较强,但业务成熟度不高,则应采用战略或战术外包组织模式;进一步而言,如果该物流业务与其他业务关联度较高,则应采用控制力较强的内部外包组织模式,否则可以采用包括业务外购、战术外包和战略外包在内的各类物流外包组织模式。

(六)基于物流自营组织模式内部的具体组织形式选择决策过程

在该阶段,主要考察的决策影响因素则可以归纳为:内部规模和外部规模决策维度。其中如果企业自身物流业务规模量较小,未达到临界状态则应采用包括直线型、参谋型和直线职能型在内的狭义自营物流组织模式;如果内部业务规模较大,超过了临界状态,则应采用以事业部为代表的自营物流组织模式。

思 考 题

1. 简述物流组织的定义以及设立的必要性。
2. 简述物流系统组织的历史演变轨迹及背景。
3. 相比传统的无物流部的组织,设立物流部有什么优点?
4. 物流部与其他职能部门应如何协调?
5. 简述供应链环境下的物流系统组织的分类,以及不同组织模式之间的比较。

第十章

物流系统绩效评价

> **学习导航**
> - 了解系统评价方法
> - 掌握数据指数化方法、系统评价方法
> - 了解物流系统评价指标体系

第一节 物流系统评价概述

评价是根据明确的目标来测定对象系统的属性,并将这种属性变为客观定量的计值或者主观效用的行为过程。在这一过程中,包括三个关键步骤:一是明确评价的目的、原则与程序;二是建立评价指标体系;三是选择评价方法。

系统评价就是利用各种模型和资料,按照一定的价值标准,对各种方案进行比较分析,选择出最优方案的过程。系统评价是选优和决策的基础。物流系统的评价是指通过对物流系统进行综合调查和整体描述,从总体上把握物流系统的现状,为物流系统的决策提供依据。

一、物流系统评价的目的

对物流系统进行综合评价,是为了从总体上寻求物流系统的薄弱环节,明确物流系统的改善方向。因此,物流系统评价的目的主要有两个方面。

(1)在明确物流系统目标的基础上,提出技术上可行、财务上有利的多种方案之后,要按照预定的评价指标体系,详细评价这些方案的优劣,从中选出一个可以付诸实施的优选方案。物流系统评价工作的好坏将决定选择物流系统决策的正确程度。

(2)物流系统建立后,定期的评价也是必不可少的。通过对物流系统的评价,可以判断物流系统方案是否达到了预定的各项性能指标,环境的变化对系统提出了哪些新的要求,能否在满足特定条件下实现物流系统的预定目的,以及系统如何改进等。通过评价可以便于理解问题的结构,把握改善的方向,寻求主要的改善点。

二、物流系统评价的原则和程序

（一）评价的原则

系统评价是一项复杂的工作，必须借助现代科学和技术发展的成果，采用科学的方法进行客观、公正的评价。评价是由人来进行的，评价方案及指标的选择也是人来完成的，每个人的价值观在评价中起着重要的作用。因此，系统评价需要一定的合理原则，这样才具有有效性和指导性。具体来说，对物流系统的评价应坚持以下原则。

1. 客观公正原则

评价必须客观地反映实际，使评价结果真实可靠。客观的评价才能更好地把握物流系统现状，确定改进方向。评价的目的是为了决策，因此，评价的质量影响着决策的正确性。也就是说，必须保证评价的客观性，必须弄清评价资料是否全面、可靠、正确，防止评价人员的倾向性，应注意集中各方面专家的意见，并考虑评价人员组成的代表性。

2. 系统性原则

评价指标必须反映系统的目标，要包括目标所涉及的各个方面，而且对定性问题要有恰当的评价指标，以保证评价不出现片面性。由于物流系统目标往往是多元的、多层次的、多时序的，因此，评价指标体系也可能是一个多元的、多层次的、多时序的有机整体。

3. 整体性原则

与传统物流绩效评价指标不同，该指标体系考察的对象范围扩大到了整个供应链范围，强调从供应链全局的战略角度来评价和反映物流系统过程表现的整体性、协同性和柔性，尽量避免在一项指标得到优化的同时牺牲另一项指标。

4. 科学性原则

必须坚持定量与定性指标、财务与非财务指标的有机结合，绩效指标体系要尽量包含物流系统的各个方面，以使综合评价能较为全面地反映整个物流运作的优劣程度；评价标准应该为使用者提供适当的等级和划分标准。

5. 动态性原则

绩效评价指标的设计在如实反映研究对象物流管理现状的基础上，也应充分反映研究对象物流管理能力的未来发展趋势，体现指标体系的可持续发展的动态特点；同时，考虑到物流管理的动态性特点和产品生命周期变动带来的影响，物流管理绩效指标体系还必须体现出良好的适应性。

6. 方案的可比性原则

替代方案在保证实现系统的基本功能上要有可比性和一致性。对各个方案进行评价时，评价的前提条件、评价的内容要一致，对每项指标都要进行比较。个别方案功能突出、内容有新意，也只能说明其相关方面，不能代替其他方面。

7. 充分考虑物流系统中的"效益背反"现象

物流系统运营过程中，一个典型的特点是存在"效益背反"现象，即物流系统的不同主体和不同活动之间可能在目标、运作上存在着冲突等。例如,运输和仓储两项作业在成本降低的目标上可能存在着冲突等。因此,在物流系统评价时,应明确系统评价的目标,选择适当的考核标准,进行整体的评价。

(二)评价的程序

物流系统评价工作本身也要遵循一定的步骤。

(1)确立评价目的和内容:只有明确了评价目的和内容才能有的放矢,更有效地达到目的。

(2)设计评价指标体系:指标体系是根据系统的目标与功能确定的,指标间的关系要明确,避免指标的重复使用或相互交叉。

(3)确定指标权重:指标权重是以定量方式反映各项指标在系统中所占的比重,权重的确定必须反映系统的目标与功能的要求。

(4)确定评价方法。

(5)单项评价:单项评价是查明各项指标的实现程度。

(6)综合评价:综合评价是通过一定的算法和分析,将多个指标对方案的不同评价值结合在一起,得出综合评价值。

(7)接受客户反馈:对客户感知进行正规的衡量是向顶尖物流绩效攀升的一个重要因素。让客户对公司的表现进行评定,从中能够得到许多有价值的信息。这种衡量可以通过由公司或行业资助的调查或系统的订货追踪获得。具有代表性的对客户感知的衡量具体体现在可靠性、可用性、完成周期时间、信息的可用性、问题的解决和产品的支持等方面。调查可以由厂商本身进行和管理,也可以由顾问公司、发运代理或由行业组织进行和管理。

第二节 物流系统评价体系的建立

一、物流系统评价指标的建立

20世纪50~60年代,由于客户需求大于供给,企业的主要任务是以最低的成本生产出尽可能多的产品,以实现利润最大化为战略目标。在这种情况下,企业以财务指标作为绩效评价的唯一指标。进入20世纪70年代,随着卖方市场向买方市场的转变以及市场竞争的加剧,企业管理的重心也逐步由成本管理向客户关系管理发展。从20世纪80年代后期开始,人们开始对企业绩效指标评价体系进行综合的评价。

(一)分析传统评价指标

传统的绩效评价指标具有以下缺陷。

(1)鼓励短期行为,例如,为了获取短期利润最大化,企业决策者常常推迟资本投资,从而造成企业发展后劲不足。

(2)缺乏战略性考虑,无法提供产品质量、客户响应度和柔性等方面的信息。

(3) 鼓励局部优化而不是全局优化。
(4) 鼓励管理人员千方百计地寻找最小化标准偏差，而不是寻求持续的改进方案。
(5) 只提供历史绩效信息，无法预测未来的绩效发展趋势，应用范围受到限制。

使用财务数据评价企业绩效，忽略了机会成本和货币时间价值，相对于财务指标，非财务指标有以下优点。

(1) 评价更加及时、准确，易于度量。
(2) 与企业的目标和战略相一致，可以有效地推动企业的持续改进。
(3) 具有良好的柔性，能够适应市场和企业周围环境的变化。
(4) 能够全方位、多角度地描述企业的经营状况。

正是传统财务指标的缺陷和非财务指标的优点，才推动了现代绩效评价体系的建立和完善，形成了一个多尺度、全方位的标准体系。

（二）建立新的评价体系标准

建立在绩效评价指标基础上的体系模型，对于精确地进行物流系统绩效评价和控制尤为重要。物流系统绩效评价是一项比企业绩效评价更加复杂的系统工程，简单的指标组合不能正确反映企业的绩效水平，必须采用合理的体系框架结构。

1. 绩效评价体系构架建立的步骤

Bourne(2000)等人认为，要建立和实施一个完整的绩效评价体系应包含以下四个步骤：绩效评价指标的设计（包括辨别关键目标和设计评价指标）、评价指标的选取（分为初选、校对、分类/分析和分配四个步骤）、评价体系的应用（评价、反馈和纠偏行动）和战略假设的验证（反馈）。此外，Bourne等人还强调了评价体系应具有环境变化适应性。Waggoner DB等人(1999)的研究成果表明，绩效评价系统是一个动态系统，推动该系统演进和变化的因素主要来自四个方面：内部影响因素、外部影响因素、过程因素和转换因素（见图10-1）。

内部影响因素	外部影响因素	过程因素	转换因素
力量关系	法律规定	评价实施的态度	高层管理者支持的程度
占优的合作兴趣	市场的多样性	政策过程的管理	因变革导致的损益风险
同等单位的压力	信息技术	创新的饱和度	组织文化的影响
需求和理性	工作性质	缺乏系统设计	

图 10-1 绩效评价系统的演进与变革

为了满足不同条件对评价体系要求的不同，Begemann(2000)提出了一套动态绩效评价体系的框架。该框架的三层体系包括以下几个子系统：

(1) 外部环境控制子系统。利用绩效评价指标连续控制外部环境中关键参数的变化。

(2) 内部环境控制子系统。利用绩效评价指标连续控制内部环境中关键参数的变化。

（3）反馈控制机制。利用内部、外部控制其提供的绩效信息和更高层系统设置的目标和优先权决定内部目标和优先权。

（4）配置子系统。使用绩效评价指标为各经营单位、加工过程等设置修正后目标和优先权。

（5）简化子系统和保障子系统。

2．物流系统绩效评价体系的难点和不足

物流系统评价体系十分复杂，物流系统绩效评价体系的难点和不足主要在以下几个方面。

（1）缺乏统一的、明确的物流系统绩效定义，难以产生一致的研究成果；

（2）物流系统绩效的评价标准缺乏系统性，大部分以成本或者客户满意度作为物流系统绩效的评价标准，却忽略了诸如产品质量等重要指标；

（3）对物流系统绩效的研究大多集中在物流系统的优化上，很少综合考虑构建物流系统时节点企业的选择对物流系统运营绩效的影响问题；

（4）面向复杂的集成化物流体系，其整体绩效受到各子系统的影响和制约，目前还缺乏综合考虑整体绩效和子系统的评价体系；

（5）缺乏对物流管理成熟度的理解和认识，不能从管理角度建立评价体系评价管理绩效；

（6）对物流系统评价体系的研究主要集中于制造业，研究领域、应用面较窄。

因此，有关物流系统绩效评价体系的研究还有待进一步深入，应该将整个物流系统作为研究对象，在产品生命周期概念的引导下，以物流系统整体绩效为目标，强调物流系统整体绩效的改进和提高，建立节点企业选择和动态变化的绩效评价体系，并且建立集成化物流系统绩效评价的层次结构模型，不仅评价物流系统的整体绩效，还要评价各子系统的绩效。

二、物流系统评价指标的处理

（一）评价指标的选取

从系统的观点来看，系统的评价指标体系是由若干个单项评价指标组成的有机整体。它应反映出评价目的和要求，并尽量做到全面、合理、科学、实用。为此，在建立物流系统综合评价的指标体系时，应选择有代表性的物流系统特征值指标，以便从整体上反映物流系统的现状，发现存在的主要问题，明确改善方向。

由于物流系统的结构互不相同，所执行的物流服务功能也有很大的差别性，物流系统的目的也千差万别，因此，物流系统的评价对象、评价标准、考虑的指标因素、使用的方法以及评价过程都会是多种多样、互不相同的。一般来说，物流系统的评价指标应具备下面三个必要条件。

（1）可查性。任何指标都应该是相对稳定的，可以通过一定的途径、一定的方法观察得到。物流系统是极其错综复杂的，并不是所有的指标都可以轻易地得到。并且，在物流系统中,由于自身管理和核算基础工作的薄弱,也会导致许多重要的指标无法把握。这种易变、无法把握的指标都不能列入评价指标体系。

(2) 可比性。不同方案间的同一项指标应该是可比的,这样的指标才具有代表性。指标的可比性还包括在不同的时间、不同的范围上进行的比较。

(3) 定量性。评价指标应该是可以进行量化描述的,只有定量的指标才能进行分析评价。定量性也是为了适应建立模型进行数学处理的需要。当然,在物流系统的评价指标中,也不可避免地会有一些定性的指标。对于缺乏数据的指标,要么弃之不用,改用其他相关可计量的指标;要么利用专家意见,进行软数据的硬化。

物流系统绩效评价指标不是简单地将各个节点企业的功能性绩效评价指标汇总,由一个个小集合变成一个大集合,它应该成为透视整个物流系统、综合反映整个物流系统的绩效评价体系(见表10-1)。

表 10-1 物流系统绩效评价指标

类 型		考 核 指 标
选择的指标体系	用户满意度	产品质量	保修率
			退货率
		服务水平	用户投诉率
			用户抱怨解决时间
		承诺水平	准时交货率
			失去销售百分比
		产品价格	
	供应	可靠性	
	交通安全	订单完成率	
		运输天数	
	需求管理	物流系统总库存成本	
		总周转时间	
	客户服务质量	可信性	
		服务态度	
		可靠性	
		客户沟通能力	
	信息技术	可变性	
		整合型	

(二) 评价指标的标准化处理

在多指标评价中,由于各个评价指标的单位不同、量化不同和数量级不同,因此会影响到评价的结果,甚至会造成决策的失误。为了统一指标,必须进行预处理,即对所有的指标进行标准化处理,把所有指标值转化为无量化、无数量级差别的标准分,然后进行评价和决策。

所有的指标从经济上说可以分为两大类,一类是效益指标,如利润、产值、货物完好率、配送及时率等,这类指标都是越大越好。另一类是成本指标,如物流成本、货损货差率、客户抱怨率等,这些指标都是越小越好。

一个多指标评价决策问题往往由下面三个要素构成：

(1) 有 n 个评价指标, $f_j(1 \leqslant j \leqslant n)$；

(2) 有 m 个决策方案, $A_i(1 \leqslant i \leqslant m)$；

(3) 有一个评价决策矩阵, $\boldsymbol{A} = (x_{i,j})_{m \times n}, (1 \leqslant j \leqslant n, 1 \leqslant i \leqslant m)$。其中元素 $x_{i,j}$ 表示第 i 个方案 A_i, 第 j 个指标 f_j 上的指标值,评价决策矩阵是一个具有 m 行 n 列的矩阵。由于评价决策矩阵中的各个指标量纲不同,给指标体系的综合评价带来了一定的难度。评价指标标准化的目标,就是要将原来的决策矩阵 $\boldsymbol{A} = (x_{i,j})_{m \times n}$,经过标准化处理后得到量纲相同的决策矩阵 $\boldsymbol{R} = (r_{i,j})_{m \times n}$。

1. 定量指标的标准化处理

(1) 向量归一化

$$r_{i,j} = \frac{x_{ij}}{\sqrt{\sum_{i=1}^{m} x_{ij}^2}}$$

这种标准化处理方法的优点表现在：

① $0 \leqslant r_{ij} \leqslant 1, (1 \leqslant j \leqslant n, 1 \leqslant i \leqslant m)$；

② 对于每一个指标 f_j, 矩阵 R 中列向量的模为 1, 因为：

$$\sum_{i=1}^{m} r_{ij}^2 = 1 \quad (1 \leqslant j \leqslant m)$$

(2) 线形比例变换

令

$$\overline{f} = \max x_{ij} > 0, \quad \underline{f} = \min x_{ij} > 0 (1 \leqslant i \leqslant m, 1 \leqslant i \leqslant m)$$

对于效益指标,定义：

$$r_{ij} = \frac{x_{ij}}{\overline{f}}$$

对于成本指标,定义：

$$r_{ij} = \frac{\underline{f}}{x_{ij}}$$

这种标准化方法的优点体现在：

① $0 \leqslant r_{ij} \leqslant 1, (1 \leqslant j \leqslant n, 1 \leqslant i \leqslant m)$；

② 计算方便；

③ 保留了相对排序关系。

(3) 极差变换

对于效益指标,定义：

$$r_{ij} = \frac{x_{ij} - \underline{f}}{\overline{f} - \underline{f}}$$

对于成本指标,定义:

$$r_{ij}=\frac{\bar{f}-x_{ij}}{\bar{f}-\underline{f}}$$

这种标准化方法的优点是:
① $0 \leqslant r_{ij} \leqslant 1, (1 \leqslant j \leqslant n, 1 \leqslant i \leqslant m)$;
② 对于每一个指标,总有一个最优值为1和最劣值为0。

2. 定性模糊指标的量化处理

在物流系统的多指标评价和决策中,许多评价指标是模糊指标,只能定性地描述。例如,服务质量很好、物流设施的性能一般、可靠性高等。对于这些定性模糊指标,必须赋值使其量化。一般来说,对于模糊指标的最优值可赋值为10,而对于模糊指标的最劣值可赋值为0。定型模糊指标也可分为效益指标和成本指标两类。对于定性的效益和成本指标,其模糊指标的量化可如表10-2所示。

表10-2 定性模糊指标的量化

指标状况		—	很低	低	一般	高	很高	—
模糊指标量化得分	效益指标	0	1	3	5	7	9	10
	成本指标	10	9	7	5	3	1	0

3. 评价指标标准化处理案例

下面考虑一个货主企业选择仓储服务供应商的问题。现有四家候选供应商,决策者根据自身的需要,考虑了六项评价指标,如表10-3所示。

表10-3 选择仓储服务供应商问题的决策评价指标矩阵

候选供应商	决策评价指标					
	客户满意度 f_1 (%)	资产规模 f_2 (万元)	货物周转率 f_3 (次/年)	收费标准 f_4 (%)	人员素质 f_5 (高—低)	行业经验 f_6 (高—低)
A_1	80	1500	20	5.5	一般(5)	很高(9)
A_2	100	2700	18	6.5	低(3)	一般(5)
A_3	72	2000	21	4.5	高(7)	高(7)
A_4	88	1800	20	5.0	一般(5)	一般(5)

首先,要将其中第五个指标(人员素质)和第六个指标(行业经验)进行定量化处理。这两个指标都是效益指标,依据模糊指标量化方法,这两个指标的量化结果数值如表10-3所示。下面就利用量化指标的标准化处理方法对上述决策评价指标矩阵进行标准化处理。

(1) 采用向量归一化处理方法,得到标准化决策指标矩阵如下:

$$R = \begin{bmatrix} f_1 & f_2 & f_3 & f_4 & f_5 & f_6 \\ 0.4671 & 0.3662 & 0.5056 & 0.5053 & 0.4811 & 0.6708 \\ 0.5839 & 0.6591 & 0.4550 & 0.5983 & 0.2887 & 0.3727 \\ 0.4204 & 0.4882 & 0.5308 & 0.4143 & 0.6736 & 0.5217 \\ 0.5139 & 0.4392 & 0.5056 & 0.4603 & 0.4811 & 0.3727 \end{bmatrix} \begin{matrix} A_1 \\ A_2 \\ A_3 \\ A_4 \end{matrix}$$

(2) 采用线形比例变换公式，可以得到标准化决策指标矩阵如下：

$$R = \begin{bmatrix} f_1 & f_2 & f_3 & f_4 & f_5 & f_6 \\ 0.8000 & 0.5600 & 0.9500 & 0.8200 & 0.7200 & 1.0000 \\ 1.00 & 1.00 & 0.86 & 0.6900 & 0.43 & 0.56 \\ 0.72 & 0.74 & 1.00 & 0.6900 & 1.00 & 0.78 \\ 0.88 & 0.67 & 0.95 & 0.90 & 0.71 & 0.56 \end{bmatrix} \begin{matrix} A_1 \\ A_2 \\ A_3 \\ A_4 \end{matrix}$$

(3) 采用极差变换方式，可以得到标准化决策指标矩阵如下：

$$R = \begin{bmatrix} f_1 & f_2 & f_3 & f_4 & f_5 & f_6 \\ 0.2860 & 0.0000 & 0.6700 & 0.5000 & 0.5000 & 1.0000 \\ 1.00 & 1.00 & 0 & 0 & 0 & 0 \\ 0 & 0.42 & 1.00 & 1.00 & 1.00 & 0.50 \\ 0.571 & 0.25 & 0.67 & 0.75 & 0.50 & 0 \end{bmatrix} \begin{matrix} A_1 \\ A_2 \\ A_3 \\ A_4 \end{matrix}$$

在上述标准化决策评价指标矩阵的基础上，就可以通过建立相应的数学评价模型，进行物流系统的整体量化评价了。

第三节 物流系统评价方法及应用

一、线性加权和法

（一）线性加权和法的基本思路

线性加权和法是在标准化决策评价矩阵 $R=(r_{ij})_{m \times n}$ 的基础上进行的，它先对 n 个标准化指标构造如下线性加权评价函数：

$$U(A_i) = \sum_{j=1}^{n} w_j r_{ij} \quad (i=1,2,\cdots,m)$$

式中：$w_j \geqslant 0$，$j=1,2,\cdots,n$，分别为 n 个指标的权重系数，$\sum_{j=1}^{n} w_j = 1$。

然后按如下原则选择满意方案 A^*：

$$A^* = \{A_i \mid \max[U(A_i)]\}(1 \leqslant i \leqslant m)$$

如上面的仓储服务供应商的选择，对 6 个指标分别取重要性权重系数为：$w_1=0.2$，$w_2=0.1$，$w_3=0.1$，$w_4=0.1$，$w_5=0.2$，$w_6=0.3$，这里选择按线性比例方式变换得到标准矩阵来进行方案的评价，则可以分别计算四个候选公司的线性加权评分：

$$U(A_1) = 0.835, \quad U(A_2) = 0.709, \quad U(A_3) = 0.852, \quad U(A_4) = 0.738$$

$$\max[U(A_1), U(A_2), U(A_3), U(A_4)] = \max[0.853, 0.709, 0.852, 0.738] = 0.852$$

所以,最优方案就是 A_3。

(二) 评价指标权重系数确定

1. 专家法

所谓专家法就是邀请一些相关领域的专家,请他们对各指标权重系数的确定发表意见。

确定权重系数的第一轮是要开始讨论,首先让那些有最大偏差的专家发表意见,通过充分讨论以达到对各目标重要性的比较一致的认识。专家法是目前国际上进行评价决策分析时常采用的一种简单有效的方法,而且具有一定的科学性。

2. 二项系数加权法

在实际工作中,可能比较容易确定各指标的重要性优先顺序,但却难以确定各个指标权重系数的具体值,此时可以采用二项系数加权法来确定权重。

3. 相对比较法

如果决策者比较容易确定两两指标之间的相对重要性程度,则可采用相对比较法确定各指标的权重系数。

(三) 线性加权和法的应用

下面介绍一个利用线性加权和法来筛选物流服务供应商的例子,主要介绍具体的步骤。

1. 初选

首先列出可选择的物流服务商,并根据自己的物流要求,在这些物流服务商中,选出一定数量的企业作为备选方案。初选没有绝对不变的原则,可以由决策者或决策机构确定。比如,选择物流企业的信誉、物流企业的服务水平等。以 $\boldsymbol{S} = \{S_1, S_2, \cdots, S_m\}$ 表示 m 个备选物流企业构成的集合。

2. 确定评价指标体系集合

比如,在指标体系集合中可以包括:服务总体价格、赔付率及可得性、交货周期和服务水准及信息传递等。以 $\boldsymbol{P} = P_1, P_2, \cdots, P_n$ 表示 n 个指标属性构成的集合。

3. 确定每个指标的权重系数——主观赋权法

这里采用的主观赋权法的基本思路是:假设有 L 个决策者给了属性权重的偏好信息,即已经分别给出了属性权重向量为 $W_k^0 = (W_{k1}^0, W_{k2}^0, \cdots, W_{kn}^0)^T$,其中 $\sum_{j=1}^{n} W_{kj}^0 = 1, W_{kj}^0 \geqslant 0$,$k = 1, 2, \cdots, L$。设 L 个决策者的重要程度向量为 $c = (c_1, c_2, \cdots, c_L)^T$,其中 $\sum_{k=1}^{L} c_k = 1$,$c_k \geqslant 0$。通过优化方法可以得到综合权重为

$$w_j = \sum_{k=1}^{L} c_k w_{kj}^0 \quad (j = 1, 2, \cdots, n)$$

显然 $w_j \geqslant 0$。

4. 得到决策矩阵

以 $A=[a_{ij}]_{m\times n}$ 表示决策矩阵,其中 a_{ij} 是物流企业 S_i 对应于属性 P_j 的一个数值结果。

5. 决策矩阵的标准化

由于进行评价的指标是各种不同的量纲的指标,难以进行相互比较。因此可以将评价指标标准化。这里采用如下规范方法将决策矩阵 $A=[a_{ij}]_{m\times n}$ 转化为规范化的矩阵 $B=[b_{ij}]_{m\times n}$。

$b_{ij} = \dfrac{a_{ij} - a_j^{\min}}{a_j^{\max} - a_j^{\min}}$,当 P_j 为效益型属性时; $b_{ij} = \dfrac{a_j^{\max} - a_{ij}}{a_j^{\max} - a_j^{\min}}$,当 P_j 为成本型属性时。

$a_j^{\max} = \max\limits_i \{a_{ij}\}(i=1,2,\cdots,m;\ j=1,2,\cdots,n)$; $a_j^{\min} = \min\limits_i \{a_{ij}\}(i=1,2,\cdots,m;\ j=1,2,\cdots,n)$。

(6) 计算加权和,选择最优服务商

按下面的公式计算综合评价值,并从大到小的顺序,最后选择最优的物流服务供应商。

$$f(S_i) = \sum_{j=1}^{n} w_j b_{ij} (i=1,2,\cdots,m)$$

至此,评价和筛选完毕。决策者的目的就是从集合 S 中选出一个子集 $S^* \subset S$ 使

$$f(S_j) \geqslant f(S_i) \geqslant f(S_i),\quad \forall S_j \in S^*,\ \forall S_i \in S - S^*$$

二、模糊综合评价

模糊综合评价法又称 Fuzzy 综合评判,是解决涉及模糊现象、不清晰因素的主要方法,是应用模糊集理论对物流系统进行综合评价的一种方法。由于在物流系统实际决策中,要绝对精确地描述某个评价指标是很困难的,有时也没有这个必要,一方面可以避免许多不必要的麻烦;另一方面又可以获得物流系统各可行方案优劣次序的相关信息。

物流系统模糊综合评价法的主要步骤如下。

(1) 邀请有关专家组成评价小组。

(2) 根据专家的经验或通过如层次分析法等方法,确定评价因素集 U 及其权重向量。

这里评价因素集 U 是评价因素(即评价指标)的集合。设有 n 个评价因素,且这 n 个因素均在同一个层次上,则评价因素集 U 为

$$U = \{U_1, U_2, \cdots, U_n\} \tag{10-1}$$

评价因素集也可以是一个多级(即具有两个或两个以上的层次)递阶结构的集合。

权重向量 P 是各个评价因素的相对重要性权值。对应于上述 n 个评价因素的权重向量为

$$P = (P(U_1), P(U_2), \cdots, P(U_n)) = (P_1, P_2, \cdots, P_n) \tag{10-2}$$

(3) 确定评价尺度集 B。

评价尺度集是在评价打分时采用的评分等级。设有 m 个评分等级，则有

$$B = (b_1, b_2, \cdots, b_n) \tag{10-3}$$

(4) 构造模糊评价矩阵 $\widetilde{R}$。

模糊评价矩阵 $\widetilde{R}$ 反映从评价因素 U 到评价尺度 B 之间的模糊评价关系，这种评价是一种模糊映射，它可以通过专家投票等方法获得。

$$\widetilde{R} = \begin{bmatrix} r_{11} & r_{12} & \cdots & r_{1j} & \cdots & r_{1m} \\ r_{21} & r_{22} & \cdots & r_{2j} & \cdots & r_{2m} \\ \vdots & \vdots & & \vdots & & \vdots \\ r_{i1} & r_{i2} & \cdots & r_{ij} & \cdots & r_{im} \\ \vdots & \vdots & & \vdots & & \vdots \\ r_{n1} & r_{n2} & \cdots & r_{nj} & \cdots & r_{nm} \end{bmatrix}_{n \times m} \tag{10-4}$$

式中：r_{ij}——第 i 个评价因素 U_i 的评价得分等级为 b_j 的专家票数百分比。

(5) 计算各评价对象方案的综合评定向量 $\widetilde{S}$，并对其归一化，得到向量 $\widetilde{S}'$。

综合评定向量 $\widetilde{S} = (S_1, S_2, \cdots, S_m)$ 是根据评价因素的权重 P 对 $\widetilde{R}$ 加权后得到的各评价因素的综合向量评价，然后对向量 $\widetilde{S}$ 进行归一化处理（对向量归一化就是使向量中各元素之和为 1），得到向量 $\widetilde{S}'$。向量 $\widetilde{S}'$ 的含义是：认为方案的综合评价得分为各评价得分等级的专家票数百分比。

根据模糊集理论的综合评定概念，$\widetilde{S}$ 的计算公式如下：

$$\widetilde{S} = P\widetilde{R} \tag{10-5}$$

上式的运算是一种模糊映射过程，应采用模糊关系的合成运算。模糊关系合成运算方法如下：设 $A = BC$ 为模糊关系的合成运算，B 与 C 为矩阵或向量，其算法与一般矩阵乘法规则相同，但要将计算式中的普通乘法运算换为取最小的运算，记为 $\cap$；将计算式中的普通加法运算换为取最大的运算，记为 $\cup$。对 $\widetilde{S}$ 归一化：

$$\widetilde{S}' = \left\{ \frac{S_i}{\sum_{i=1}^{m} S_i} \right\} \tag{10-6}$$

(6) 计算各评价对象方案的综合评价得分 $\widetilde{W}$。

综合评价得分为：

$$\widetilde{W} = \widetilde{S}' \cdot B^{\mathrm{T}} \tag{10-7}$$

按上述步骤可计算出所有可行方案的综合评价得分，根据得分的大小，即可对各可行方案进行优先顺序的排列，为决策者提供依据。

下面通过一个例题来说明模糊综合评价方法在现实中的应用。

【例 10-1】

某物流公司打算购买一台大型装卸设备,现有两种设备可供选择。关于装卸设备的评价因素有"技术性能"、"可靠性"、"维护"、"成本"四项,它们的相对重要性排序权值分别为 0.4,0.3,0.1,0.2。设评价尺度有 100 分、70 分、40 分三个等级。试用模糊评价法确定应选用哪种方案。

解:由题意可以得到:评价因素集 $U=\{U_1,U_2,U_3,U_4\}$,其中 $U_i(i=1,2,3,4)$ 分别表示技术性能、可靠性、维护和成本四个评价因素;权重向量 $P=(0.4,0.3,0.1,0.2)$;评价尺度 $B=(100,70,40)$。

通过专家投票方法得到两种设备的模糊评价矩阵如下。

第一种设备的模糊评价矩阵为

$$\widetilde{R}_1 = \begin{bmatrix} 6/8 & 2/8 & 0 \\ 4/8 & 4/8 & 0 \\ 0 & 3/8 & 5/8 \\ 0 & 3/8 & 5/8 \end{bmatrix}$$

第二种设备的模糊评价矩阵为

$$\widetilde{R}_2 = \begin{bmatrix} 5/8 & 3/8 & 0 \\ 0 & 7/8 & 1/8 \\ 3/8 & 5/8 & 0 \\ 4/8 & 4/8 & 0 \end{bmatrix}$$

(1) 计算综合评价向量 $\widetilde{S}$ 并将它归一化。

根据公式(10-5)可以得到第一种设备的综合评价向量为

$$\widetilde{S}_1 = P\widetilde{R}_1 = (0.4,0.3,0.1,0.2) \cdot \begin{bmatrix} 6/8 & 2/8 & 0 \\ 4/8 & 4/8 & 0 \\ 0 & 3/8 & 5/8 \\ 0 & 3/8 & 5/8 \end{bmatrix}$$

再根据公式(10-6)归一化处理后得到:

$$\widetilde{S}' = (4/9,3/9,2/9)$$

同样道理,第二种设备的综合评价向量为

$$\widetilde{S}_2 = P\widetilde{R}_2 = (0.4,0.3,0.1,0.2) \cdot \begin{bmatrix} 5/8 & 3/8 & 0 \\ 0 & 7/8 & 1/8 \\ 3/8 & 5/8 & 0 \\ 4/8 & 4/8 & 0 \end{bmatrix} = (0.4,3/8,1/8)$$

归一化后得到:

$$\widetilde{S}_2 = (4/9,5/12,5/36)$$

(2) 计算各可行方案的综合评价得分 $\widetilde{W}$。

由公式(10-7)可以得到第一种设备的综合评价得分为

$$\widetilde{W}_1 = \widetilde{S}_1 B^{\mathrm{T}} = (4/9, 3/9, 2/9) \cdot \begin{bmatrix} 100 \\ 70 \\ 40 \end{bmatrix} = 76.67$$

同理可以得到第二种设备的综合评价得分为

$$\widetilde{W}_2 = \widetilde{S}_2 B^{\mathrm{T}} = (4/9, 5/12, 5/36) \cdot \begin{bmatrix} 100 \\ 70 \\ 40 \end{bmatrix} = 79.17$$

很显然,计算结果表明第一种设备的综合评价得分要小于第二种设备的综合评价得分,所以应该选择第二种设备。

思 考 题

1. 试分析说明系统评价在物流工程中的作用。
2. 结合实例具体说明系统评价的步骤和内容。
3. 简述指标处理的步骤有哪些。
4. 说明模糊综合评价法的基本原理及应用是什么。
5. 系统评价的基本原则有哪些?
6. 试比较分析各种系统评价方法的使用条件和优缺点。

第十一章

物流系统综合

> **学习导航**
> - 了解系统综合原理
> - 理解系统综合方法
> - 了解物流系统综合应用

第一节　系统综合理论与方法

一、系统综合的概念

要了解和把握一个系统,需要将分析与综合结合起来。自然界与人类社会都是由许多属性和类型不同的事物组成的统一整体,它们可以分解为组成它们的细微单元,也可以复归成为原来的整体。就方法论而言,分解的过程就是分析,复归的过程就是综合。综合,就是将已有的关于研究对象各个部分、方面、因素和层次的认识联结起来,形成对研究对象的统一整体的认识。分析是为了了解一个复合体的性质,将一个整体分离或分解为若干个基本要素或组成部分,并把一个已有的过程分开来进行仔细的观察研究。与此相反,综合是一种把研究对象的各个部分、侧面、因素连接和统一起来进行考察的思维方法,是将各个要素或各个部分合成或组合成为一个整体的过程。在这个过程中,把研究对象当作一个具有多因素、多组成、多规定的统一整体在思维中加以把握和再现,建立起相互联系的一个统一整体。

综合是在分析的基础上进行的,它的基本特点就是探求研究对象的各个部分、方面、因素和层次之间相互联系的方式,即结构的机理与功能,由此而形成一种新的整体性的认识。所以,综合不是关于对象各个构成要素的认识的简单相加,综合后的整体性认识具有新的关于对象的机理和功能的知识。综合的成果往往导致科学研究或社会实践上的新发现、新突破。综合的任务是把握系统的整体涌现性。从整体出发进行分析,根据对部分的描述直接建立关于整体的描述就是直接综合。简单系统就是可以进行直接综合的系统。对于大的、复杂的系统,需要根据其他的方法来进行综合。

系统论将世界视为系统与系统的集合,认为世界的复杂性在于系统的复杂性,研究世界的任何部分,就是研究相应的系统与环境的关系。它将研究和处理对象作为一个系统即整体来对待。在研究过程中注意掌握对象的整体性、关联性、等级结构性、动态、平衡性及时序性等基本特征。系统论不仅是反映客观规律的科学理论,也是科学研究思想方法的理论。系统论的任务,不只是认识系统的特点和规律,反映系统的层次、结构、演化,更主要的是调整系统结构、协调各要素关系,使系统达到优化的目的,系统论的基本思想、基本理论及特点,反映了现代科学整体化和综合化的发展趋势,为解决现代社会中政治、经济、科学、文化和军事等各种复杂问题提供了方法论基础。

二、系统综合方法

(一) 分解—协调方法

分解—协调方法是关于大系统解决多级递阶控制系统优化问题的设计、决策和管理的科学方法。大系统是变量众多的多变量系统,规模庞大,结构复杂,目标多样,给系统优化控制带来了困难。运用分解—协调方法,可把系统的整体分解为各个部分,分别地加以控制,然后又通过协调将各个部分联合成整体,实现系统的整个功能和目标,从解决大系统的优化控制问题。分解—协调方法从系统整体的综合出发,经过对部分的分析,又回到系统整体的综合。

1. 系统的分解

把大系统按照不同的层次、序列和阶段分成许多简单的分系统,分别地研究各个系统的结构和功能。系统分解,答题分为三种具体情况。

(1) 对大系统总目标的分解

把大系统的总目标划分为各个分系统的分目标。分解后的分系统的单项目标,应具有相对的完整性。如把产品生产分成多道工序,每道工序都有自己的特定生产任务。对各分系统的分目标,可以分别地加以分析、处理和控制。

(2) 对系统模型关联的分解

对大系统的总目标,可以建立总目标函数,将总目标分解为分目标之后,必须建立模型,用图示或图表的方法反映各分目标的相互关系,分别建立分目标函数,使总目标函数成为分目标函数的总和,这叫做系统模型关联的分解。在这种分解过程中,要区分主要和次要的关系。

(3) 多级系统控制过程的分解

系统的多级分解,有几种不同的情形。一是多层分解,即把一个大系统分解为不同层次的分系统,如政府各级地方政府。二是多序分解,即把一个大系统分解为各个不同的序列,如国务院各部委。三是多段分解,即把一个大系统分解为不同的阶段。如产品的工序分解、建设工程的阶段划分。

2. 系统的协调

系统协调是把各子系统合成为一个整体,化零为整,是系统分解的逆过程。如系统分解时,采取"三步四级"措施,把大系统分解为分系统,把分系统分解为子系统,再把子系统分解为若干组合环节,从而把大系统化整为零。那么,系统的协调则相反,把组合环节综合为子系统,把子系统综合为分系统,最后把分系统综合成大系统,这就是化零为整。系统的协调是以系统的分解为前提的,没有分解,就无从协调。系统的协调又以系统整体为前提,目的是达到最优协调。

根据有无集中决策机构,区分为两种控制方法:集中控制和分散控制。

(1) 集中协调

集中协调采用递阶控制原理,将大系统分解为若干子系统,在放宽关联约束之下各自求解,并由上级协调器,通过协调某些变量,不断调整下级各子系统间的关系。一旦关联约束条件成立,则在一组凸性的条件下,各子系统局部最优解的组合便成为大系统的整体最优解。集中控制要求决策层具有最高的控制权限,能够获得所需要的任何信息。

集中协调按照等级递阶的方式,将大系统层层分解为各级子系统,所有的信息在传递过程中必须经过中央数据库集中控制,构成信息流的集中模式。这就要求成立一个超越于各节点企业的机构作为上级协调器,发出指令信息,接收反馈信息。其通信信道如图 11-1 所示。

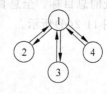

图 11-1 集中协调

其中,1 为集中决策机构,2、3、4 为各分系统。

如 20 世纪初,美国的福特公司通过大量的并购交易,沿产品价值链向上、下游不断纵向一体化,以追求生产的"规模经济",实现了从原材料到生产和销售整个物流的一体化,有效地把以前的外购工作内部化,从而较大幅度地降低了这些零部件的成本。同时,把外部市场订单转变成一系列内部物料需求转换单,形成以物料需求转换单为驱动力,上下工序和岗位之间相互咬合,自行调节运行的业务链,这既降低了交易成本,也提高了福特在供应链上的控制力。

(2) 分散控制

分散控制缺乏集中控制中心,各个分系统独立实现各自的分目标。为了协调,各分系统之间需要充分的信息交流。分散协调的方式有四种:导引协调、循环协调、分组协调和全息协调。

① 导引协调

系统中共存在一个处于强势地位的分系统,而其他分系统为从属的。强势分系统为主导,对各从属分系统的工作状态进行观测、评价、整定,发出导引协调信号,对各从属分系统进行导引协调控制,共同实现大系统的总目标、总任务。其通信信道如图 11-2(a) 所示,图中 1~4 为节点企业。导引协调的模式与集中协调结构相类似,不同的是最高级为主导的强势分系统,其本质区别在于最高级对下级的管理权限和控制力度不同,集中协调中,上级协调器发出指令性信息,而导引协调发出的是指导性信息。

② 循环协调

在循环协调控制方案中,各分系统的地位是平等的,无主从之分,而是按照系统信息流传导的方向,以串行的方式,依次进行衔接协调。在循环协调的链条中,相邻的分系统,既是协调者也是被协调者。交流的信息不限于直接相邻分系统间的信息,也包括有选择性信息的跨越式传递。其通信信道如图 11-2(b) 所示。

③ 分组协调

根据分散控制系统中各分系统之间的耦合的强弱、相互通信的难易,对协调需求的差异等具体情况,将分系统划分为若干组,各组分别地、并行地进行协调。其通信信道如图 11-2(c)所示。虚线表示子系统之间存在弱关联。

④ 全息协调

全息协调是指协调控制的信道结构是全连通图,具有完全的相互通信的信息通道。任何两个分系统之间都具有双向的协调信息通道,可以进行双向协调。因此,任何一个分系统,既是协调者也是被协调者。通过全息协调,在分散控制的大系统中,各分系统相互协调、相互配合、相互制约、相互促进,以便在实现各自的分目标的过程中,同时实现大系统的总目标。全息协调无疑是成本最高的,同时可能会产生冗余信息。其通信信道如图 11-2(d)所示。

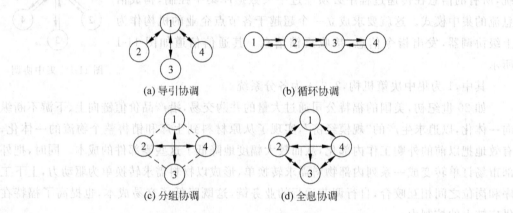

图 11-2　分散协调渠道

(二) 综合集成法

1. 综合集成法的概述

处理开放的复杂的巨系统的方法论是从定性到定量的综合集成:作为一门技术又称为综合集成技术;作为一门工程,亦可称综合集成工程。它是思维科学的应用技术,既要用到思维科学成果,又会促进思维科学的发展。它向计算机、网络和通信技术、人工智能技术、知识工程等提出了高新技术问题。这项技术还可用来整理千千万万零散的群众意见、提案和专家见解以至个别领导的判断,真正做到"集腋成裘"。钱学森认为对简单系统可从事系统相互之间的作用出发,直接综合成全系统的运动功能,还可以借助于大型或巨型计算机。对简单巨系统不能用直接综合方法统计方法,把亿万个分子组成的巨系统功能略去细节,用统计方法概括起来,这就是普里高津和哈肯的贡献,即自组织理论。

2. 综合集成工程

综合集成法作为一门工程可称为综合集成工程,它是在对社会系统、人体系统、地理系统和军事系统这四个开放的复杂巨系统研究实践基础上提炼、概括和抽象出来的。在这些研究中通常是科学理论、经验知识和专家判断相结合,形成和提出经验性假设(判断或猜想),但这些经验性假设不能用严谨的科学方式加以证明,需借助现代计算机技术,基于各种统计数据和信息资料,建立起包括大量参数的模型,而这些模型应建立在经验和对系统的理解上并经过真实性检验。这里包括了感情的、理性的、经验的、科学的、定性的和定量的知识综合集成,通过人机交互,反复对比逐次逼近,最后形成结论。其实质是将专家群体(与主题有关的专家)、统计数据和信息资料(亦与主题有关的)三者有机结合起来,构成一个高度智能化的人机交互系统,它具有综合集成的各种知识,从感情上升到理性,实现从定性到定量的功能。

3. 综合集成法的主要特点

它的主要特点如下:

(1) 定性研究与定量研究有机结合,贯穿全过程;

(2) 科学理论与经验知识结合,把人们对客观事物的知识综合集成解决问题;

(3) 应用系统思想把多种学科结合起来进行综合研究;

(4) 根据复杂巨系统的层次结构,把宏观研究与微观研究统一起来;

(5) 必须有大型计算机系统支持,不仅有管理信息系统、决策支持系统等功能,而且还要有综合集成的功能。

4. 综合集成研讨厅

在1992年,钱学森院士真正地提出从定性到定量的综合集成研讨厅这个体系,把"法"上升到"厅"的高度,1996年完成了包括11个科学技术部门的现代科学技术体系,形成系统的、完整的、具有深远影响的"大成智慧"学术思想。综合集成研讨厅体系的形成过程概括起来主要经历了三个演进阶段,即从"定性定量相结合的综合集成法"到"从定性到定量的综合集成法",再到"人机结合、从定性到定量的综合集成研讨厅体系",对综合集成研讨厅体系的研究也日趋成熟起来。

钱学森教授提出的综合集成法主要是基于整体论的思想,即面对复杂巨系统。人们首先利用现有的理论和人的经验从整体上把握,并得出一些表面上的、感性上的认识和经验上的判断,再对这些定性认识进行综合集成、建模,并进行仿真试验,最后上升为理性知识。由于人的认识能力有限,这个过程必须反复迭代进行,最后得出的是逼近真理的结论。综合集成研讨厅是实现这一思想的一种切实可行的解决方案。它利用现代信息技术、计算机网络和人工智能等最新科技完成综合集成的可视化过程,它的技术核心是人机结合和从定性到定量的综合集成。

综合集成研讨厅体系中主要包括三个部分:专家体系、知识体系和机器体系,机器体系中主要是指计算机。在综合集成研讨厅的提出的这二十多年的时间里,对该体系的研究从来没有中断过,主要有代表的学者有钱学森院士、戴汝为院士、于景元教授等,而对该体系的研究的领域也在不断扩展,涉及教育、军事、经济、网络等领域,取得的成果也是很显著。下面主要列出在军事、网络领域取得的成果。

(1) 军事上的综合集成研讨厅

国防大学胡晓峰教授领导的科研团队提出的基于按需获取机制构建的战略决策综合集成研讨厅。按需获取强调综合集成环境系统对研究过程中各种要素的综合和集成。南京理工大学的周剑等人,开发出武器装备系统,运用了定性与定量相结合的综合集成法,有效地论证了武器装备方案。周莹皓、梅中义、赵朗通过对复杂武器装备采办综合集成研讨厅的研究,发现这样的武器装备采办系统能够有效地缩短武器装备采办的论证开发周期,从而大大提高了武器装备采办的效率。

(2) 基于 Agent、Web 的综合集成研讨厅

操龙兵、戴汝为基于兴起的 Agent 技术,研究了综合集成研讨厅的软件体系结构。赵明昌、李耀东设计了一个新的综合集成研讨厅的软件框架,并为一些用户试用,收到了很好的效果。周绍骑、黄席樾、邓韧研究了研讨厅模型各要素之间的协调运作机制,采用语义网络建立了各要素相互沟通的桥梁,并引入逻辑推理能力,使各个参与研讨的角色能够使用语义网络来印证自己观点,最终形成研讨共识。以格拉管线泄漏诊断问题为背景,给出了该研讨厅模型的实现实例。

随着网络技术的不断发展,专家之间的交流不再受地域的限制,研讨更加方便快捷。基于 Cyberspace(赛博空间)的综合集成研讨厅就是在网络的基础上发展起来的,现在这方面的研究正趋于主流,也是将来发展的一个主要方向。

(三) 物理—事理—人理系统方法

1. 基本思想

物理—事理—人理(WSR)系统方法论是 1994 年提出的。由于该方法论是在东方的背景下发展起来的,以东方的哲学观为指导,因而具有明显的东方特色,由东方背景中所特有的哲学的、文化的、社会政治的和经济的范畴所组成。

形成 WSR 方法论的哲学指出:社会事态由物、事、人组成。因此,任何处理这类事态的项目都应从机能整体性的角度考虑物理、事理、人理这三个要素。表 11-1 中列出了物理、事理、人理的一些基本内容。

表 11-1 物理、事理、人理的基本内容

对 比 点	物 理	事 理	人 理
基本含义	客观物质世界的知识	事物的机理	人们之间的关系
核心问题	是什么	怎么做	是否做
所需要的知识	自然科学	运筹学、系统工程	管理科学、社会科学
应遵循的准则	真实、准确、可靠	有效、合理、易操作	和谐、合作、公平、竞争

"物理"是指关于客观物质世界的知识。对于一个特定的工程项目,物理就是指它本身所具有的一些最基本的属性,物中的"事实"可以包括相关的自然资源、物理环境、气候、人口,交通和通信设施、可能的投资等。

"事理"指的是宇宙中事物的机理。研究事理主要是理解和观察世界怎样被建模和管理的。这包括对一个特定的系统创造或选择最合适的定义和模型,以表明该系统可以被有效地、高效率地管理,并进而改善所涉及的环境。建模的过程中包含人的主观性,它与人的认识能力、经验、偏好、动机、所受的训练和背景等有关,但最终目的是要得到该事物的客观的、合理的机理模型。

"人理"是指系统项目中涉及的所有团体之间主观上的相互关系,这些团体包括顾客、领导者、组织者、专家、实际拥有者、使用者、操作者、受益者、受害者等。研究人理应集中在显著并处理那些迟早会影响该项目的有利或阻碍其发展的因素。这里,关键问题在于该项目是否能满足所涉及的团体的真正的兴趣。这需要我们把所有涉及团体通常无法说明的兴趣、意图和动机表达到系统设计和实施中。与人有关可以确保系统项目能更好地满足人的兴趣,因而很容易形成并实施。

2. 主要工作步骤

实际上,WSR 方法论已不仅仅是一种方法论,更重要的是它提供给我们解决问题、处理事务的一种思考方式。WSR 方法论的具体工作步骤如图 11-3 所示,每一步目前都有一些方法可以应用。

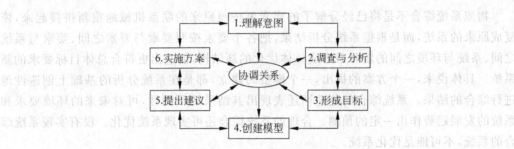

图 11-3　WSR 的工作步骤

在 WSR 整个系统分析过程中,协调关系是核心,在整个分析活动中发挥作用。在处理问题时,由于不同的人拥有的知识不同、立场不同、利益不同、价值观不同、认知不同,对同一个问题、同一个目标、同一个方案往往会有不同的看法和感受,因此需要协调。相关主体在协调关系层面应有平等的权利,在表达各自的意见方面也有平等的发言权,包括做什么、怎么做、谁去做、什么标准、什么程序、为何目的等议题。从理解意图到提出建议,每一个阶段,一般会出现一些新的关注点和议题,可能开展的工作就是相关主体的认知、利益协调。协调关系体现了东方方法论的特色,属于人理的范围。

(四)其他方法

1. 探试法

根据以往经验总结出来的若干规则来探索解决问题的方法。例如,从经济的角度来看,精馏塔的最佳回流比是最小回流比的 1.1~2.0 倍。这就是一个探试规则。这些经验规则虽然不能全部在理论上得到严格的证明,并且有时还会遇到例外,但对于大多数情况来说还是适用的,探试法不失为一种简便而快速的求解方法。目前,这种方法已成功地应用于某些化工子系统的综合,例如,用于分离系统和换热器网络。但探试法并不一定能保证得到最优解,对于复杂的化工大系统来说,则还有待进一步发展。

2. 调优法

从某个选定的初始系统出发,采用某种调优策略,通过一系列的逐步修正得出较好系统的一种综合方法。调优法一般按下列步骤进行：先用分解法或探试法选定一个初始方案作为调优的起点；再对初始方案的各个环节按某种调优策略做不大的改动，得到若干与其接近的新方案；然后按照目标函数对这些方案进行比较，从中挑出最好的方案；以此作为新的初始方案，重复上述步骤，直到不能得出更好的方案为止。运用调优法进行系统综合时，工程技术人员的经验和判断力可以发挥很大的作用，但由于调优法所得的结果在很大程度上与初始方案的选择有关，因此，最后综合得出的系统不一定是最优解。

第二节 物流系统综合

一、物流系统综合概述

物流系统综合不是将已经分解了的要素再按照原来的联系机械地重新拼接起来，恢复成原来的系统，而是根据系统分析结果，把各个要素按照要素与要素之间、要素与系统之间、系统与环境之间的新联系形成整体优化的新结构，创造出更符合总体目标要求的新系统。具体说来，一个方案的提出，一个模型的建立，都是在系统分析的基础上创造性地进行综合的结果。系统综合的创造性还表现出其结果的预测性，可对未来的环境要求和系统的发展趋势作出一定的预测。合理的系统综合还可实现系统优化。没有实现系统综合的系统，不可能是优化系统。

物流系统是指由两个或两个以上的物流功能单元构成，以完成物流服务为目的的有机集合体。物流系统的"输入"即指采购、运输、储存、流通加工、装卸、搬运、包装、销售、物流信息处理等物流环节所需的劳务、设备、材料、资源等要素，由外部环境向系统提供的过程。所谓物流系统是指在一定的时间和空间里，由所需输送的物料和包括有关设备、输送工具、仓储设备、人员，以及通信联系等若干相互制约的动态要素构成的具有特定功能的有机整体。

物流系统综合就是指把各物流功能看作是物流系统综合整体，并对这一物流系统综合整体及其要素、层次、结构、功能、联系方式、发展趋势等进行辩证综合地考察，以取得创造性成果的一种方法。物流系统综合是与物流系统分析相反的逆向思维方法。

二、物流系统综合的内容

（一）物流系统集成

系统集成是指在整体系统的规划阶段，就需全面地考虑，使构成系统的各部分相互匹配、协同合理；然后分类分阶段实施，在各子系统和设备具备独立完整功能的基础上，开始进行整体集成和终极整合。集成是将系统内各个成分进行有机的连接，进行再创造，从而实现系统的特定功能。集成不等于集合，也不等于网络互连。集成的理念中蕴藏着深刻的方法论哲理，不仅蕴含要把各个分离部分物理地集合在一起，而且还包含要将这些分离部分在逻辑上互连起来，彼此协调，形成一个有机的整体。

如物流中心项目，将卸货、收货、上架、下架、拣选、补货、订单整合及包装、分拣、装货、运输、信息技术和数据传输等环节所涉及的装卸货设备、搬运设备、存储货架、拣选输送机、包装设备、分拣设备、管理系统等进行整体规划及整合,使之匹配于仓库管理及各类型软件系统的统一管控之下,使物流中心协调而有效的运作。

(二)系统协调与一体化

物流系统协调需完成的工作是规划货物运输需求,构建营运计划以整合物流运作体系。由于订单大小、存货周转率以及货物运送的紧急性不同等因素,使物流运作的三大子系统间存在显著的差异,而物流系统协调最主要的功能便是协调差异。

物流一体化就是以物流系统为核心的由生产企业、经由物流企业、销售企业直至消费者供应链的整体化和系统化。它是指物流业发展的一个高级和成熟的阶段。只有当物流业高度发达,物流系统日趋完善,物流业成为社会生产链条的领导者和协调者,才能够为社会提供全方位的物流服务。

三、物流系统综合的原则

(一)整体性原则

物流系统综合强调从物流系统整体出发,综合和分析同步进行,以综合统摄分析;强调从部分与整体的相互依赖、相互结合、相互制约的关系中揭示系统的特征和规律。

(二)有效性原则

物流系统综合的目的就是使物流系统能最优化,所以对物流系统进行综合时一定得考虑有效性原则。

四、物流系统综合的作用

(一)消除利益冲突

一般地,物流活动被分散在不同部门,各部门有各自追求的目标,这些目标往往相互冲突,难以形成统一的目标,为了克服部门间的利益冲突,对物流系统进行整合,将物流进行统一运作与管理,消除部门间利益冲突。

(二)物流运作成本能够得到降低

物流活动各项成本间存在交替损益关系。例如,减少商品储存的数量可以降低储存成本,但由于储存数量减少,在市场规模不变的情况下,为了满足同样的需求,势必要频繁进货,增加了运输次数,从而导致运输成本的上升,也就是在追求库存合理性时又牺牲了运输的合理性。如果采用分项物流管理,各个部门追求自身的最优化,势必会影响到整个系统的优化性。只有通过采用一体化物流管理把相关的物流成本放在一起考虑,才能实现整个系统的最优化,实现最低总成本物流。

(三)能够大大提高运作效率

物流系统的构成要素既相互联系,又相互制约,其中一项活动的变化会影响到其他要素相应地发生变化。如运输越集成,包装越简单,反之,杂货运输对包装要求就很严格。再者,商品储存数量和仓库地点的改变,会影响到运输次数、运输距离甚至运输方式的改变等,因此,只有对系统各功能进行统一管理,采用物流系统综合,才能更有效地提高整个系统的运作效率。

(四) 物流绩效得到改善

物流子公司作为代行企业专门从事物流业务管理的组织部门,通过独立核算、自负盈亏,使物流成本的核算变得简单明确,有利于物流成本的控制;通过对物流业务统一指挥、运作有利于提高物流的交付速度、物流质量、物流可靠性、柔性和劳动生产率;通过市场交易的手段从事物流运作,有利于破除来自生产部门和销售部门的限制;与此同时,企业多余的物流能力可参与社会经营,避免了物流能力的闲置和浪费,实现了资源共享,从而实现价值增值和提高物流绩效。

(五) 扩大竞争优势

核心竞争力被认为是企业借以在市场竞争中取得并扩大优势的决定性力量,其内涵十分丰富,反映在技术资源、知识文化、组织与管理系统中。由于任何企业所拥有的资源都是有限的,它不可能在所有的业务领域都获得竞争优势。有的企业具有核心技术能力、核心制造能力,却不具备核心营销能力、核心企业组织协调管理能力和企业战略管理的核心能力。通过系统综合的方法将这些方面进行一个总的综合分析,得出一个更加全面、合理的方案式的企业在竞争中获得更大的有力优势。

五、应用举例——用 WSR 方法分析运输安全系统

物理:调查客户的需求——旅客、货主的目的地,乘坐车的种类,运送货物车的种类,需要到达的时间,并根据上级指令和社会需求来确定安全生产的目标和方针,编制长远规划,确定近期计划。通过制订安全计划以达到运输安全的目标。

事理:合适的模型和算法,模型和知识的分析和综合。制订各种安全运输方案,选定最佳安全方案,组织实施安全方案,在此过程中,不断优化方案,进行目标控制,并对安全效果进行分析评价。

人理:协调上层领导、管理者和研究人员的相互关系。按照预定的计划,把人、设备、材料、资金、信息、规章、办法以及环境条件,从左邻右舍到上级下级的关系按空间和时间的联系有效地组织在一起,形成系统,以实现原定的整体目标。

运用 WSR 方法对运输安全系统进行分析和设计,按 WSR 工作步骤,系统的总体设计过程如下。

第一步:理解意图。

理解意图包括调查了解社会需求、客户的背景情况、决策者的价值取向、意图;了解与运输安全有关的其他部门的态度,以及上级主管部门的意愿等;了解国外运输安全系统的状况(通过国际交流、国外考察、国外文献检索等手段);了解国内运输安全系统的状况(通过国内调研考察、文献检索、国内研讨会等手段)。

第十一章　物流系统综合

第二步：明确目标。

明确运输安全系统的总目标是实现交通运输安全的关键。这是一个人机结合的系统,其中管理人员和科研人员的判断和决策起着重要作用,人机结合是否紧密、关系是否和谐是系统成功与否的关键。

第三步：调查分析。

调查分析包括用户的需求分析和现场调查,以及系统内外的关系分析。

第四步：方法与模型的选择。

分析现有的方法模型的特点,构造新的系统模型和求解模型,制订可供选择的各种安全运输方案。

第五步：提出建议。

对若干可供选择的系统方案采用研讨会的方式,民主与集中相结合,对方案进行比较、评定、讨论、评估。在优化、满意、协调的原则下,给出最佳安全方案。

第六步：协调关系。

推荐方案经过和有关人员交流之后,提交到研讨会中由专家进行研讨,最后由决策者确定。

第七步：实施方案和提高认识。

组织实施安全方案,在其过程中,不断优化方案,进行目标控制,并对安全效果进行分析评价。工程实施过程是系统工程方法应用的一个重要阶段,它是对设计思想的检验,也是对设计思想的多次反馈和不断完善。从理论到实践,从实践上升到理论,在不断往复提高的过程中,达到认识的不断深化。

思　考　题

1. 简述系统综合的原理。
2. 系统综合方法有哪些？
3. 举例说明物流系统综合的内容。

第十二章

物流系统仿真

学习导航

- 了解系统仿真原理与方法
- 理解物流系统仿真及其应用

第一节 系统仿真基本理论和方法

一、系统仿真的基本概念

随着科学技术的发展,人们认识自然和改造自然的能力不断增强,特别是计算机技术的产生和发展,加速了人们认识自然和改造自然的进程。计算机的出现对科学技术的发展产生了深远的影响,使人们可以对复杂系统建立模型并利用计算机进行求解,从而形成了计算机仿真技术。系统建模与仿真技术已经成为复杂系统分析的主要工具,最初应用于航空、航天、原子反应堆等价格昂贵、周期长、危险性大、实际系统试验难以实现的领域,后来逐步发展到电力、石油、化工、冶金、机械等一些主要工业部门,并进一步扩大到社会系统、经济系统、交通运输系统、生态系统等一些非工程系统领域,当然也包括物流领域。

仿真,也称为模拟,一般来讲,就是根据实际情况将需要研究的问题或对象构造成模型,然后针对模型进行实验或试验,在接近现实的环境条件中,观察一项设计或计划方案的工作或运行情况是否合乎主观的意图或要求,或者同时分析比较几个设计或计划方案,以确定哪一个方案更符合主观意图和要求,具有更好的技术性能或经济效益,从而选择一个较好的设计或计划方案。

在计算机尚未普及之前进行的系统仿真普遍采用数学方法建立数学模型,如果研究的系统不是十分复杂或者系统的复杂程度可以经过简化而降低时,可以利用线性代数、微积分、运筹学、计算数学等数学方法来求解问题。但是,随着系统理论与实践的不断深入,所研究的问题日益复杂,不确定因素、不可知因素、模糊因素众多,因果关系复杂,单独应用数学方法难以确定地描述,甚至无法求解,因此,需要运行计算机技术来辅助解决。

如在进行上海延安路高架外滩下匝道的仿真模型设计时,为了解该匝道的设置是否会影响外滩的景观,可以用人工制作小型的实物模型来观察,但实物模型太小,看不清楚,要设计一个大的实物模型成本又太高,所以应用计算机仿真技术的方法来实现。在计算机上将外滩的主要建筑重现(按照实际的地形和布局),然后将设计的高架下匝道嵌入,设置一辆虚拟的小车,让车从北到南,再从南到北行驶(虚拟的人在车上),来观看架桥之后的效果。通过这种形象的仿真方法,帮助人们进行决策。

在系统发展中过程中,通过建模和模型实验研究对象系统的活动是系统仿真方法的基础。系统仿真方法有对象系统、系统模型和仿真模型三个基本要素,以及动态分析、动态演化和过程仿真三种基本活动(见图12-1)。

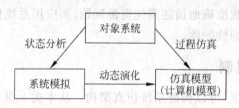

图12-1 系统仿真三要素

二、系统仿真技术的优势

(一)解决复杂性问题的优势

在现实世界中,一些复杂系统难以采用数学方法建立数学模型进行分析和求解,甚至难以清晰地加以描述,系统仿真技术应用计算机模拟的真实的虚拟情景,能够综合考虑系统的复杂组成和系统各要素之间的复杂性,在理解规划设计评价和分析复杂系统方面具有显著的优势。

(二)解决随机性问题的优势

在现实世界中,一旦问题受到多个随机因素的影响或系统自身包含多个具有随机特征的变量时,采用数学方法建立数学模型进行分析和求解就难以全面反映具有多个随机因素的系统状况和动态特征。系统仿真技术为解决随机性问题提供了一个可行的分析、评价和求解工具,它可以反映具有多个随机因素系统的全部情况和动态特征。

(三)解决安全问题的优势

在现实世界中,一方面,处于对于人、财、物的安全考虑,许多实际问题不允许在现实系统中进行研究,以免造成巨大的损失,如火灾、重大交通事故等突发事件。另一方面,由于市场风险的存在,一些投资的安全性难以得到保障,如股票、期货等风险投资,系统仿真技术的应用可以在不中断、不干扰现实系统正常运行的情况下,研究影响系统安全性的因素,从而提高决策的科学性、合理性,以降低投融资风险。

(四)解决推演性问题的优势

在现实世界中,一些事件的产生、发展和演化过程是不可重复的,甚至难以直观地进行观察,系统仿真技术的应用,一方面可以无限次重复同一历史过程,以达到反复实验,充分理解的研究目的。另一方面,三维动画功能可以形象地展示所设计的尚未真实监理的系统的空间结构和动态运行效果,为理解和掌握系统特性和性能提供了方便。

(五)解决资源型问题的优势

在现实世界中,时间、成本、绩效是任何系统运营的重要资源,尽管时间、成本、绩效和资源遵循四要素法则,即任何三部分确定后另一个要素就确定了,但是由于系统具有复杂性、动态性,所以难以直观准确地描述系统资源问题,而应用系统仿真技术,可以直观地描述时间、成本、绩效等资源性问题。

三、系统仿真机制

结合系统仿真三要素,可以构造系统仿真架构。从本质上讲,系统仿真多数采用以实践为基础的针对离散事件的系统仿真方法,如排队仿真和物流仿真,其核心在于时钟推进机制、事件调度机制,以及随机事件产生机制。

(一)时钟推进机制

仿真时钟用于表示仿真时间的变化,是控制仿真进程的时间机构,有面向事件的仿真时钟和面向时间间隔的仿真时钟两种方式。在离散事件系统仿真中,系统状况变化是不连续的,在相邻两个事件发生之前,系统状态不发生变化;通过仿真时钟,可以跨越"不连续"的周期,从而将仿真时间从一个事件的发生时刻推进到下一个事件发生时刻。实质上,仿真是对系统状态在一特定时间序列上的动态描述,仿真时钟是仿真的主要自变量,推进方法有事件调度法、固定增量推进法和主导时钟推进法。

应当指出,仿真时钟所显示的是系统仿真所花费的时间,而不是计算机运行模型的时间。因此,仿真时间与真实时间成比例关系,通常复杂系统的仿真时间要比真实时间短得多。

(二)事件调度机制

事件调度法是面向事件的方法,是通过定义事件,并按时间顺序处理所发生的一系列事件的方法。它记录每个事件发生时引起的系统状态的变化,以完成整个系统动态的过程的仿真。由于事件是预定的,状态变化也发生在明显的预定时刻,所以这种方法适合于活动持续时间比较确定的系统。事件调度法中的仿真时钟,是按下一时间步长来推进的。通过建立事件表,将预定的事件按时间发生的先后顺序放入事件表中,仿真时钟最终推进到最早发生的事件时刻,然后处理该事件发生的系统状态的变化,并按照用户的需要进行统计分析。这样,仿真时钟,不断地从一个事件发生的时间推进到下一个事件发生的时间,直到仿真结束。

(三)随机事件产生机制

在系统中,客户的到达、运输车辆的到达和运输时间等通常都是随机的。在对受随机因素影响的物流系统进行仿真时,应先建立随机模型,即确定系统的随机变量及其分布类型和参数。对于分布类型已知的或者可以根据经验确定随机变量,只要确定它们的参数就可以了。建立随机模型后,还必须能够在计算机中产生指定分布类型的随机数,表示模拟系统中的各种随机事件。

四、系统仿真的分类

有许多种仿真模型分类方法,以下是常用的分类方式。

(一) 根据系统状态与时间变化关系来分

(1) 连续系统仿真(Continuous Systems Simulation)系统状态随时间连续地变化,通常用常微分方程、偏微分方程或差分方程描述的系统称为连续系统,该类系统仿真为连续系统仿真。热电、化工、航天航空中许多系统都属于连续系统,社会经济系统也是一种连续系统。

(2) 离散事件系统仿真(Discrete Event System Simulation) 离散事件系统指系统状态随时间呈间断性变化,即系统状态仅在可数的或有限的时间点上发生变化,或者指系统状态只是一些时间点上由于某些随机事件的驱动而发生变化的系统。对于这一类系统的仿真称为离散事件系统仿真。加工车间作业调度、多服务台的银行系统、计算机分时系统都是典型的离散事件系统。

(3) 复合系统仿真。在某些系统中既包含了离散事件系统仿真,又有连续系统仿真,可称之为复合系统仿真。

(二) 根据模型类型来分

模型是系统信息的集合,它具有与实际系统相似的物理属性或数学描述。

模型有物理模型和数学模型。物理模型又分为实物模型和半实物模型两种。为了考虑材料处理系统多种不同布局、车辆的路径和运输设备的不同方案,建立一个将真实系统微缩的工厂的桌面模型。有些物理模型是和真实系统尺寸一样的,对该类系统的试验过程又称为实物或半实物仿真,它们和真实系统具有同样的物理本质,但价格昂贵,修改参数困难。

系统的数学模型是真实系统的抽象和近似,它们的结构和数学描述是遵循着真实系统的。通常用计算机程序表示系统的模型,通过执行程序来研究系统的行为。如果某一模型有效地表示了真实系统,那么研究人员就可以对系统理解得更全面,研究结果也将更精确。正因为研究的是计算机程序而不是真实系统,因而价格是便宜的,易于修改,易于维护。

在系统仿真中,系统可能是确定型的、随机型的。模型也可以是确定型的或是随机型的。就离散事件系统来讲系统是随机型的,模型也是随机型的。

五、系统仿真的一般步骤

现在将系统仿真的一般步骤作一个总结,如图 12-2 所示。

图中第一步是描述问题，即要把解决的问题尽可能地描述为简单的形式，以便清楚地说明提出的问题是什么；为了回答这些问题需要进行哪些测试，根据求解问题的性质建立一个模型。

任何一个系统都并非只有单一的模型。在研究过程中，为了了解系统的性能及其改善情况，可以建立多种不同的模型。

首先应试探能否得到一个可以用解析法来求解的模型。即使得到这种模型不太容易，也应该试探一下，因为这样做的结果会有助于仿真研究。

其次，当决定采用仿真技术时，应该制订仿真研究计划。由于仿真的试验性质，所以应该通过主要参数的变化来制订仿真计划。该计划在仿真过程中可能要加以修订。

最后，如果仿真是在计算机上进行，那么，就必须编写仿真程序或选择适当的软件包程序。当然，这一步也可以和上一步制订仿真计划同时进行。

在做了这些工作之后而在仿真运行之前，还有一个步骤就是确认模型的有效性，它关系到仿真研究的效果，而后进入运行阶段。早期运行获得的结果用来对模型的合理性进行重新评价，要对模型进行修正，剔除一些不必要的参数，然后重新运行。

对于随机型模型，仿真输出结果是统计量。一次运行的结果，只是对研究对象的一次采样，需要多次重复运行。至于需要重复运行多少次，要根据系统的性质和对仿真结果的要求而定。图12-2描述了系统仿真的一般过程和主要步骤。

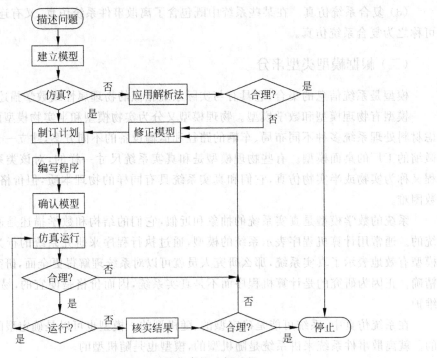

图 12-2　系统仿真的一般过程

第二节 物流系统仿真

一、物流系统仿真的基本概念

物流系统仿真是指系统仿真技术在物流活动中的应用。早期的物流系统仿真主要是针对生产物流过程中的控制与优化问题来进行的,随着供应链的兴起与发展,更多的研究关注于集采购、生产和销售一体化的供应链仿真。随着物流网络规模的扩大和物流量的巨大增长,配送物流的瓶颈作用越来越突出,慢慢开始用仿真的手段来解决物流配送系统中存在的问题。

物流系统仿真主要包括生产物流系统仿真、供应链仿真及物流配送系统仿真三个方面。

生产物流系统仿真是对生产物流系统进行规划设计,运输调度和物料控制等。国内外普遍使用的是采用建立基于 Petri 网的网络模型的方式。其基本思想是用库所集 P 代表系统中实体和活动的状态,用变迁集 T 代表系统中的事件。詹跃东基于 Petri 网建模理论,对烟草行业的卷接包车间的 AGVS 进行了分析,并对该系统构造了 Petri 网模型。嵇振平等使用分层有色 Petri 网(HCPN)和事件操作表(EOL)的方法来减少复杂制造系统建模的复杂性,为物流仿真软件体系结构的模块化及层次化设计建立了良好的基础,并将 HCPN 应用于宝钢炼钢连铸生产物流仿真系统的建模中。

供应链仿真是仿真技术一个新的应用领域。但是由于实际供应链的复杂性,目前的供应链仿真只停留在理论研究阶段,未能有效地应用于实际的供应链管理中。供应链仿真未来发展方向主要是在分布式仿真的支持下,增强供应链全过程的协作能力,从而提高供应链的整体效能。

物流配送系统中由于其存在多个问题使其求解起来十分困难,目前各种求解大多停留在理论层面上,较少考虑实际的因素。这些算法与实际应用还有一段距离。通过仿真建模和仿真分析可以将现实配送系统中的各种随机因素和不确定因素考虑进来,通过仿真运行,对运输、人员成本、系统资源利用率等系统状况进行分析,寻求系统改进途径和最佳运行参数,为实际的物流配送系统的决策提供参考。

二、物流系统仿真的作用

(一)有利于解决随机因素的影响

仿真模型的一个特点是它是一个随机模型,系统的参数受随机因素影响所发生的变化在模型中得到充分体现。这一点是其他方法所无法比拟的。其他方法一般是针对一种固定的约束条件或环境求解。而实际系统,特别是复杂的离散事件系统往往受很多随机因素的影响(物流系统就是这样的系统)。忽略随机因素的影响,用确定性模型代替随机模型研究系统,将会使分析结果有很大的误差。

（二）仿真帮助系统优化

表面上看，仿真模型的一次运行，只是对系统一次抽样的模拟。从这点来说，系统仿真方法不是一种系统优化方法，它不能求系统的最优解。但是，仿真可以让人们依据对系统模型动态运行的效果，多次修改参数，反复仿真。或者说，仿真是一种间接的系统优化方法。现在，人们越来越认识到，对于多目标、多因素、多层次的系统（物流系统正是这样的系统）来说，并不存在绝对意义上的最优解。优化只是相对而言的。即使是最优化方法，其本身由于若干的假设、抽象和简化所造成的误差，已经使"最"字打了折扣。因此，不单纯追求最优解，而寻求改善系统行为的途径和方法，应该说是更加有效的。仿真方法正是提供了这种环境。

（三）仿真对各种复杂的系统具有良好的适应性

仿真所建立的模型，完全是实际系统的映像。它既反映系统的物理特征、几何特征，又可以反映系统的逻辑特性。因此，对于各种复杂的物流系统，无论是线性的还是非线性的，无论是静态的还是动态的，都可以用仿真方法来研究。

（四）符合人们的思维习惯，有助于系统分析

研究分析物流系统的方法，大体上可分为两种类型。一类是解析法；另一类是非解析法。解析法是把物流系统抽象成一种数学表达式，通过求解数学表达式找到最优解。这是一种完全通过逻辑推理来获得启发和借鉴的方法，如运筹学中的线性规划和动态规划等。解析法有比较悠久的发展历史。在实际中应用广泛，是比较成功的方法。但是，解析法过于拘泥于数学抽象。人们面对抽象的假想的逻辑模型，很难获得系统的真实感受。虽然解析法可以求最优解，但却不便于人们进行实际的系统分析。非解析法不依据抽象的假想，而是以现实为依据。仿真方法是一种非解析法。仿真所依据的是对系统的实际观测所获得的数据建立起来的动态模型。这种方法所建立的模型，既表达了系统的物理特征，又有其逻辑特征；既反映了系统的静态性质，也反映了其动态的性质，更贴近实际，更真实，更便于对系统进行分析。

三、物流系统仿真的主要内容

计算机仿真的一个关键问题是如何针对仿真的物流系统构造出它的仿真模型。由于客观物流系统的结构和活动多种多样，系统效果的定量指标衡量也各不相同。因此，物流系统分析就要结合物流系统的特点，选择物流系统的仿真方法建立起反映客观系统的结构和运行机制的仿真模型。

物流系统仿真的内容主要包括以下三个方面。

（1）物流系统中流的仿真。物流系统中有多种流，货流、车流、船流、商流、信息流等，由于流的流动，应采取动态仿真方法描述流的产生、流动、消失、积累和转换等。

（2）物流系统中的排队仿真。由一个或多个服务台和一些等待服务的顾客组成的离散系统称为排队系统。在物流系统中，船由锚地靠泊及车辆运营的仿真等都属于这类仿

真。这种仿真大多都采用离散型仿真方法来进行。

（3）物流组织中人的因素仿真。物流组织是通过人的参与来实现的。即使在同样的规划下，不同的人、组织、物流服务质量和运行效率仍有较大差异。通过计算机仿真描述人的思维过程，从而给出较优的物流组织方案。

四、物流系统仿真应用领域

面对复杂的物流系统，为了更加科学准确地揭示物流系统的内在规律，系统仿真技术在物流领域得到了应用，并逐步演化成一个完善的技术体系——物流系统仿真技术。物流系统仿真技术在物流系统规划、设计、模拟、演示和分析等方面取得了较好的效果。物流系统仿真方面已有以下几方面的应用。

（一）物流过程的仿真研究

物流过程是指运输、仓储、包装等物流的功能过程。研究目的是研究物流系统基本功能活动产生和完成的过程，包括在时间的过程中，这些基本过程是如何推进的？推进过程中发生了哪些事件？这些事件引起系统状态发生了哪些变化等问题。用仿真工具研究这类物流的问题，归结为物流过程的仿真研究。物流服务过程仿真的重点在于时间，通过仿真服务观察物流系统的运营效率。

例如，通过公路运输系统过程的仿真研究，可以分析运输过程中公共运输的规划和效率、交通事故的影响、迂回线路的选择等问题。通过自动化物流过程仿真可以分析自动化物流系统设备布局的合理性、设备运行的效率、系统的生产效率、系统中设备的利用率等。

（二）物流决策的仿真研究

物流管理的仿真研究是为物流管理决策服务的，通过观察物流系统在提供物流服务过程中分析、预测、优化、评价和决策的科学性和有效性，即对物流管理绩效做出准确的评价，以便决策者能够从众多可供选择的策略方案中选择最优的方案，达到规避风险、降低成本、提高效率的目的。例如，交通运输网络的布局规划、自动化系统的策略运用、物流园区的规划、供应链库存控制策略等。

（三）物流成本的仿真研究

物流成本的计算是一件极其细致、复杂的事情，需要综合考虑物流系统每一个阶段、每一个环节、每一个活动的成本。传统的制造业中，往往将物流成本与供应或销售的成本混在一起计算，因此无法准确掌握物流成本，也就无法根据物流成本的核算改进物流的流程和操作。在物流管理中有物流成本的管理法，即以降低物流成本为评价指标，不断改进物流流程，改进物流管理的方法。可见准确的物流成本计算对于改进物流作业与管理具有十分重要的作用。

物流成本仿真的目的在于及时准确地了解物流成本，揭示物流系统中每一个活动与成本之间的关系，为改进物流流程和物流活动创造条件。运用系统仿真方法主要是在物流系统运行过程中动态地记录物流成本的消耗，最终准确统计各项物流作业的成本。这一计算是利用了系统仿真以时间为基准的特点。当系统运行时,计算机仿真可以将各种动态过程的时间过程准确的记录下来,那么时间的消耗转换成工时的计算,自然就可以计算成本了。

五、物流系统仿真软件介绍

为了更好地描述和揭示物流系统的复杂性和动态性,物流系统仿真技术在系统规划、设计、模拟、演示和分析方面获得了广泛应用。一些功能齐备的物流系统仿真软件成为物流系统设计人员、经营决策者的常用工具,推动了仿真技术的进一步发展,以下仅介绍部分。

(一) Simulink

Simulink 是美国 MathWork 公司推出的数学软件 Matlab 的扩展。Simulink 是一个进行动态系统建模、仿真和综合分析的集成软件包。它可以处理的系统包括:线性、非线性;离散、连续及混合系统;单任务、多任务离散事件系统。在 Simulink 提供的图形用户界面 GUI 上,只要进行鼠标的简单拖拉动作就可构造出复杂的仿真模型。它外观以方块图形呈现,且采用分层结构。不仅能让用户知道具体环节的动态细节,而且能让用户清晰地了解各器件、各子系统、各系统的信息交换,掌握各部分之间的相互影响。

可以在仿真进程中改变参数,实时地观察系统行为的变化。由于 Simulink 环境使用户摆脱了深奥数学推演的压力和烦琐编程的困扰,有利于提高探索兴趣,引发活跃的思维,感悟出新的真谛。

(二) Arena

Arena 是由美国 Systems Modeling Corporation 开发的,是一种可在 Windows 界面下操作的十分方便的强力仿真建模工具,与 Word、Spreadsheet 和 CAD 程序完全兼容。Arena 具有通用的可视化仿真环境,其应用领域非常广泛。可应用于包括仓储业、交通运输、物流业在内的从供应商到客户的几乎整个供应链,全球供应链仿真,也可以用于分析任何制造业系统,为复杂的用户服务和管理提供模拟。Arena 提供了多种建模模板和模型的层次结构,使用户可以在较高层次上快速建模,也可在较低层次上描述模型的各种细节。

(三) Witness

Witness 是英国 Lanner 集团开发的面向工业系统、商业系统的动态系统建模和仿真软件平台,是平面离散系统生产线仿真器,操作简单,在低配置计算机上也完全可以灵活使用,是生产线仿真器的老字号,具有齐备的基本仿真功能和处理优势,还具备三维立体显示功能,扩大了其适用范围。Witness 提供了大量描述工业系统的模型元素,如生产线上的加工中心、传送设备、缓冲存储装置等,用户可方便地使用这些模型元素建立起工业系统运行的逻辑描述。

（四）Anylogic

Anylogic 是俄罗斯彼得堡国立科技大学开发的一套结合多种模拟（仿真）理论的建模开发工具，是一个专业虚拟原型环境，用于设计包括离散、联系和混合行为的复杂系统。可帮助用户快速构建被设计系统的仿真模型和系统的外围环境，包括物理设备和操作人员。

（五）Flexsim

Flexsim 是美国的 Flexsim Software 公司开发的面向对象的仿真建模软件，三维效果逼真。其应用领域广泛，如交通路线规划、交通流量控制分析、生产能力仿真分析、港口设计、机场设计、物流中心设计等多个领域。Flexsim 是用来对生产制造、物料处理、物流、交通、管理等离散事件系统进行仿真的软件产品，也可对模型中含有真实的物理实体的模型进行仿真研究。

第三节 物流系统仿真案例

本节用一个基于 Excel 的实例来说明物流系统仿真的原理及应用。

江南 AK 鞋业股份有限公司是中国领先的皮鞋品牌企业之一，主要从事设计、开发、制造、分销和零售。宁波 AK 分公司属于零售型企业，在宁波地区有 103 家店面，由于所处地段不同，面向的消费群体不一样，店面内所畅销的鞋款也不一样，经常会出现库存与畅销款鞋子不符的情况。为了提高客户满意度，全力以赴做好销售，对鞋款进行调剂显得至关重要。AK 公司现有的货物请调流程为：门店 A 有畅销款缺货，需要先向公司发出补货申请，若公司仓库没货，则需要向该款鞋子销量不好的门店 B 调入库存，经过整合分配后再发货给缺货门店。AK 公司设有物流部，门店的货物要经过物流部总仓，这给物流计划员和仓库员带来很多压力，而且也增加了物流运输成本和库存成本。更重要的是在这种集中物流管理模式下，门店对货物调剂消极被动。

一、问题定义

AK 现有的配送体系缺乏协调，导致系统效率低下。为此，需要从纵向和横向两个维度设计合适的配送体系策略，包括纵向协调和横向调剂：等批量订货还是同步订货，利润分享系数取多少等。

二、模型设置

为寻找有效的策略，简化供应链，仿真模型中仅考虑两个零售门店（如果要考虑更多的零售门店、多产品类别或更复杂的需求，则需要借助专业仿真软件），结构如图 12-3 所示。

图 12-3 简化供应链

三、环境参数描述

门店：晚上向总仓电话订货，价格为 120 元/双，次日晚收货。若总仓缺货，则需等待来自生产基地的发货或者零售商退回的货物（退货历时 2 天）。门店 A 和门店 B 历史销售数据表明，售价为 200 元/双，需求服从正态 $N(400, 60^2)$ 分布，即平均每天销量为 400 双。如果缺货，则失销。A、B 库存持货成本为 0.2 元/双天，订货成本为 250 元/次。

总仓：历史销售数据表明，平均每天销量约为 800 双。如果缺货，则延期交货。接到零售门店订单后，总仓经过理货作业、发货、运输次日送到，每次送货批量（1 面包车）为 1 000～2 000 双，运费为 4 000 元。配送总仓持货成本为 0.1 元/双。向生产基地电话订货，提前期为 4 天以上。

生产基地：鞋厂生产成本为 70 元/双，配送成本为 5 元/双。接到总仓订单，根据库存发货，运输时间为 4 天，但备货时间随机，分布概率如表 12-1 所示。

表 12-1　生产基地备货时间的概率分布

备货时间	0	1	2	3	4
概率	0.5	0.2	0.15	0.1	0.05

四、各节点供应策略

各节点供应策略如表 12-2 所示。

表 12-2　节点策略比较

协调策略	节点企业	订货策略	策略参数	
非合作，分别配送	零售门店	(s, q)	$s = 800$	$q = 1\,000$
	配送总仓	(s, Q)	$s = 3\,200$	$Q = 10\,000$
同步订货，统一配送，横向调剂，利润分享	零售门店	(T, S)	$T = 2$	$S = 1\,450$
	配送总仓	(T, S)	$T = 12$	$S = 5\,300$
	门店之间	利润分享	$\beta = 0.2, 0.3, 0.4$	

非合作策略，门店各自分别向总仓订货，总仓接到订单后向该门店根据库存发货。合作策略，门店统一订货步调，同时向总仓订货，总仓按时统一配送，同时为多家门店送货，有利于门店实行小批量订货，降低成本。且总仓实行级联订货，订货的步调也保持和门店合拍。

五、流程如下

（一）门店

（1）非合作策略（零售门店实施定量订货策略）：白天面对客户，接受客户下单，交付库存商品。如果缺货,记录缺货数量,以作衡量绩效之用。晚上如果有到货,先接收货物,盘点库存,若库存点低于订货点,发出订货,订货批量为1 000。

(2) 合作策略(零售门店实施定期订货,每两天订货一次,订货时间同步):白天面对客户,接受客户下单,交付库存商品。若缺货,向另一门店申请调剂。或接收调剂申请,根据自有存货和利润分享系数决定调剂对方一定数量。晚上如果有到货,先接收货物,盘点库存;根据策略向总仓发布订单,订到目标值1450。

(二) 总仓

(1) 非合作(定量订货):接到零售门店订单后,总仓经过理货作业、发货、运输次日送到。若缺货,查看其他门店是否有货多,再转发。晚上向生产基地电话订货,订货批量10 000。

(2) 合作策略(定期订货,每隔12天订货一次,级联订货):接到零售门店订单后,总仓经过理货作业、发货、运输次日送到。晚上向生产基地电话订货,订到目标值5 300。

六、仿真运行

在Excel表单作业,用Excel内嵌的随机数发生器产生随机数,表征零售门店的需求和生产基地的理货时间。随机数发生器产生门店的500期需求数据如图12-4所示。

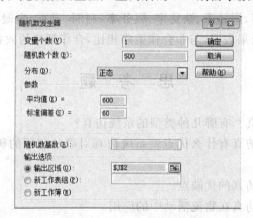

图12-4 需求数据

设置仿真运行表头如图12-5所示。

时间	总仓期初库存	总仓需求	总仓发A	总仓发B	总仓期末库存	总仓订货	总仓收货	A期初库存	B期初库存	A需求	B需求	A销售	B销售	A期末库存	B期末库存	A订货	B订货	A收货	B收货	调剂

图12-5 仿真运行表头

根据前述业务流程,逐项填写,其中门店的需求为随机产生。其他各项可以输入公式,如门店A实施定量订货时,"A订货"栏输入公式为逻辑函数IF(P4<1 000,1 000,0)。

此外，我们可以通过改变参数，设置门店需求的动荡期（A 需求放大，B 需求缩小）来更好比较两种策略的效果。

运行数据截图如图 12-6 所示。

日期	总仓期初库存	总仓需求	总仓发A	总仓发B	总仓期末库存	总仓订收货	总仓收货	A期初库存	B期初库存	A需求	B需求	A销售	B销售	A期末库存	B期末库存	A订货	B订货	A收货	B收货	调剂
50	10 681	2 239	1 099	1 140	8 442	0	0	1 289	1 220	428	400	428	400	861	820	1 099	1 140	0	0	0
51	8 442	0	0	0	8 442	0	0	861	820	376	414	376	414	1 584	1 546	0	0	1 099	1 140	0
52	8 442	0	0	0	8 442	0	0	1 584	1 546	354	378	354	378	1 230	1 168	0	0	0	0	0
53	8 442	2 292	1 156	1 136	6 150	0	0	1 230	1 168	426	345	426	345	804	824	1 156	1 136	0	0	0
54	6 150	0	0	0	6 150	0	0	804	824	408	328	408	328	1 552	1 632	0	0	1 156	1 136	0
55	6 150	0	0	0	6 150	0	0	1 552	1 632	387	369	387	369	1 166	1 263	0	0	0	0	0
56	6 150	2 274	1 151	1 123	3 876	10 000	0	1 166	1 263	357	426	357	426	809	837	1 151	1 123	0	0	0
57	13 876	0	0	0	13 876	0	0	809	837	343	404	343	404	1 617	1 556	0	0	1 151	1 123	0
58	13 876	0	0	0	13 876	0	0	1 617	1 556	432	377	432	377	1 185	1 179	0	0	0	0	0
59	13 876	2 415	1 263	1 152	11 461	0	0	1 185	1 179	488	371	488	371	697	808	1 263	1 152	0	0	0
60	11 461	0	0	0	11 461	0	0	697	808	578	166	578	166	1 382	1 794	0	0	1 263	1 152	0
61	11 461	0	0	0	11 461	0	10 000	1 382	1 794	534	187	534	187	848	1 607	0	0	0	0	0
62	11 461	2 374	1 794	580	9 086	0	0	848	1 607	682	227	682	227	166	1 380	1 794	580	0	0	0
63	9 086	0	0	0	9 086	0	0	166	1 380	546	232	546	232	1 794	1 728	0	0	1 794	580	380
64	9 086	0	0	0	9 086	0	0	1 794	1 728	555	221	555	221	1 239	1 508	0	0	0	0	0
65	9 086	1 885	1 259	627	7 201	0	0	1 239	1 508	538	175	538	175	701	1 333	1 259	627	0	0	0
66	7 201	0	0	0	7 201	0	0	701	1 333	614	246	614	246	1 346	1 714	0	0	1 259	627	0
67	7 201	0	0	0	7 201	0	0	1 346	1 714	597	213	597	213	748	1 502	0	0	0	0	0
68	7 201	2 481	1 809	672	4 719	10 000	0	748	1 502	597	214	597	214	151	1 288	1 809	672	0	0	0
69	14 719	0	0	0	14 719	0	0	151	1 288	548	216	548	216	1 809	1 744	0	0	1 809	672	397

图 12-6 运行数据截图

七、绩效与评价

计算各节点的库存、周转率、缺货率、服务率、利润、成本、牛鞭效应等，并比较合作与非合作策略的差异。结果表明，与非合作策略相比，合作策略的效益要显著优越。

思 考 题

1. 什么是系统仿真？有哪几种类型的系统仿真？
2. 举例说明系统仿真有什么优点？系统仿真对哪些问题的研究、处理是最有效、最能发挥其优势的？
3. 简述物流系统仿真的优缺点。
4. 举例说明系统仿真在物流活动中的应用。
5. 以仓库为例，画出系统仿真的过程图。
6. 目前，我国物流系统仿真发展还不完善，提出发展意见。

参 考 文 献

[1] 魏宏森,曾国屏.系统论:系统科学哲学[M].北京:清华大学出版社,1995.
[2] 孙东川,林福永.系统工程引论[M].北京:清华大学出版社,2004.
[3] 李宝山.管理系统工程[M].北京:中国人民大学出版社,2004.
[4] 胡保生,彭勤科.系统工程原理与应用[M].北京:化学工业出版社,2007.
[5] 吴广谋.系统原理与方法[M].南京:东南大学出版社,2005.
[6] 赵杰.管理系统工程[M].北京:科学出版社,2006.
[7] 吴祈宗.系统工程[M].北京:北京理工大学出版社,2006.
[8] 陈子侠.现代物流学理论与实践[M].杭州:浙江大学出版社,2003.
[9] 吴一清.现代物流概论[M].北京:中国物资出版社,2003.
[10] 董维忠.物流系统规划与设计[M].北京:电子工业出版社,2006.
[11] 魏宏森.系统科学方法论导论[M].北京:人民出版社,1983.
[12] 杨缦琳,等.思维与方法新科学——系统科学法[M].北京:中国青年出版社,1990.
[13] 单圣涤.物流工程学概论[M].长沙:湖南人民出版社,2007.
[14] 郝海,踪家峰.系统分析与评价方法[M].北京:经济科学出版社,2007.
[15] 孙焰.现代物流管理技术——建模理论及算法设计[M].上海:同济大学出版社,2004.
[16] 宜家骥.多目标决策[M].长沙:湖南科学技术出版社,1989.
[17] 魏权龄,胡星佑,黄志民.运筹学简明教程[M].北京:中国人民大学出版社,1987.
[18] 张晓川.物流学:系统、网络和物流链[M].北京:化学工业出版社,2005.
[19] 夏文汇.物流战略管理[M].成都:西南财经大学出版社,2006.
[20] 贺东风.物流系统规划与设计[M].北京:中国物资出版社,2006.
[21] 张良卫,宋建阳.物流战略与规划[M].广州:华南理工大学出版社,2006.
[22] 华蕊,马常红.物流服务学[M].北京:中国物资出版社,2006.
[23] 魏际刚.物流经济分析——发展的视角[M].北京:人民交通出版社,2005.
[24] 李华,胡奇英.预测与决策[M].西安:西安电子科技大学出版社,2005.
[25] 蔡定萍.物流企业统计[M].北京:清华大学出版社,2006.
[26] 李霞.区域物流规划与管理[M].北京:经济科学出版社,2008.
[27] 汝宜红.物流运作管理[M].北京:清华大学出版社,2005.
[28] 蒋长兵.现代物流学导论[M].北京:中国物资出版社,2006.
[29] 葛星,黄鹏.流程管理理论设计工具实践[M].北京:清华大学出版社,2008.
[30] 石惠波.如何进行流程设计与再造[M].北京:北京大学出版社,2004.
[31] 周妮,等.企业业务流程设计与再造[M].北京:中国纺织出版社,2005.
[32] 藤宝红,葛春花.仓储物流流程控制与管理[M].广州:广东经济出版社,2005.
[33] 张可明.物流系统分析[M].北京:清华大学出版社,2004.
[34] 董维忠.物流系统规划与设计[M].北京:电子工业出版社,2008.
[35] 沈祖志.物流系统分析与设计[M].北京:高等教育出版社,2005.
[36] 程国全.现代物流网络与设施[M].北京:首都经济贸易大学出版社,2004.
[37] 孙焰.现代物流管理技术[M].上海:同济大学出版社,2004.
[38] 王健.现代物流网络系统的构建[M].北京:科学出版社,2005.
[39] 王长琼.物流系统工程[M].北京:中国物资出版社,2004.
[40] 傅培华,彭扬,蒋长兵.物流系统模拟与仿真[M].北京:高等教育出版社,2006.
[41] 徐杰,鞠向东.物流网络的内涵分析[J].北京交通大学学报社会科学版,2005(6):22-26.

[42] 宗刚,赵红涛.物流网络模式研究[D].北京:北京工业大学,2006.
[43] 李波,等.现代物流系统规划[M].北京:中国水利水电出版社,2005.
[44] 道格拉斯兰伯特,詹姆士斯托克,莉萨埃拉姆.物流管理[M].张文杰,叶龙,刘秉镰,译.北京:电子工业出版社,2003.
[45] 方仲民.物流系统规划与设计[M].北京:机械工业出版社,2003.
[46] 朱道立,龚国华,罗齐.物流和供应链管理[M].上海:复旦大学出版社,2005.
[47] 赵启兰.企业物流管理[M].北京:机械工业出版社,2003.
[48] 沈祖志.物流系统分析与设计[M].北京:高等教育出版社,2005.
[49] 吴清一.物流系统工程[M].北京:中国物资出版社,2004.
[50] 齐二石.物流工程[M].北京:中国科学技术出版社,2006.
[51] 周溪召,等.物流系统工程[M].上海:上海财经大学出版社,2003.
[52] 陈宏民,等.系统工程导论[M].北京:高等教育出版社,2006.
[53] 孙东川,林福永.系统工程引论[M].北京:清华大学出版社,2004.
[54] 宋伟峰,蔡云蛟,赵娴.物流系统的仿真研究[J].中国储运,2006(5):80-81.
[55] 孙单智,牟能冶,陈达强.仿真在生产物流系统中的应用[J].物流科技,2006(3):36-37.
[56] 郁滨.系统工程理论[J].合肥:中国科学技术大学出版社,2009.
[57] 顾基发,唐锡晋.物理—事理—人理系统方法论:理论与应用[M].上海:上海科技教育出版社,2006.
[58] 张永进,贺鑫焱,王久胜,等.综合集成研讨厅平台的研究思路及发展趋势[J].科技进步与对策,2009(7):154-157.